宁波大学公共管理硕士学位点建设经费资助出版

农业生产方式转变与农村社会保障制度耦合发展研究

张尧 著

WUHAN UNIVERSITY PRESS
武汉大学出版社

图书在版编目(CIP)数据

农业生产方式转变与农村社会保障制度耦合发展研究/张尧著.
—武汉:武汉大学出版社,2021.10
ISBN 978-7-307-22520-6

Ⅰ.农…　Ⅱ.张…　Ⅲ.①农业生产—生产方式—研究—中国
②农村—社会保障制度—研究—中国　Ⅳ.①F325　②F323.89

中国版本图书馆 CIP 数据核字(2021)第 166914 号

责任编辑:李　琼　　　责任校对:李孟潇　　　版式设计:马　佳

出版发行:**武汉大学出版社**　(430072　武昌　珞珈山)
(电子邮箱:cbs22@whu.edu.cn　网址:www.wdp.com.cn)
印刷:武汉邮科印务有限公司
开本:720×1000　1/16　印张:19.5　字数:288 千字　插页:1
版次:2021 年 10 月第 1 版　　2021 年 10 月第 1 次印刷
ISBN 978-7-307-22520-6　　定价:68.00 元

序

　　现代社会保障制度的建立与发展与经济发展变化紧密相关，而经济发展变化的主要动力则是生产方式的变化，生产方式既包括科学技术发展变化带来的经济组织方式变化，如从个体与家庭经济方式到工场、工厂乃至现代跨国公司的变化，也带来劳动方式的变化，如从手工劳动到机器劳动的变化，更带来劳动者收入方式的变化，如从以实物收成为主到以货币化工资收入为主的变化，从而形成了科学技术变化推动经济组织方式变化，经济组织方式推动劳动方式变化，劳动方式变化推动收入方式变化的基本历史轨迹。

　　正是在这一历史轨迹上，出现了基本收入风险及其决定下的基本生活风险的变化。这种基本收入风险决定下的基本生活风险变化，直接影响着社会保障制度从传统救济制度向以社会保险制度为核心内容的现代社会保障制度的转变。这也是现代社会保障制度发展变化的基本形态，或者说，现代社会保障制度发展变化归根结底是经济社会发展变化的结果。

　　中华人民共和国成立后，中国不仅建立起现代工业经济与工业制度，而且通过改革开放建立起中国特色社会主义市场经济体制，从而使得城镇职工社会保障制度不仅成为中国社会保障制度的基本内容，也是改革开放后中国特色社会保障制度建设和完善的主要任务。与此同时，中国农村经济同样经历一个发展变化过程，并清晰地呈现为社会主义制度、农业科学技术进步以及农村和农业经济改革等重要因素影响下的农村经济组织方式、农业从业者劳动方式、农业从业者收入方式、农业从业者基本收入风

1

险以及所有上述因素影响下的农业从业者基本生活风险的变化。

可以说，工业化进程与企业体制改革的显性地位直接导致并促使城镇职工社会保障制度改革和完善成为全社会关注的首要问题，农业发展与农业农村改革的相对缓慢使得农业从业者社会保障制度的建立和完善长期未受足够关注。从学术研究角度看，关于城镇职工社会保障制度发展变化与中国工业化与改革开放关系的研究成果显著，而关于农业从业者社会保障制度发展变化与农业发展和农业农村改革关系的研究成果却不多见。那么，张尧博士的这本著作对于社会保障学科不仅具有较大的学理意义，对中国特色社会保障制度的完善也具有直接的现实价值。

本书主要探讨农业生产方式变化与农村社会保障制度变化的关系。通过对中华人民共和国成立以后农业生产方式变迁下农村社会保障制度变迁特征的研究，提出农村社会保障制度在项目上呈现出从生存型社会救助制度向预防型社会保险制度的转变，群体上呈现出由主要针对农村特殊群体的选择型社会保障制度向覆盖农村全体居民的普惠型社会保障制度转变，责权关系上呈现出从主要是农民个体与集体责任向国家、集体、个人相结合责任的转变。研究成果具有很强的学理逻辑，并提炼出了有价值的研究结论。

基于生产方式变迁与农村社会保障制度变化关系的深度研究，本书着力探讨和揭示未来中国农业发展变化下农村社会保障制度的发展取向，指出，中国农业进入从传统农业向现代农业转型的新阶段，传统农业社会风险被工业社会风险取代，传统农村社会保障制度不能化解工业社会风险，必须建立起适应中国农业、农村与农民新需求的多层次社会保障制度；在兜底型社会救助制度基础上重点建立综合性社会救助，在基本社会保险制度主体基础上完善其他社会保险制度项目，尽快建立和完善社会福利与社会服务制度。这些对策建议具有直接现实意义。

张尧博士的这部著作是在其博士学位论文基础上修改完成的，相信它的出版对于中国社会保障制度基本学理研究一定会有积极贡献，因此也一定会对中国农村社会保障制度的完善具有积极意义。期待作者在这一研究领域继续深耕细作，取得更好的成果，服务于社会保障制度建设与国计民生的需要，贡献于社会保障学科发展与人才培养的需要。

中国社会保障学会副会长　丁建定

2021 年 3 月 1 日于紫菘教师公寓

目　　录

第一章 导 论

第一节 研究背景及意义

一、研究背景

中国农业、农村、农民落后状况形成的主要原因是农村社会生产方式的落后。小农生产方式作为中国历史上已经存在两千多年的生产方式，它的主要特征是以家庭为生产经营单位，土地小规模生产经营，农业生产和家庭手工业合为一体，自给自足。小农生产方式具有一定的落后性，表现在生产力方面不追求生产工具的革新，不依赖集约生产规模的扩大，只依靠劳动的投入，其维持机制是用劳动替代农业技术和资本。① 这种农户分散经营的小农生产方式在农资购买、市场议价能力、市场信息获取、技术保障、抗风险等方面都处于明显劣势。"务农重本，国之大纲。"农业丰则基础强，农业是安天下、稳民心的战略产业。然而，在我国新型工业化、信息化、城镇化、农业现代化发展中，农业现代化还是四化同步的短板。因此，我们在理论上应当高度重视并认真研究农村社会生产方式变革问题，在实践上应当切实努力推进农村社会生产方式的全面变革。

---

① 于金富：《生产方式变革是建设社会主义新农村的基础工程》，《经济学家》2007 年第 4 期。

社会主义新农村建设的根本途径，在于实现农村生产方式的变革。农村生产方式变革的目标应当是改造小农生产方式，构建现代农业生产方式，而新型农业经营体系是应对当前农业生产方式面临新挑战的有效举措。新型农业经营体系的概念是由党的十八大首次提出的，是指建立在以家庭联产承包、统分结合的双层经营基础上，立足市场导向，以专业大户、家庭农场、农业合作社、龙头企业为骨干，以提高经济效益为目的，以产加销一体经营为组织原则，通过社会参与和政府引导，形成的各类新型农业经营主体和农产品生产、加工、销售等专业化服务主体及其关系的总和。2014 年 12 月 22 日至 23 日，中央农村工作会议在北京召开，会议强调：随着国内外环境条件变化和长期粗放式经营积累的深层次矛盾逐步显现，农业持续稳定发展面临的挑战前所未有。2014 年 12 月召开的中央经济工作会议指出：要"加快转变农业发展方式"。2015 年 2 月 1 日中共中央发布的《关于加大改革创新力度，加快农业现代化建设的若干意见》指出，农业现代化是国家现代化的基础和支撑，目前仍是突出"短板"，全面建设小康社会的重点难点仍然在农村。党的十九届五中全会审议通过的《中共中央关于制定国民经济和社会发展第十四个五年规划和 2035 年远景目标的建议》，对新发展阶段优先发展农业农村、全面推进乡村振兴作出总体部署，指出民族要复兴，乡村必振兴。全面建设社会主义现代化国家，最艰巨最繁重的任务依然在农村，最广泛最深厚的基础依然在农村。解决好发展不平衡不充分问题，重点难点在"三农"，迫切需要补齐农业农村短板弱项，加快农业农村现代化进程。

2021 年是"十四五"开局之年，更是落实党的十九届五中全会提出的优先发展农业农村、全面推进乡村振兴的关键之年。因此，加快推进农业现代化，对稳增长、调结构、惠民生意义重大。构建集约化、专业化、组织化、社会化相结合的新型农业经营体系，大力培育专业大户、家庭农场、专业合作社等新型农业经营主体，发展多种形式的农业规模经营和社会化服务，有利于有效化解这些新问题和新挑战，保障我国农业健康发展。

经济发展推动生产方式的转变，生产方式的变迁必将导致社会变迁。不同的生产方式面临不同的社会风险，必须要有一系列包括社会保障制度在内的制度作为辅助，社会变迁才能平稳运行。如果制度变迁跟不上，那么适应生产方式的社会运作机制很难形成。但是在现实中，与生产方式变迁相伴随的社会变迁往往准备不足，特别是在制度变迁方面存在较多的制约或是惰性，使得制度变迁往往比生产方式变迁滞后较长时间，由主动的制度变迁成为被动的"消防"工具。① 在我国农村，农业生产方式的变迁形成了不同的生产力和生产关系，也导致农村社会结构、社会阶级以及不同利益群体的变化，而社会政策正是为了缓和社会矛盾。社会保护机制主要体现在社会政策上，社会政策的产生与工业化密切相关。工业化导致的生产方式改变使得农村社会风险也发生了改变，传统农业社会的风险被工业社会的风险所取代，社会保障是一种应对社会风险的有效制度安排，主要目的就是化解贫困、养老和疾病等社会风险。

长期以来，针对农村社会保障和农业生产方式的研究一直是学术界研究的热点问题。但是，现有的研究成果一般将农村社会保障制度和农业生产方式分别展开研究，忽视了农业生产方式变迁对农村社会保障制度的影响。农村社会保障制度是实现农业生产方式转变的客观要求和必要保障，农村社会保障制度通过化解社会风险、推动传统小农生产模式改造、稳定农业生产经营主体收益和改善农业现代化条件，促进农业生产方式的转变。此外，农业生产方式的转变也有效促进了农村社会保障制度的发展与完善，农业生产方式的转变提升了农村经济发展水平和农民收入水平，增加了农村社会保障制度的有效需求，推动了农村社会保障制度的发展。可见，农业生产方式和农村社会保障制度之间客观存在着一种内在的互动机制，农业生产方式的变迁会影响到农村社会保障制度内在机制的设计，但是传统的农村社会保障制度体系不能化解工业社会的风险，仍用原有的社

① 钱运春：《西欧生产方式变迁与社会保护机制重建》，上海社会科学院出版社2011年版，第6页。

会保障制度去应对新的生产方式的风险，将会带来严重的社会问题。

二、研究意义

第一，有助于完善农业生产方式和农村社会保障制度的理论研究。农村社会保障制度是应对农村社会风险的关键，已有文献多从制度本身来探讨农村社会保障制度体系的完善问题，忽视了经济方式（生产方式）变迁对农村社会保障制度的影响。本研究在已有研究的基础上，系统地从农业生产方式变迁的视角出发，并从国内和国外两个纬度，运用比较分析和历史分析的方法，剖析生产方式转变对农村社会保障制度的影响，这对于丰富农村社会保障理论研究有重要的意义。

第二，有助于推进农业生产方式和农村社会保障制度的实践探索。首先，目前中国落后的农业生产方式制约着农业和农村的发展，影响着农村落后面貌的改变，阻碍农民收入的增加及生活改善。变革落后的农业生产方式已经成为必然，因此研究农业生产方式变革问题对当代中国经济社会发展具有重大的现实意义。其次，通过对农业生产方式变迁的研究有助于厘清当前农村社会结构、利益结构以及劳动关系等深层次变化。并借助于分析西方发达国家小农经济改造和农村社会保障建构的经验和教训，从而对建立科学合理的农村社会保障制度产生积极影响，促进农村现有社会保障制度的完善，避免社会保障制度的风险应对机制滞后于生产方式变迁。

第二节　概念界定及说明

一、农业生产方式

生产方式是指社会生活所必需的物质资料的谋得方式，是在生产过程中形成的人与自然界之间和人与人之间相互关系的体系。生产方式的物质内容是生产力，其社会形式是生产关系，生产方式是两者在物质资料生产过程中的统一。① 农业生产方式是指农业生产方法和形式，具体指在农业中谋取生活资料和生产资料的方式，它是生产方式在农业生产活动中的表现。目前我国农业生产方式的特点主要表现为：从生产力方面看，我国农业生产力水平正处于传统农业向现代化农业转变阶段。从生产关系方面看，农业在我国国民经济中具有基础性作用，乡村人口占全国人口的比重高，农业在农村经济中仍然占据主导地位。

本书将农业生产方式划分为两种形态：传统农业与现代农业。传统农业是指当前以家庭联产承包制为代表的一家一户均田制式的小农生产方式，现代农业是指以社会化生产、机械化、科技化、市场化为基本特征的现代化农业生产方式。对农业生产方式概念的认识需要补充说明以下几点：

（一）关于不同概念的解读

本书涉及的农业生产方式的概念，学术界对此有不同的界定，有部分学者将其定义为农业经营方式。农业生产方式、农业生产经营方式这两个概念，在文献中出现较多，含义交叉又混乱，给文意理解带来很大困惑，因此生产方式和经营方式的关系有必要在此加以说明。经营方式以生产方式为基础，甚至认为广义经营方式等同于生产方式。只是由于客观现实、历史、习惯等原因，生产方式地位远重于经营方式。其区别主要表现在：生产方式由于涉及技术的质变这一决定生产力划分的因素，和生产资料所有制这一生产关系的核心因素，因而对于不同社会形态，生产方式是不同的；而狭义的经营方式除了涉及技术质变之外，还涉及技术量变过程以及所有制之外派生的生产关系。因此，经营方式相当灵活。在不同社会形态（生产方式）下，经营方式可能相同；即使在同一社会形态（生产方式）下，也可能存在各种不同经营方式，随具体微观环境变化而变化。总体而言，

① 张卓元：《政治经济学大词典》，经济科学出版社 1998 年版，第 26 页。

可以认为，生产方式是对于经营方式最本质、最一般属性的反映，而经营方式则是生产方式的具体表现。① 虽然在内涵上有所不同，但是两者转变的核心都是指摆脱传统农业生产方式的束缚，变革小农生产方式，提倡农业规模化生产，实现传统农业向现代农业的转变。

(二)农业现代化并不意味着抛弃以家庭承包经营为主的农业经营方式

当前，如何实现农业现代化的问题备受人们的关注，我国社会也一直存在着一种认识，即小农家庭经营是需要加以改造的落后生产方式，而我国的农业发展方向应该是像美国那种动辄成百上千公顷的规模农业。这种认识在相当一段时间超越了阶层、职业、党派和民族等分殊，成为全社会的普遍共识，并在中华人民共和国成立以来的大部分时间里成为整个社会的主流意识。本研究认为家庭承包经营现在是，将来也是我国农业最基本的经营形式，坚持家庭经营不动摇，绝不是固化目前分散的、小规模的、一家一户的小农农业经营方式。实现农业产业化经营应该是在家庭承包经营的基础上，充分发挥农民个体家庭经营制度的灵活性和优越性，把家庭承包经营和农业产业化经营结合起来，着力构建统分结合的新型农业经营体系，进而实现农业现代化。理由如下：

从农业生产过程来看，"小农家庭经营"未必就是不高效的，家庭经营反而有其内在优势，而且，"小农家庭经营"也未必就成为农业实现产业化的必然障碍。这是因为，其一，农业生产过程要受到劳动对象生命节律的调节，有着严格的地域性和季节性，这就要求农业在经营方式上要具有较强的灵活性，而"小农家庭经营"因其组织规模小能够很好地满足这一要求。其二，农业生产既要受到不稳定的自然环境因素的影响，也会受到"大市场"的挤压，具有很强的比较"劣"势，复杂的自然、经济环境给农业生产带来了明显的不确定性，克服这种不确定性需要灵活的信息决策机

---

① 熊义杰：《中国农业经营方式问题》，西北大学出版社 2000 年版，第 88 页。

制,而集中决策难免存在时滞,家庭经营因其小规模而具有较强的应变能力。其三,即使"大农"能够发挥它的规模优势,但因其组织规模大,必然要付出比"小农"大得多的管理、监督成本;反过来说,即使是在忽略家庭亲缘关系给生产组织过程带来的正效益的情况下,"小农"经营仍然比"大农"经营更节约交易成本。[①]

从农业的产业特征来看,家庭承包经营不仅适应以手工劳动为主的传统农业,也能适应采用先进科学技术和生产手段的现代农业。小农经济并不代表落后的生产力,而是能够容纳不同层次的农业生产力水平。我国是世界上农户土地经营规模最小的国家之一,随着农村劳动力持续向外转移,必然伴随一个土地不断向种田能手集中、土地经营规模逐步扩大的过程,这是我国农业现代化的必然趋势。综合来看,当前家庭经营方式和农业规模化经营的共存并不矛盾,"一刀切"的发展理念并不适合幅员辽阔的中国农村,二者之间是一种互补的关系,在农业生产过程中各自发挥自身优势,可以肯定的是这种关系将长期存在。

(三)新型农业生产方式的内涵与目标

新型农业生产方式是指从传统农业向现代农业转化的过程和手段,是不断发展农业生产力和转变农业增长方式的过程。具体来说,新型农业生产方式的内涵和目标主要包括农业生产手段现代化、农业生产技术科学化、农业经营方式产业化、农业服务社会化、农业基础设施现代化、农业劳动者现代化、农民生活现代化等内容。其中,生产手段现代化是农业现代化的工具保障;生产技术科学化是农业现代化的技术保障,农业信息化是农业现代化的重要技术手段;农业产业化是农业现代化的现实路径;农民素质的提高是实现农业现代化的内在动力因素,农业现代化需要高素质的农民主体来推进;农民生活现代化是农业现代化的最高价值目标。总之,新型农业生产方式的核心与实质就是农业生产力的提高

---

① 张德元:《论小农集约经营》,《经济学家》2004 年第 1 期。

和现代化。① 随着农民不断向城镇稳定转移，在有条件的地方应按照依法自愿有偿原则，鼓励和引导农民流转土地承包经营权，建立健全土地承包权流转市场，不断改革创新农业经营体系，要使农村生产关系更加适应生产力发展，把各类农业经营主体的特长发挥出来，从而充分发挥农村基本经营制度的优越性，着力构建集约化、专业化、组织化、社会化相结合的新型农业经营体系。

二、社会风险

风险是人类生存和发展的伴随物。在风险社会境遇下，来自人类活动的风险日渐增多。德国著名社会学家乌尔里希·贝克在1986年出版的《风险社会》一书中，首次提出了"风险社会"概念。根据贝克的观点，随着全球化和信息化，我们正在进入一个不同于传统现代化社会的"风险社会"，科学技术在给人类社会带来经济发展的同时，也为人类制造了潜在的风险，经济社会领域的不确定性日益增强，而且，这种转变正在以全球规模悄然发生。自20世纪80年代开始，我国学者从风险的角度研究我国转型期的社会问题。深刻理解社会风险的内涵是研究社会风险管理问题的基础和理论前提：

社会风险是指由于国家的社会管理能力虚弱而导致社会失序和不稳定的可能性。从风险承受主体和风险管理实施主体来看，"社会风险"与政治风险、经济风险、金融风险乃至文化风险一样，均属于"国家风险"的范畴。因此，我们可以将社会风险定义为由于国家的社会管理能力虚弱而导致社会失序和不稳定的可能性。所谓社会管理，就是政府通过制定专门的、系统的、规范的社会政策和法规，管理和规范社会组织、社会事务，培育合理的现代社会结构，调整社会利益关系、回应社会诉求、化解社会矛盾，维护社会公正、社会秩序和社会稳定，孕育理性、宽容、和谐、文

---

① 肖功为：《改革开放以来中央推进我国农业现代化政策创新的历史逻辑》，《邵阳学院学报》2014年第2期。

明的社会氛围，建设经济、社会和自然协调发展的社会环境。① 正是由于政府社会管理能力的虚弱，使得社会面临失序和不稳定的可能性，从而产生社会风险。

社会风险就是社会损失的不确定性。如果从损失和不确定性的角度定义，社会风险是由于个人或团体的反叛社会行为所引起的社会失序和社会混乱的可能性。宋林飞认为，社会风险是社会难以承受的损失或影响，即视社会冲突为社会风险。社会风险是一类基础性的、深层次的、结构性的潜在危害因素，对社会的安全运行和健康发展会构成严重的威胁。一旦这种可能性变成现实，社会风险就会转变成公共危机。广义的社会风险是一个抽象的概念，它涵盖了生态环境领域、政治领域、经济领域、社会领域和文化领域的各种风险因素。在狭义上，社会风险是指由于所得分配不均、发生天灾、政府施政对抗、结社群斗、失业人口增加造成社会不安、宗教纠纷、社会各阶级对立、社会发生内争等社会因素引起的风险，仅指社会领域的风险。② 冯必扬从社会损失的角度界定了社会风险，认为如果从广义的社会出发，那么，除个人损失外，人类生活中的各种损失都可以称之为社会损失，除个人风险以外的任何风险都可以称之为社会风险。狭义的社会风险是指与政治风险、经济风险、文化风险、金融风险等相并列的一种风险。他对社会风险下了两个定义：第一，社会风险就是社会损失的不确定性。第二，社会风险是由个人或团体反叛社会行为所引起的社会失序和社会混乱的可能性。③

从社会安全的角度来定义社会风险，则社会风险就是存在社会不安全的可能性。社会安全有广义和狭义之分。广义的社会安全是指整个社会系

---

① 中国行政管理学会课题组：《加快我国社会管理和公共服务改革的研究报告》，《中国行政管理》2005 年第 2 期。

② 宋林飞：《中国社会风险预警系统的设计与运行》，《东南大学学报》（社会科学版）1999 年第 1 期。

③ 冯必扬：《社会风险——视角、内涵与成因》，《天津社会科学》2004 年第 2 期。

统能够保持良性运行和协调发展；狭义的社会安全有两种理解：一种理解是把社会安全等同于社会保障体系的建立，其重要前提是假定社会弱势群体的基本权益得不到有效保障，将对社会稳定构成威胁；另一种理解是在划分社会子系统的基础上提出的，认为所谓社会安全主要是相对于经济安全和政治安全而言的，是指除经济子系统与政治子系统之外的其他社会领域的安全。①

在中国社会转型期，居于主导地位的风险主要是由社会原因和人为原因导致的风险，即狭义的社会风险，许多社会风险来自社会结构方面，结构性风险是对我国社会的良性运行可能产生重大影响的风险因素的客观反映。风险社会的来临，迫切需要人类重新审视当代社会结构的重大变迁。农村、农业、农民在转型期所面临的社会风险显然是农村社会结构发生深刻变革的必然结果，农村社会风险的凸显对农村社会发展具有深远影响。社会保障作为人类应对各类风险的一种制度安排和有效机制，是随着人类社会结构和风险类型特征的变化而不断发生调整的。传统社会保障应对自然不确定性带来的贫困等风险后果；现代社会保障主要应对工业社会中的风险后果。不管风险类型和社会保障形式如何变迁，不变的事实是，社会保障始终是人类应对个人和社会风险的重要机制之一。基于此，我们认为社会保障的改革和变迁应以风险分析为基础。②

当前，我国农村社会正经历着市场化、工业化、城镇化的深刻影响，农民所面临的社会风险由"传统农业社会风险"向"后工业化时代风险"转变，各种风险都在不断积聚、加大，并在一定程度上显现出来。当前农民可能会遇到各种自然风险如疾病、老龄化、生育等，与社会风险如失业、工伤等。在这种背景下，识别农业生产方式变迁过程中中国农村社会所面临的社会风险，探讨如何完善作为社会风险管理机制的社会保障制度具有重要的现实意义。

---

① 卓志主编：《风险管理理论研究》，中国金融出版社 2006 年版，第 203 页。

② 张奇林、张兴文：《风险与社会保障：一个解释性框架》，《社会保障研究》2011 年第 3 期。

三、农村社会保障

"社会保障"一词最早出现在美国 1935 年颁布的《社会保障法》中，此前虽然各国已有相关的社会保障政策及具体实践，但缺乏一个相对统一的名称，此后，社会保障一词被国际劳工组织及大多数国家所接受，成为以政府和社会为责任主体的福利保障制度的统称。

美国《社会福利辞典》将社会保障归结为：社会保障是对国民可能遭遇到的各种危险如疾病、老年、失业等加以保护的社会安全网。国际劳工组织将社会保障界定为：通过一定的组织对这个组织的成员所面临的某种风险提供保障，为公民提供保险金、预防或治疗疾病，失业时资助并帮助他重新找到工作。英国关于社会保障的理论一般认为以 1941 年的《贝弗里奇报告——社会保险和相关服务》为依据。贝弗里奇认为社会保障是以国家为主体的公共福利计划。作为国民收入的再分配手段，社会保障被界定为国民在失业、疾病、伤害、老年以及家庭生活贫困时予以的生活保障。日本将社会保障制度的内涵进一步扩大，把公民遭遇到的一切经济风险全部纳入其保障范围，认为"社会保障是指对于疾病、负伤、分娩、残疾、死亡、失业、多子女及其他原因造成的贫困，从保险方法和直接的国家负担上寻求经济保险的途径。对陷入生活困境者，通过国家援助，保障其最低限度的生活。同时，谋求公共卫生和社会福利的提高，以便使所有国民都能过上真正有文化的社会成员的生活"[1]。

我国台湾地区将社会保障的界定为：以社会救助、社会保险以及公共服务等各种不同方式，对于国民之遭遇危险事故，以致失能、失依，因而生活受损的人，提供各项生活需求，给其以健康保障、职业保障及收入保障，并从而促进民族健康、全民就业及民生均足。[2] 香港地区将社会保障定义为：政府为责任主体，通过向有需要的人直接发放款项的方式提供的

---

[1] 多吉才让：《新时期中国社会保障体制改革的理论与实践》，中共中央党校出版社 1995 年版，第 4 页。

[2] 莫泰基：《香港贫穷与社会保障》，香港"中华书局" 1993 年版，第 54 页。

福利，包括综合保障援助计划、公共福利基金计划、伤亡赔偿计划与灾民紧急救济计划。①

　　我国学者对于社会保障的界定不尽相同。郑功成认为："社会保障是国家依法强制建立的、具有经济福利性的国民生活保障和社会稳定系统；在中国，社会保障应该是各种社会保险、社会救助、社会福利、军人保障、医疗保健、福利服务以及各种政府或企业补助、社会互助保障等社会措施的总称。"②李珍认为：社会保障制度在最广泛的意义上是指一个社会通过正式或非正式的制度为它的国民提供的安全保障，在正式的制度中涉及国家的作用，在这种意义上使用这种概念的情况不多。在较为广泛的意义上，社会保障制度是指国家以再分配为手段而达到社会安定目标的一种正式的制度安排，它的内容包括社会保障和社会救济及社会福利制度。③ 郑秉文在《社会保障分析导论》中认为："社会保障是与社会主义市场经济的体制基础相适应，国家和社会依法对社会成员基本生活予以保障的社会安全制度。"④丁建定将社会保障定义为：社会保障是工业社会发展的结果，是现代政府职能的重要组成部分，它通过立法途径规定国家、企业和个人之间的权利与责任关系，筹集和发放社会保障基金，从而对国民因各种社会原因或特殊个人原因所导致的无收入或收入中断情况提供生活保障。⑤

　　从本质上说，社会保障应该没有城市和农村的差别，由于历史的原因，我国呈现出的是一个典型的城乡二元经济形态，社会保障制度从建立之日起就呈现出明显的二元差别。鉴于此，在社会保障制度还没有走向全国统一的情况下，为了研究的有效展开，本书沿用农村社会保障这个概念来区别城镇社会保障。

---

　　① 郑功成：《社会保障学》，商务印书馆 2000 年版，第 7~9 页。
　　② 郑功成：《社会保障学》，商务印书馆 2000 年版，第 11 页。
　　③ 李珍：《社会保障理论》，中国劳动社会保障出版社 2007 年版，第 9 页。
　　④ 郑秉文、和春雷：《社会保障分析导论》，法律出版社 2001 年版，第 3 页。
　　⑤ 丁建定：《社会保障概论》，华东师范大学出版社 2006 年版，第 2 页。

我国农村社会保障的研究有必要从其内涵入手，理论界对农村社会保障制度的概念界定呈现多样性，其中比较有代表的观点为宋士云提出的，"农村社会保障是指国家为了保持经济发展和社会稳定，通过国民收入的分配与再分配，对暂时或永久失去劳动能力及因各种原因造成生活困难的社会成员，由政府和社会依法为其提供基本生活保障或帮助，而建立起来的各种具有经济福利性的、社会化的国民生活保障系统的通称"①。汪敏从法学的角度出发，认为农村社会保障制度是指以法律为依据，以国家、集体和农民投入为依托，通过国民收入的分配和再分配，对农村社会成员的基本生产和生活给予物质保障的各项法令、规章、措施的总称。它是国家为了保证农村社会成员个人及其家庭的经济安全和提供必要的福利，通过立法实施的一种公共计划，其实质是实现部分社会财力的转移，帮助农村社会成员转移和避免各种风险。农村和城镇经济发展水平的差异，决定了农村社会保障与城镇社会保障的不同。②

通过以上学者对农村社会保障相关概念的界定，可见目前关于农村社会保障体系内容的讨论，基本上是在以社会保险、社会救助、社会福利和社会优抚为内容的传统保障体系的框架内进行的，这种保障体系没有跳出城市社会保障体系的模式。我国是一个农业大国、农民大国，农民穷、农业落后，二元经济结构明显，在这种情况下，农村社会保障不管在内容上还是模式上采取与城市类似的模式。所以建立农村社会保障制度，不能照搬城市模式，必须树立"大保障"观念，要遵循保障农业、农村经济，进而保障农民的逻辑。保障农业，就是要建立农业风险保障机制，即农业保险。因为农业风险得不到保障，农民的收入进而农民的基本生活就无法得到保障，基本医疗保险、养老保险等社会保障项目也无从谈起。政策性农业保险作为一种制度化的保障，具有社会保障的功能和性质，应当纳入农

---

① 宋士云：《中国农村社会保障制度结构与变迁(1949—2002)》，人民出版社2006年版，第26页。

② 汪敏：《农村社会保障中政府责任的反思》，《湖北社会科学》2009年第1期。

村社会保障体系。① 为此，本书所要探讨的是把农业保险纳入农村社会保障体系，在此基础上探讨农村社会保障制度的建立。

从社会保障内容体系、结构体系和层次体系的内涵出发，可以构建中国农村社会保障制度"三体系"分析框架。第一，由于农村社会问题的特殊性，形成了以社会保险、社会救助和社会福利为主的农村社会保障内容体系。第二，农村社会保障制度结构体系是指针对农村所有成员和部分成员等不同群体建立不同类型的社会保障制度且该社会保障制度能够合理运行，以达到制度对人群的全覆盖的目标。此外，结构体系又涉及农村不同社会保障制度群体结构关系的协调，以确保农村居民社会保障体现权益保障的公平性。由于城乡二元化原因，我国建立了针对城市居民和农村居民的不同类型的社会保障制度，同时我国不同地区间农村社会保障制度的差异化明显，这些直接导致了我国社会保障制度结构体系的多元化和结构关系的复杂化。第三，农村保障制度层次体系主要反映政府、社会经济组织和农村居民个人在农村社会保障制度中的责权关系。

第三节　国内外研究综述

一、国外关于农业生产方式的研究

(一)马克思主义创始人关于小农生产方式及其改造

马克思主义创始人曾经对小农生产方式及其改造作出过精辟的分析。马克思在《资本论》中将小农生产方式的特点描述为：小农生产方式是"以土地及其他生产资料的分散为前提的。它既排斥生产资料的积聚，也排斥协作，

---

① 段学慧：《开展农业保险，建立农村社会"大保障"体系》，《特区经济》2006年第 5 期。

排斥同一生产过程内部的分工，排斥社会对自然的统治和支配，排斥社会生产力的自由发展。它只同生产和社会的狭隘的自然产生的界限相容"①。对于小农生产方式的生产规律，列宁作出了精辟的概括："生产过程在原有规模上即在原有技术基础上的重复。"②关于小农生产方式的改造，马克思主义创始人认为：一是在发达国家中，首先可以充分采用资本主义工业化既有的高度社会化的先进生产力，以机器大工业和现代技术设备来武装农业，建立社会化大生产条件下的新型农业，从而彻底变革农业中旧的生产方式；其次，无产阶级在国家强制力的保证下，通过一系列的国有化措施掌握工业和银行等，间接影响农民小土地私有制，使其向农业集体经营发展。二是在落后国家，无产阶级政党取得政权以后改造小农生产方式的基本原则和道路是，首先要在处理小农与资本家之间的关系上，明确地表示应该"坚决站在小农的方面"，而不能去支持资本主义经济，不能采取发展资本主义农业的措施，更不能去帮助资本主义经济去剥削小农，与之对应，也不能为了支持小农而去保护个体经济——这种落后的生产方式，不能向小农许诺永久的个人土地所有权；其次"绝不要用暴力剥夺小农，而是通过示范和为此提供社会帮助，以合作社的大生产取代农民的小生产，并且要让农民自己通过经济的道路来实现合作社的生产和占有"③。列宁在新经济政策中提出的引导农民"迂回"过渡到社会主义的思想与政策中，将改造小农生产方式的基本路径进行了描述："粮食税—资本主义的发展—合作制资本主义或国家资本主义—社会主义"，即第一步是实施粮食税，第二步允许小生产和私人资本主义有所发展，第三步引导其向合作制资本主义或国家资本主义过渡，也就是通过将农业资本主义的发展引向合作制资本主义或国家资本主义，通过社会主义改造使之完成从小生产向社会化

① 马克思：《资本论》第1卷，人民出版社2004年版，第872页。
② 列宁：《俄国资本主义的发展——大工业国内市场形成的过程》，《列宁全集》第3卷，人民出版社1962年版，第45页。
③ 文东升：《马克思主义关于小农生产方式改造理论研究综述》，《学术论坛》2005年第12期。

大生产的过渡，最终实现小农生产引向社会主义农业生产的目标。①

(二)刘易斯的"二元经济"发展模型

1954年，威廉·阿瑟·刘易斯(William Arthur Lewis)在英国《曼彻斯特学报》发表了一篇著名的论文《劳动力无限供给条件下的经济发展》。这篇论文创造性地提出"二元经济"(Dual Economy)发展模型。刘易斯也因"所提出的著名的'二元经济'模型理论为他赢得了极大的声誉并引起了广泛的科学辩论"，以及"研究发展中国家经济问题的领导者和先驱"，而荣获1979年度诺贝尔经济学奖。

刘易斯的"二元经济"发展模型认为发展中国家经济可以划分为两个部门：一个是以传统生产方法进行生产的、劳动生产率和劳动报酬极低的非资本主义部门，以传统农业部门为代表；另一个是以现代方法进行生产、劳动生产率和工资水平较高的资本主义部门，以现代工业部门为代表。刘易斯认为，发展中国家经济贫困的根源在于庞大的农业部门中劳动人口相对于土地资源过剩，一部分劳动力处于隐蔽失业状态。只有使相对于土地过程的劳动力达到充分就业，才能提高整个经济的人均产出水平。因此，解决充分就业的条件，就是发展中国家实现经济起飞的条件。②

按照"二元经济"模型理论，经济发展过程就是传统农业部门不断萎缩、现代工业部门不断扩张的过程。而现代工业部门的扩张需要农业部门提供丰富的廉价劳动力。资本越多就可以将更多劳动力吸收到工业部门中去。工业部门工资水平高于农业部门收入水平是促使农业剩余劳动力流向工业部门的动因。当农业剩余劳动力消失后，劳动边际生产率会提高。美国耶鲁大学经济学教授费景汉(John C. H. Fei)和古斯塔夫·拉尼斯(Gusta Ranis)认为：刘易斯的二元经济结构模式有两个缺点：第一，不重视农业

---

① 文东升：《马克思主义关于小农生产方式改造理论研究综述》，《学术论坛》2005年第12期。

② 阿瑟·刘易斯：《二元经济论》，北京经济学院出版社1989年版，第28页。

在促进工业增长方面的重要性；第二，忽视农业生产率提高而出现剩余产品是农业劳动力向工业流动的先决条件。

"二元经济"模型理论对发展中国家的经济发展影响深远。纵观我国经济发展历程，可以说是这种模型的实践，在取得工业化、现代化发展成果的同时，也出现了一系列问题：重工轻农，重视城市发展，忽视农村建设。在大力发展工业经济和现代化、城市化的简单理解下，以及城乡巨大差别的现实诱导，城市与现代工业从农村肆意吸收大量的所谓"剩余劳动力"，以实现自己的扩张，以至造成农村"空心"和荒芜化。同时，农业附加值降低和农产品价格低微拷问着谁来种地的问题。

(三)舒尔茨：引进新的生产要素和进行人力资本投资

针对集体化和工业化对传统农业的改造，舒尔茨提出了改造传统农业的另外一条道路：引进新的生产要素和进行人力资本投资。舒尔茨在《改造传统农业》中将其归纳为四个方面：

第一，改造传统农业要能够廉价地生产收入流来源。舒尔茨认为，"传统农业之所以无法发展，就是供给者不能廉价地生产收入流动的来源，以保证诱使需求者去购买任何一种新(追加的)来源"[1]。"当追加的持久收入流来源的需求者被局限于传统农业生产要素时，相对于表现为实际收入的边际产量而言，这些要素的价格是高昂的。"[2]当持久收入流的供给者能廉价地生产这些收入流来源时，这些供给者就掌握了经济增长的关键。[3]舒尔茨认为，传统的生产要素配置效率虽达到了最优，但是这种最优并不能导致农业经济的增长，因为其运用的是传统的生产要素，只能说这种"最优"是一种低水平的均衡。要跳出这种低水平的均衡，就必须生产出立足于新的生产要素上的廉价收入流来源。

第二，生产廉价的收入流来源则需要新的生产要素。舒尔茨认为，传

---

[1]　舒尔茨：《改造传统农业》，商务印书馆 1987 年版，第 61 页。

[2]　舒尔茨：《改造传统农业》，商务印书馆 1987 年版，第 65 页。

[3]　舒尔茨：《改造传统农业》，商务印书馆 1987 年版，第 61 页。

统生产要素的配置效率已经很高，无法带来新的增长，要促进新的增长必须引进新的生产要素。舒尔茨通过例子说明了，"人们一次又一次地通过采用并学会使用新生产要素而改造了传统农业"。"最近几十年来在许多国家里，农业生产的增加显然是巨大的……这些机会既不来自可以定居的新开发的农用土地，也不是主要来自农产品相对价格的上升。这些机会主要来自更高产的农业要素。"①新的生产要素不会自动产生，需要投资，但是这些投资又具有公益性，一般的企业不愿意投入，因此需要国家投资。"为了向这种类型农业中的农民供应追加的新的、有利的生产要素，国家的研究机构有责任去发现并发展这些新农业要素。要做到这一点，这种国家必须投资于能为推进农业生产的知识及其应用做出贡献的活动。"②

　　第三，新的生产要素为农民所接受需要一定的条件。新的生产要素供给出来后不会自动被农民接受，还需要一系列的条件。一是要有一定的制度条件。首先是要有一个完善的市场机制，利用市场方式引导企业和科研机构生产廉价的新的生产要素，同时激励农民接受和使用新的生产要素。"还有一种主要以经济刺激为基础的市场方式，这种刺激指导农民作出生产决策并根据农民配置要素的效率而进行奖励，当然这种方式仍然需要特定的政府投资和国家活动。"③其次要有一个公平的租佃制度，也就是说要有完善的土地流转市场。这种租佃制度要有利于农民引进新的生产要素。"这种制度使得一种新农业要素的真正有利性只有部分归农民所有。因此，接受、采取并使用新要素的经济刺激受到严重损害。要成功地从上至下地引入大部分新农业要素也是不可能的。"④这些说明了好的制度对于激励农民引进生产要素起着重要的作用。二是农民要有一定的引进新要素的能力。仅仅依靠外部刺激或者农民自身仅有接受的意愿，并不能保证农民能够引进新的生产要素，还需要农民有引进的能力。"农民学会如何最好地

---

① 舒尔茨：《改造传统农业》，商务印书馆1987年版，第80页。
② 舒尔茨：《改造传统农业》，商务印书馆1987年版，第82页。
③ 舒尔茨：《改造传统农业》，商务印书馆1987年版，第78页。
④ 舒尔茨：《改造传统农业》，商务印书馆1987年版，第126页。

使用现代要素，这既需要新知识又要新技能。这种知识和技能在本质是向农民的一种投资。"舒尔茨认为，仅仅从经验中学习不仅缓慢而且在许多方面比其他学习方法还要付出更大的代价。①

第四，引进新的生产要素的关键是要对农村进行人力资本投资。农民有接受的意愿，更需要有接受能力。这种接受能力不会自动形成，也不是从传统经验中产生，需要进行人力资本投资。"农民所得到的能力在实现农业现代化中是头等重要的；这些能力与资本品一样是被生产出来的生产资料"，这种生产或者这种能力的获得并不是免费的，需要一定的投入，需要一定的成本。这些成本就是一种人力资本投资。② 舒尔茨认为，人力资本投资是农业经济增长的主要源泉，迅速持续的增长主要依靠向农民进行特殊的投资，以使他们获得必要的新技能和新知识，从而成功地实现农业经济的增长。③ "如果农民要有效地使用现代农业生产要素，他们就应该获得比许多从事非农业工作的工人获得更多的从科学中得出的技能和知识。"④舒尔茨将人力资本投资分为三大类：教育、在职培训以及提高健康水平。⑤

舒尔茨的研究认为，立足于传统要素基础上的传统农业已经达到了资源配置的极限，无论如何也无法推动传统农业的转型和发展。要改造传统农业必须有能够生产廉价的收入流来源，而廉价的收入流来源又必须依赖新的生产要素，新的生产要素无法自动产生，需要国家进行投资，同时还需要有一定的制度安排，激励农民关注和引入新的生产要素，但是农民引入新的生产要素，需要有一定的能力，这些能力不会自动产生，需要通过教育、在职培训和提高健康水平等方式对农民进行人力资本投资。因此人力资本投资是改造传统农业的关键、基础、切入点。同时舒尔茨也表示，

① 舒尔茨：《改造传统农业》，商务印书馆1987年版，第131页。
② 舒尔茨：《改造传统农业》，商务印书馆1987年版，第132页。
③ 舒尔茨：《改造传统农业》，商务印书馆1987年版，第133页。
④ 舒尔茨：《改造传统农业》，商务印书馆1987年版，第152页。
⑤ 舒尔茨：《改造传统农业》，商务印书馆1987年版，第132页。

人力资本的积累不可能一蹴而就，是一个长期的过程。这也就决定了改造传统农业是一个长期的过程。

人力资本投资理论也是从家庭内部、从农民自身能力着手进行改造，不同在于国家通过间接方式影响农民、帮助农民，进而提高农民的素质。其实，经过 30 多年的改革开放，农民的教育程度大大提高，农民接受新的生产要素的能力也大大增强。但现阶段农民面临着全方位的社会化、市场化、全球化对其产生影响的现实问题，其拥有的素质和能力仍无法应对当今小农面临的风险问题、不确定问题、增收问题。因此，研究认为舒尔茨的人力资本理论对改造当今中国小农有价值，但是还需进行适当改进，才能够适应中国当今社会化小农的需要。

（四）黄宗智的产业一体化构想

黄宗智从农业的改造方面与马克思和舒尔茨对话，其研究内容主要是中国小农经济如何走向现代化。黄宗智在《华北小农经济与社会变迁》一书中指出，革命前的中国小农具有三种不同的面貌：首先，中国小农在一定程度上是为自家消费而生产，其生产上的抉择取决于家庭需要。其次，中国小农也是一个追求利润者，小农家庭的农场也具备一些类似资本主义的特点。最后，小农又是阶级社会和政权体系下的成员，其剩余产品用来供给非农业部门的消费需要。黄宗智认为形式主义、实体主义等都只看到了小农的一个方面，不能对中国小农进行有效解释。"要了解中国的小农，须进行综合的分析研究，其关键是应把小农的三个方面视为密不可分的统一体，即小农既是一个追求利润者，又是维持生计的生产者，当然更是受剥削的耕作者，三种不同面貌各自反映了这个统一体的一个侧面。"同时，他还指出，不同阶层的小农其行为会有不同选择，"一个经济地位上升的、雇佣长工以及生产有相当剩余的富农或经营式农场主，要比一个经济地位下降的、在饥饿边缘挣扎、付出高额地租和领取低报酬的佃、雇农，较为符合形式主义分析模式中的形象。后者则更符合马克思主义的分析模式，而一个主要为自家消费而生产的自耕农，则接近于实体主义所描绘的小农"①。

黄宗智通过对改革开放以来中国农业的分析，认为当前中国小农经济受三种因素的影响比较大，即"资本—劳动双密集化""小规模生产"和"范围经济"。但是他认为，三种因素都无法阐释小农"去过密化"过程。"但资本—劳动双密集化、小规模生产以及范围经济并不足以充分解释新时代中国小农场的生命力"。他认为，中国小农的生命力在于农业生产的纵向一体化，"为城镇和长距离国内外市场而生产的农业须要另一种经济效益，即'纵向一体化'的效益"②。

小农生产需要纵向一体化并与大市场打交道。黄宗智认为，在西方的经济史中，由生产到加工再到销售的"纵向一体化"一般都伴随着同一公司的"横向一体化"——组织大规模农场，从而达到亚当·斯密的规模经济效益。但是在中国，家庭依然是生产的基础。因此，需要类似于资本主义公司所提供的"纵向一体化"来与"大市场打交道"。所谓"纵向一体化"就是在农业生产的各个环节实施"产—加—销"和"贸—工—农"的经营。中国官方话语将之称为"农业产业化"。黄宗智将这种生产模式称为"不同层面的不同最佳规模"③。

黄宗智根据各地的实践将"纵向一体化"概括为如下几种类型：龙头企业、自发的合作组织、专业市场和其他组织(包括农村经纪人)带动的纵向一体化。④黄宗智通过研究表示，龙头企业带动的纵向一体化受政府支持，发展比较快，在各类组织中占主导地位；自发的合作组织带动的纵向一体化数量较少，但是最受农民欢迎；专业市场带动的纵向一体化的前景是一个未知数。⑤对于上述组织，黄宗智比较倾向于自发的合作组织带动的纵向一体化，"我们也许可以想象，如果能够得到政府的积极扶持，合作组

---

① 黄宗智：《华北小农经济与社会变迁》，中华书局 2000 年版，第 45 页。
② 黄宗智：《中国的隐性农业革命》，法律出版社 2010 年版，第 145 页。
③ 黄宗智：《中国的隐性农业革命》，法律出版社 2010 年版，第 146~147 页。
④ 黄宗智：《中国的隐性农业革命》，法律出版社 2010 年版，第 148~156 页。
⑤ 黄宗智：《中国的隐性农业革命》，法律出版社 2010 年版，第 150 页。

织也许真可能会成为一个强有力的纵向一体组织方式"①。

黄宗智通过研究得出如下结论:一是"中国农业的现实和将来主要在小规模的资本——劳动双密集型农场",即在家庭经营范围内比较密集地使用资本和劳动,以资本和劳动替代土地;二是中国的纵向一体化主要是"依靠小规模的'菜—果种植'和'兽—禽—鱼饲养'",即依靠吸纳劳动力的经济作物和养殖业;三是中国新时代农业将主要是"小农""农场"的天下。他认为,中国今天的纵向一体化既包括资本主义市场经济的成分,也包括计划经济社会主义成分,两者之间的矛盾非常尖锐。"当务之急不是在两者之中做单一的选择,而是要探寻超越两者的第三条路,不是含含糊糊的妥协,而是在确认两者必然共存的现实上的超越性结合。"②

二、国内关于农业生产方式的研究

(一)对生产方式变革与发展现代农业内涵的不同理解

于金富认为,变革生产方式、发展现代农业首先是农业生产方式的变革,即变革现阶段农业的生产技术条件、生产形式、生产的社会形式以及农村生产关系,全面形成现代农业生产方式。③ 柏振忠认为,发展现代农业的关键就是将现代农业诸多要素注入其中。这个过程就是农业的机械化、电气化、化学化和水利化,逐步发展到农业的信息化、生物化、设施化和管理现代化。④ 孔祥智、李圣军认为,发展现代农业最根本的途径就是实现农业生产方式和生产力向现代化的变革。⑤ 陶武先认为,现代农业

---

① 黄宗智:《中国的隐性农业革命》,法律出版社 2010 年版,第 158 页。

② 黄宗智:《中国的隐性农业革命》,法律出版社 2010 年版,第 159 页。

③ 于金富:《生产方式变革是建设社会主义新农村的基础工程》,《经济学家》2007 年第 4 期。

④ 柏振忠:《我国现代农业发展模式建设与完善的路径分析》,《科学管理研究》2010 年第 5 期。

⑤ 孔祥智、李圣军:《试论我国现代农业的发展模式》,《教学与研究》2007 年第 10 期。

的主要标志就是商品化、专业化、产业化、市场化、社会化发展，它们主要表现为农产品市场化程度日渐成熟、农业机械设备的广泛应用、先进农业科技的大范围推广、农业保障服务体系的不断完善以及产业化的充分发展，尤其要重视农业生态环境保护，实现全面可持续发展等方面。①

刘燕华认为，实现传统农业向现代农业的转变的目标要采取以下几个方面的措施：一是价值取向由自给自足型向市场导向型转变；二是农业的发展目标从简单地追求数量增长为主向以提升质量增加效益为主转变；三是产业结构从分散的小农业向规模化的大农业转变；四是产业功能由粮食、原料生产等单一生产功能向集生产、经营、服务等复合型多功能的方向转变；五是经营方式由粗放型向集约型转变；六是劳动者技能从生产技能为主向生产和经营等多技能转变。她还提出要实现这些转变，政府必须在基础设施建设、制度和体制创新、健全社会服务保障体系等方面加强政策引导和财政支持，不断提高农业的组织化程度，同时也要高度重视农业环境保护，实现可持续发展。② 戴小枫、边全乐、付长亮论述了现代农业的本质和内涵，对市场化生产、产业化经营、企业化管理、集约化投入、工业化装备、社会化服务、福利化支持、政策化保护、知识化农民、技术化支撑、科学化引领、公益化设施、免费化教育、标准化准入等相关的具体内容进行深入的分析和探讨，总结认为市场化、工业化、科学化、集约化、社会化、福利化和可持续发展等即是现代农业的基本特征。③

董正华认为，"小农"包括所有以家庭为农业生产经营和消费单位的农民。小农的土地可以是通过任何合法的途径获得的；其生产经营可能是劳动密集型的，也可以发展为技术密集型和资本密集型的。小农可以自主经

---

① 陶武先：《现代农业的基本特征与着力点》，《中国农村经济》2004 年第 3 期。

② 刘燕华：《依靠科技创新发展现代农业》，《求是》2007 年第 6 期。

③ 戴小枫等：《现代农业的发展内涵、特征与模式》，《中国农学通报》2007 年第 3 期。

营、流转农地，自由协作、结社，也可以自由地退出结社，所以都是自由的"家庭农场主"。马克思始终把自由的农民同家人一起的独立经济活动看作一种生产方式，即"农民的生产方式"。决定现代农业发展的不应是"农业资本主义"，而是不断富裕起来的家庭农民。①

赵文、程杰认为，劳动力流出农业后，农业要素禀赋结构变化诱致了生产方式变化。随着农户非自有生产要素（机械、化肥等）投入增长加快，产出弹性提高，生产贡献变大，其对农户自有生产要素的替代弹性远大于1，因此在农业收益中的贡献份额上升；而农户自有生产要素（土地、劳动）的产出弹性和贡献份额下降。这导致农户在农产品价格上涨中分得的收益份额越来越小，农产品价格上涨对农户务农的经济激励不断降低，农业增产乏力，价格累年循环上涨。②

（二）关于中国农业生产方式变革与发展现代农业问题的研究

于金富认为，我国现有的家庭承包经营责任制，从其本质上来说就是一种落后的小农生产方式，尽管它在改革开放之初为农村生产力的发展起到过重大的推进作用，但是这种生产方式不仅不能适应当前生产力的要求，而且成为抑制农村经济发展和社会进步的制度性障碍：一是农村土地所有制形式方面，农户只拥有土地经营权和使用权，土地产权残缺，抑制了农民经营和投资的积极性；二是农业生产组织形式方面，家庭承包经营责任制造成了农户在承包的小块土地上分散经营的局面，不能形成规模化、产业化以增进农业效益；三是农业生产技术条件方面，家庭承包经营责任制变相增加了先进农业机械和采用科学技术的使用成本，阻碍了农业现代化的进程；四是农业生产形式方面，家庭承包经营责任制必然形成小生产和大市场的矛盾，单个农户无力取得市场经济的主体地位，不利于农

---

①　董正华：《中外农业生产中的家庭经营与小农传统——农业资本主义，还是"农民的生产方式"》，《学术前沿》2014 年第 2 期。

②　赵文、程杰：《农业生产方式转变与农户经济激励效应》，《中国农村经济》2014 年第 2 期。

村市场经济的发展。他还指出，我国农业生产方式全面落后于工业生产方式，不仅是城乡差距不断拉大的原因，更是当前农业生产落后、农村发展缓慢和农民贫困的根本原因。①

张建华从宏观和区域微观两个层面对我国农业生产方式进行了深入分析，提出要学习和借鉴国外现代农业的发展模式的同时结合我国的实际国情以及区域经济发展的现实情况，坚持发展具有中国特色以及区域特色的现代农业。他还提出要积极更新发展理念、创新发展方式，增强政府的引导和推动作用，在宏观调控指导下开展微观的政策措施专项研究。② 马晓河认为，我国现阶段传统农业向现代农业转变面临的主要问题在于：一是国家发展现代农业的资金投入不足，使用分散；二是农业科技水平比较落后，服务体系不完善，多种因素导致人力资本水平不高；三是农业基础设施落后，农田水利建设和农村社会基础设施亟待加强；四是农业管理体制不健全，难以适应现代农业的发展；五是生产要素市场成长缓慢，制约了农业现代化发展的进程。③

李忠斌等从农业的一般生产函数着手，分析了传统农业生产方式的消极影响及传统农业生产方式向现代农业生产方式转变的途径和困境，探讨了农业信息化对农业生产方式的促进作用，并证明了农业信息化对农业生产方式转变及农民增收有积极的促进作用。④ 王乃明认为，实现农业现代化，转变经济发展方式，不能忽视农业生产方式的转变。传统农业生产方式转变为现代市场经济生产方式需要经过两个阶段，目前我国农业生产方式总体上处于第一阶段，有些发达地区开始转向第二阶段。今后，要充分

---

① 于金富：《生产方式变革是建设社会主义新农村的基础工程》，《经济学家》2007 年第 4 期。

② 张建华：《全力发展现代农业，加快产业结构调整》，《江海纵横》2010 年第 2 期。

③ 马晓河：《发展现代农业是新农村建设的重要支撑》，《中国乡镇企业》2007 年第 3 期。

④ 李忠斌、文晓国等：《传统农业生产方式的困境及其转变》，《中南民族大学学报》2012 年第 3 期。

认识并把握这两个阶段的内涵及其转变规律，充分认识我国还未完成第一阶段转变的实际，坚持家庭经营在农业中的基础性地位，继续发展农村商品经济，因地制宜地推进农业企业化，有效实现农业生产方式的转变。①

邓涛认为，农村人口出现老龄化现象的根本原因是农村生产方式的变化引起的，当农村的生产方式一直维持不变时，农村人口不会出现老龄化现象，几千年的中国农业社会的历史证明了这一点。而近30年随着工业社会的发展，中国农村传统生产方式出现了变化，农村人口也出现了老龄化现象，这是一种因果关系，即农村人口老龄化是由农业生产方式转变引起的。② 董正华认为，"小农"包括所有以家庭为农业生产经营和消费单位的农民。小农的土地可以是通过任何合法的途径获得的；其生产经营可能是劳动密集型的，也可以发展为技术密集型和资本密集型的。小农可以自主经营、流转农地，自由协作、结社，也可以自由地退出结社，所以都是自由的"家庭农场主"。马克思始终把自由的农民同家人一起的独立经济活动看作一种生产方式，即"农民的生产方式"。决定现代农业发展的不应是"农业资本主义"，而是不断富裕起来的家庭农民。③

王保海认为，城乡发展不协调是我国现阶段经济社会发展中最为突出的问题。根据马克思主义政治经济学的基本原理，这一突出问题产生的深层次原因在于我国工农业生产方式的矛盾，在于落后的小农生产方式。只有全面推进农业生产方式变革，才能从根本上解决城乡发展不协调问题。我国农业生产方式变革的战略目标应当是实现农业生产技术现代化、土地经营规模化、农业生产经营合作化、农村经济体制市场化。④ 王振坡、梅林等的研究表明，随着农地流转的推进，各地都在积极探索规模化农业生

① 王乃明：《中国农业生产方式的转变过程及其选择》，《攀登》2013年第6期。
② 邓涛：《农村人口老龄化折射农业生产方式的转变》，《农业经济》2012年第11期。
③ 董正华：《中外农业生产中的家庭经营与小农传统——农业资本主义，还是"农民的生产方式"》，《学术前沿》2014年第2期。
④ 王保海：《全面推进农业生产方式变革》，《学习论坛》2014年第7期。

产经营方式，如何有效提升农业生产经营规模经济效益成为当前的重大课题。当前我国注重规模化的农业生产经营方式仍存在诸多问题，未能有效实现规模经济，达到预期效益，如何提高农业规模生产效益，使农民职业化而非身份化，成为当前我国经济结构转型升级的重点和难点。没有以分工专业化为前提的规模化生产经营只是放大版的小农生产，农业生产经营分工专业化应是规模化生产经营的内生动力，基于专业化分工逐步实现"农民"称谓由身份到职业的转变，最终能够有效提升农业生产经营规模经济效益。①

周绍东基于"生产力—生产方式—生产关系"分析框架，提出"互联网+"作为一种新的生产力形态，改变了农业生产中劳动者与生产资料的结合方式，不仅有助于解决农业企业化经营模式中资本监督劳动的问题，也有助于提高农业家庭经营模式中的规模经济效应，还可以通过产品创新和社会分工来弥补农业生产过程难以实现流程专业化和纵向分工的缺陷。社会主义农业的发展方向是在技术上超越小农生产方式，同时在生产方式和土地所有制上有别于资本主义农业的新型生产方式。②

(三)关于农业生产方式与乡村振兴问题的研究

郝耕、孙维佳认为中华人民共和国成立以来，实现农业现代化就被确立为国家发展战略目标之一。在不断探索制度创新的过程中，农业生产方式相继形成了基于农民土地所有制、集体土地所有制和家庭联产承包责任制之上的生产方式，这对化解"三农"问题，推进农业机械化、现代化、规模化和产业化进程产生了重要影响。实施乡村振兴战略赋予了解决"三农"难题以新机遇的同时又对变革农业生产方式提出了新要求。研究发现我国农业生产力在工业化发展、信息化引领、市场化改革及乡村振兴战略的合

---

① 王振坡、梅林等：《我国农业生产经营方式转变研究——基于新兴古典经济学框架》，《江汉论坛》2014年第6期。

② 周绍东：《"互联网+"推动的农业生产方式变革——基于马克思主义政治经济学视角的探究》，《中国农村观察》2016年第6期。

力作用下正在发生深刻变化，新的生产元素不断涌现，出现了新的经营主体和生产组织模式。在农村社会经济的快速发展中孕育出了农业生产方式求新图变的新契机，乡村振兴战略的实现与农业生产方式的变革有着内在的本质关联。①

谢来位、付玉联研究发现乡村振兴的基础是产业振兴，根本出路是推动生产要素适度规模化、资源配置市场化、品种流程专业化、生产技术机械化和信息化，实现农业生产方式和组织模式不断创新。当前农业生产方式和组织模式创新在新型农业经营主体总量和质量、农业生产要素配置、农业社会化服务体系、农业机械化及信息化等方面存在强烈的政策诉求，亟待增强新型农业经营主体带动力和市场品牌效应、依托项目整合涉农财政资金、健全农村产权交易市场和风险防范机制、完善社会化服务体系、创新金融保险品种和体制机制。②

张红杰认为农业生产方式现代化转变是建立现代农业产业体系、促进乡村产业兴旺的基础。中华人民共和国成立以来，我国在传统小农生产方式基础上，先后通过集体农业生产方式和统分结合的双层经营体制推动了农业生产方式的现代化转变进程。制度供给和底层实践的互动是我国农业生产方式现代化转变的基本路径，而社会生产力发展对农业生产技术条件和组织形式的决定作用、非农产业和城市化发展提供的产业支撑及农民个体力量的发展形成的主体动力是生产方式变迁的根本动因。推动农业生产方式现代化转变，应进一步充实现代农业发展的物质技术基础、激发现代农业发展的主体力量，并通过构建中国特色社会主义农业生产方式现代化发展模式，增强自上而下与自下而上相结合的发展动力。③

---

① 郝耕、孙维佳：《农业生产方式变革是乡村振兴的根本出路》，《西安财经大学学报》2020 年第 6 期。

② 谢来位、付玉联：《农业生产方式和组织模式创新的政策诉求及政策保障》，《探索》2019 年第 5 期。

③ 张红杰：《我国农业生产方式现代化转变的历史脉络、内在机理和发展对策》，《山东社会科学》2019 年第 8 期。

三、关于社会风险的研究

(一)针对中国现代化的发展、社会转型时期的社会风险研究

谢俊贵认为社会风险来源于人类社会中的社会事物和自然现象，具有依附性、多样性等多种特征。从社会风险的构成要素来划分主要分为自然风险、制度风险等；从社会系统的构成来划分主要分为政治风险、科技风险等；从区域空间来划分可分为农村社会风险和城市风险。①

申霞研究认为，贝克的社会风险理论并不完全适用于中国的第一次现代过程，主要原因是我国面临的社会风险既有来自现代化自身的风险，同时也有来自现代化进程中的风险。目前最主要的风险是来自社会转型，改革开放后，我国经济迅速发展，也导致了社会不稳定因素的出现。发展与风险相伴而生，如何在保持经济高速增长的同时化解社会风险是当前政府迫切需要正视的问题。②

熊光清认为当前中国的社会风险的形成原因有以下方面：(1)中国的快速现代化进程在不同程度上引起了利益分配不均、加速了利益的分化。(2)社会转型引起的制度转轨需要新的利益分配与协调机制与之相适应。(3)经济全球化引起的不确定性社会风险。在控制社会风险的对策方面，他指出首先要理念先行，充分认识利益公平正义分配的重要性，其次建立公平合理的利益分配机制和利益协调机制，最后要积极主动地应对来自经济全球化的挑战。③

张成福、谢一帆认为风险社会的形成是源于风险从传统性社会向现代

---

①　谢俊贵：《当代社会风险源：特征辨识与类型分析》，《西南石油大学学报》(社会科学版)2009年第4期。

②　申霞：《从对抗到合作：冲突社会下的风险治理》，中央民族大学博士学位论文，2013年。

③　熊光清：《当前中国社会风险形成的原因及其基本对策》，《教学与研究》2006年第7期。

性社会的过渡。现代风险社会的基本风险源来自社会经济结构、人口结构、科技发展、环境与资源、社会组织与社会制度。防范和治理风险社会应从战略的高度出发，科学合理地制定风险治理的原则和措施。① 胡鞍钢、王磊从社会风险的历史变迁出发，搭建了一个测量社会转型风险的指标体系，计算了 1993—2004 年的社会转型风险指数，继而分析转型时期我国社会风险演变的基本路径，提出了一系列应对社会风险的对策建议。②

赵萍借鉴马克思主义社会治理理论，在全球风险社会理论的视角下总结社会治理创新的经验，对中国社会治理创新问题的困境及其根源进行深入剖析，在此基础上提出了完善我国社会治理创新的新路径。③ 冯必扬通过研究国外社会风险得出国外学者的相关理论把社会风险归因于利益受损和挫折感具有片面性。他认为利益受损是导致社会风险的重要条件，但不一定是社会风险产生的充分条件，社会风险产生的根本原因是社会分配的不公平和竞争的不公平。中国社会转型期也面临诸多风险，急需加强对社会风险的研究，必须正确认识社会风险。④

吴雪明、周建明认为，中国自改革开放以来经历了从计划经济体制向市场经济体制的重大转型，同时也进入了一个高风险的社会发展阶段。在这个过程中，农村居民面临的社会风险与城市居民面临的社会风险具有同质性，但是农村居民的抗风险能力却相对较弱，必须构建一个面对全体国民的社会风险应对政策体系。但是在现有经济条件下，建立社会风险应对政策体系应该优先考虑农村居民的利益诉求，有重点、分阶段、多层次、

---

① 张成福、谢一帆：《风险社会及其有效治理的战略》，《中国人民大学学报》2009 年第 5 期。
② 胡鞍钢、王磊：《社会转型风险的衡量方法与经验研究（1993—2004 年）》，《管理世界》2006 年第 6 期。
③ 赵萍：《风险社会理论视域下中国社会治理创新的困境与出路研究》，山东大学博士学位论文，2014 年。
④ 冯必扬：《社会风险：视角、内涵与成因》，《天津社会科学》2004 年第 2 期。

逐步推进社会政策的实施。①

龚维斌认为当代社会是风险社会。以抗击新冠肺炎疫情为例，通过系统梳理新冠肺炎疫情暴发、扩散、应对中的四类社会风险，以及影响社会风险的因素，运用社会风险理论以现代化和全球化的视野提炼概括出当代中国社会风险的八个特点，即风险扩散具有跨界性、区域化风险与内部化风险并存、单一风险向综合风险转化累积、自然风险与人为风险交织叠加、风险的建构性越来越明显、普通群众受到风险的影响更大、潜在的风险可能是长期的巨大的和风险有望成为社会发展进步的机会。社会风险的这些特点既有全球化时代的共性特征，也有中国独特体制、特定国情和所处发展阶段的个性特点。②

(二)关于社会风险和社会保障的相关性研究

安华通过对民族地区社会风险进行研究，得出民族地区社会风险主要包括政治风险、自然风险和经济风险，并且社会风险、社会稳定与社会保障三者之间客观存在着一种逻辑关系。民族地区社会风险应对政策应以完善社会保障制度为核心目标，有助于维护民族地区的社会稳定和经济发展。③

黄英君通过梳理国内外社会风险管理研究现状得出，国内外对社会风险管理的研究侧重于构建社会风险管理的基本理论，多以世界银行的研究报告为主，研究有待进一步扩展；研究方法上突出社会风险测量方法，同时引入了包括社会风险管理内涵和框架等相关理论方法，也从包括福利经济学、灾害社会学、统计学等学科引入定量研究方法和实证测量方

---

① 吴雪明、周建明:《中国转型期的社会风险分布与抗风险机制》,《上海行政学院学报》2006 年第 3 期。

② 龚维斌:《当代中国社会风险的产生、演变及其特点——以抗击新冠肺炎疫情为例》,《中国特色社会主义研究》2020 年第 1 期。

③ 安华:《民族地区社会风险、社会稳定与社会保障研究》,《西南民族大学学报》(人文社会科学版)2012 年第 10 期。

式；研究对象主要针对发展中国家的社会风险进行研究，缺少或者没有系统地对发达国家及新兴国家展开研究，研究对象还需要进一步拓展。同时，他还指出用社会风险管理作为社会保障分析研究框架具有以下优势：社会风险管理提供了一个用来评估风险管理经济效用的统一框架，该框架能够提供适用于不同国家和不同时期的不同措施，以有效地管理收入风险。①

曲绍旭通过对西方社会保障的城市化社会风险进行研究，分析城市化早期、中期和后期的多元风险与社会保障制度改革，提出我国当前新出现的风险主要有多元化、宏观化和模糊性的社会风险，化解新风险应着重从以下几个方面来完善我国社会保障制度：注重社会保障的多元化发展，合理安排过渡性的社会保障制度，在管理上保持社会保障统一性发展。②

王增文研究发现农村居民所面临的社会风险不能有效和合理规避，社会保障资源配置不合理导致了很大一部分农村居民在面临疾病、年老、伤残及灾害时，时常诉求于"神灵"。这使得社会保障制度缺失与神灵诉求行为之间产生了较强的相关性。理论分析表明，社会风险的加剧与社会保障资源的配置不合理是农村居民神灵诉求行为发生的决定性因素；实证研究显示，社会保障资源对其神灵诉求行为的影响是显著的，合理的社会保障资源配置对农村居民的神灵诉求行为具有抑制作用；而政府的社会保障制度实施的低水平是诱使农村居民神灵诉求行为扩大化的主要因素。目前首要和最紧迫的任务就是优化农村社会保障资源配置，提高农村社会保障水平。③

---

① 黄英君：《社会风险管理：框架、风险评估与工具运用》，《管理世界》2013 年第 9 期。

② 曲绍旭：《社会风险视域下西方城市化过程中的社会保障理论述评》，《国外社会科学》2013 年第 3 期。

③ 王增文：《风险社会、保障性资源配置和神灵诉求行为——中国农村社会风险预警体系研究》，《青海社会科学》2018 年第 1 期。

(三)关于社会风险的理论方法及整合的研究

童星以社会风险防范和社会矛盾化解为视角,采用理论分析的方法,主张当前社会管理创新的突破口和重点在于对风险社会、开放社会、多元社会、虚拟社会的管理,以满足民众的安全、融入、公平、表达诸需求;确认中国处于"风险共生"下的高风险社会,创建了"风险—灾害—危机演化连续统"模型和"风险管理—灾害(应急)管理—危机管理全过程应对"模型,提出了"三位一体"的战略治理,揭示了社会目标单一、社会结构失衡、社会关系失调、社会冲突增生等四大社会风险源,概括出暴力群体性事件、具体利益冲突、集体性敌视、普遍的社会不满等四种社会矛盾形式,构建了"社会矛盾冰山结构"模型,设计出阻断和化解社会矛盾的五大制度体系。①

张海波认为基于理论研究和现实国情的需要,国内关于社会风险的研究日趋多样化。无论是从学科交叉的角度,还是从学术的国际对话视角来说,都需要对中国现有关于社会风险的研究进行整合,打破学科分割的局面,弥补现实主义研究和经验建构主义研究的不足,在结合中国社会转型的现实发展的基础上提出具有中国特色的社会风险研究理论,总结社会风险研究的基本范式,实现国家对话。

张云昊认为社会风险理论的演进主要有三个阶段,也分别对应了三种不同模式:"现实主义—社会风险"阶段是以专家为中心的"工程—技术"模式,"制度主义—风险社会"阶段是以政治为中心的"组织—制度"模式,"建构主义—风险文化"阶段是以社会为中心的"社团—运动"模式。综合风险社会理论在三个阶段与三种风险治理模式的不同特点的基础上,构建了一个新型的社会风险整合治理机制模型,以便能够更好地应对转型期的社会风险。②

---

①　童星:《社会管理创新八议——基于社会风险视角》,《公共管理学报》2012 年第 4 期。

②　张云昊:《社会风险的整合治理机制与模型建构》,《南京农业大学学报》(社会科学版)2011 年第 4 期。

四、关于我国农村社会保障制度的研究

(一)建立和完善农村社会保障制度的必要性和可行性

建立和完善农村社会保障制度的必要性。在这一问题上研究界基本达成了共识，认为建立健全农村社会保障制度势在必行。社会公平是中国社会保障制度改革必须坚持的首要价值取向。当前中国社会保障制度存在农村社会保障制度建设滞后、城乡差别较大，农民工群体缺乏社会保障，区域间社会保障水平差异过大等不公平现象。因此，必须加快中国社会保障制度改革步伐。学者杨中柱认为，推进农村社会保障制度建设，既能促进农民增收、推动农业可持续发展，又能缩小城乡差别、缓解社会矛盾、维护社会稳定，是新农村建设中一个不容回避的紧迫问题。[①]

建立和完善农村社会保障制度的可行性。在这一问题上有两种截然相反的观点：第一种观点：建立农村社会保障制度的条件尚不具备。梁鸿指出，在社会主义市场经济体制改革的过程中应讲求"发展优先和效率优先"，而且政府财力有限，再加上北欧国家"福利病"的警示，我们已经获得了社保水平的上限，但不知道其下限如何。政府不得已只能采取一种小心谨慎的最低社会保障政策。因此，现阶段中国尚无能力建立真正的全国范围内的农村社会保障制度，只能以局部地区的社区保障作为替代。[②] 第二种观点：建立新型农村社会保障制度的条件已经成熟。杨立雄认为，中国的财政有能力负担起农村社会保障制度建设的支出。他指出，目前中国存在的财政困难在一定程度上是政府财政支出失误造成的，财政问题不是总量问题，而是分配问题(重城市轻农村)。有相当数量与中国发展水平相当的非社会主义制度的发展中国家和地区在建立社会保障制度时包括农村居民，各国社会保障制度的建立，并没有"统一"的经济条件要求，更没有

[①]　杨中柱：《新农村建设中农村社保制度完善之探讨》，《经济前沿》2007 年第 10 期。

[②]　梁鸿：《试论中国农村社会保障及其特殊性》，《复旦学报》1999 年第 5 期。

"统一"的模式。①

刘玉安、徐琪新认为我国社会保障制度经过数十年发展，制度体系逐步完善，在保障基本需求、缩小收入差距、降低社会风险诸多方面发挥着重要的反贫困作用。虽然社会制度覆盖广度不断提升，但是保障标准不高，城乡间、区域间差距明显，政策碎片化、缺乏前瞻性和主动性等问题不同程度地制约着农村社保制度反贫困作用的实现。在全面建成小康社会的道路上，我国社会保障制度，特别是农村社会保障制度急需进一步完善。一方面，多领域主体的反贫困协作治理框架急需建立；另一方面，做好社保各项政策与精准扶贫间的政策衔接也十分必要。具体来讲，应把实现多支柱农村养老保障，建立防治结合的农村医疗保障，引入积极的工作福利制度，建立一体化农村社会保障体系作为政策调整方向，以探求一条更好地实现农村社会保障兜底脱贫的新路径，确保 2020 年全面建成小康社会的宏伟目标顺利实现。②

(二)中国农村社会保障制度发展的现状及问题

改革以来中国农村社会保障制度建设中出现了严重偏差。张立荣、李海华指出，一方面，在计划经济条件下形成的集体、家庭和土地等传统的农村社会保障功能由于多种原因而受到了不同程度的削弱，而新的社会保障制度没有真正建立起来。另一方面，农村社会保障任务加重。农村贫困问题依然严重；农村人口老龄化问题日益突出，中国面临着严峻的老龄化挑战。③ 华迎放、孙莹认为农村社会保障制度的供需矛盾尖锐：第一，保障能力差、水平低、风险大，即保障资金不足且管理监督不力、基金运作失当难以保证保值增值、可持续性较差。第二，保障覆盖面窄。农民基本

---

①　杨立雄：《我国农村社会保障制度创新研究》，《中国软科学》2003 年第 10 期。

②　刘玉安、徐琪新：《从精准扶贫看完善农村社会保障制度的紧迫性》，《东岳论丛》2020 年第 2 期。

③　张立荣、李海华：《中国农村社会保障：现状分析与对策构想》，《华中师范大学学报》2000 年第 6 期。

没有医疗保障，缺医少药的情况相当普遍；未来养老问题令人担忧；健康和基本生活问题不容忽视。第三，在农村城镇化和农村剩余劳动力转移的过程中，一部分农民（主要为失地农民和农民工）处于社会保障的真空地带。① 郭赞认为构建完善的农村医疗保障体系是实现乡村振兴的重要一环和题中应有之义。站在新时代新的历史方位，理性而全面地审视当前的农村医疗保障，还有很多不尽如人意需要大力发展的地方，还需要从社会保障的公平性、可持续性、高效率性和稳定性等方面去构建去完善。②

秦继伟认为党的十九大报告提出了"推动社会治理中心向基层下移"的社会治理总方针，凸显了基层社会治理的重要性和紧迫性。农村社会保障的发展是基层社会治理的重要内容。研究批判了现有研究存在单一解释视角的局限性，研究指出应该采取多元综合的视角分析农村社会保障的发展。当前我国农村社会保障在制度、结构、责任等方面存在多重困境：一是农村社会保障制度的稳定性不足；二是农村社会保障制度的公平性不足；三是农村社会保障制度的责任不明确。造成我国农村社会保障面临多重困境的根本原因在于：二元结构与分割统筹的双重悖论；传统体制与现行政策的双重束缚；制度与行动的实践张力。需要以社会治理创新为视角，建设和完善农村社会保障制度：一是加强顶层设计，注重公平；二是优化资源配置，注重多元参与；三是理清权责关系，注重法制建设。③ 张尧、丁一帆认为农村社会保障制度作为农村社会政策的内容，与乡村振兴战略在发展目标上具有一致性，具体实施中应做到有效对接，注重协调性，实现契合发展。为了确保乡村振兴战略的顺利实施，应遵循农村社会发展以及制度完善的阶段性规律，优化农村社会保障制度结构，进一步

① 华迎放、孙莹：《农村社会保障制度框架构建研究》，《人口与经济》2005年第4期。

② 郭赞：《乡村振兴背景下农村社会保障问题审视及解决途径》，《农业经济》2020年第10期。

③ 秦继伟：《农村社会保障的多重困境与优化治理》，《甘肃社会科学》2018年第3期。

推进精准扶贫制度化，以城乡融合发展理念为指导，契合农村社会结构，实行多元主体共建共治，整合农村社会保障管理与运行机制，使农村社会保障制度成为实现乡村振兴战略的助推器。[①]

(三)中国农村社会保障制度的发展方向

所谓农村社会保障制度的定位问题，即与城市社会保障制度的关系及如何衔接的问题，对此目前学术界主要存在以下三种观点：

第一种观点：构建城乡合一的中国社会保障制度。农村社会保障是统一的社会保障体系的重要组成部分，其建设必须突破重城市轻农村观念的束缚，突破现有城乡分割的格局，树立起城乡统筹的观念。吴云勇、梁峰指出，农村社会保障制度一般纳入了各国社会保障的总体框架，只有少数国家为农民建立了专门的社会保障制度。基于国外的经验，中国农村社会保障制度也没有必要再另外构建一套体系，城乡合一才是中国农村社会保障制度的唯一路径选择。[②]

第二种观点：建立统一性和差别性相结合的农村社会保障制度。蓝春娣、任保平认为当前城乡分离的二元经济结构尚未消除，城乡居民收入水平存在巨大差距，且目前的城镇社会保障体系仍然存在许多问题，不具备实现城乡社会保障体系一体化的客观条件，因此建立农村社会保障制度必须从农村实际出发，实行与城市不同的制度。农村保障不仅与城市保障有差别，而且发达地区与贫困地区农村保障也不可能一样，应根据农村的实际情况，建立统一性和差别性相结合的农村社会保障制度。[③]

第三种观点：通过一种过渡性的制度安排，在完全割裂的城乡二元社

①　张尧、丁一帆：《契合与嵌入：农村社会保障助力乡村振兴战略的定位与路径》，《宁波大学学报》(人文科学版)2020年第2期。

②　吴云勇、梁峰：《中国农村社会保障模式及资金来源的路径选择》，《农村经济》2007年第8期。

③　蓝春娣、任保平：《关于农民工社会保障问题的思考》，《社会科学研究》2004年第5期。

会保障制度之间构建一种衔接模式。杨翠迎指出，应将城乡统一的社会保障制度作为长期发展目标，统筹城乡社会保障制度，促进两者相互协调，为将来建立城乡一体化的社会保障创造条件。按照逐步完善、逐步过渡的原则，逐渐改变城乡社会保障制度失衡的状态。当前城市社会保障制度改革的重点在于优化和调整社会保障项目，适时控制社会保障水平；农村社会保障工作的重点在于加强制度建设，提高社会保障水平。[1] 刘子操构建了我国城市化进程中的农村社会保障制度的目标模式和过渡期模式。目标模式：覆盖全体公民，城乡一体化，"以一元社会保障制度取代二元社会保障制度"。过渡期模式：建立城乡有别、相互贯通的社会保障体系，其体系内容包括纯农业人口社会保障制度、农民市民化社会保障制度和城市社会保障制度。[2]

（四）中国农村社会保障制度变迁的研究

不同学者站在不同角度对我国农村社会保障制度的变迁，进行了不同阶段的划分，有的基于计划经济与市场经济的大背景进行阶段划分；有的基于社会保障在实践中表现出来的不同特征进行划分；有的基于改革开放前后集权分权进行划分。宋士云对我国1949—2002年的农村社会保障制度变迁进行了研究，将其分为三个阶段：一是农村个体经济基础上，以农民家庭保障为主体的农村社会保障制度（1949—1955）；二是计划经济体制下以集体保障为主体的农村社会保障制度（1956—1983）；三是向市场经济转轨中，从传统走向现代，开始走向社会化的农村社会保障制度。[3] 朱霁、杨正芝认为农村社会保障制度的变迁与经济增长紧密相关，他们通过研究

---

[1] 杨翠迎：《中国社会保障制度的城乡差异及统筹改革思路》，《浙江大学学报》2004年第3期。

[2] 刘子操：《我国农村社会保障制度的构建思路》，《广西社会科学》2007年第10期。

[3] 宋士云：《对中国农村社会保障制度模式变迁的思考——基于新制度经济学的阐释》，《江汉论坛》2007年第9期。

得出我国农村社会保障制度经历了农村社会救助型保障制度构建、农村社会保障萌芽、农村社会保障曲折发展等变迁。构建和完善我国农村社会保障制度，应构建与经济社会发展相适应的统筹城乡社会保障制度体系；加快经济发展，为提高农村社会保障水平提供资金；根据经济发展水平构建合理的农村社会保障投资体制。①

　　朱梅、李燕凌运用新制度经济学的理论和方法对农村社会保障制度变迁进行研究，得出中华人民共和国农村社会保障制度变迁是一个由政府主导的制度变迁过程，政府主导逻辑内含于以需求诱致因素为基础的供给主导型制度变迁方式之中。② 黄清峰、刘艺戈从制度变迁理论的分析视角，构建了一个农村社会保障制度从路径依赖、突破到路径创造的解释框架，从而挖掘出中国农村社会保障制度变迁的深层次内在逻辑。并在此基础上，提出从理念创新、制度创新和管理创新三个维度践行城乡社会保障一体化的新路径。③

　　王曙光、王丹莉认为中华人民共和国成立以来，我国农村社会保障体系经历了以集体经济积累为主的低成本农村社会保障制度形成期、集体经济体制调整后的农村社会保障体系探索期、城乡统筹发展和国家-集体功能融合的新型农村社会保障制度构建期三个阶段。新时代我国农村社会保障体系应该与重构农村社会网络和乡村治理相结合、与农村社区文化的重构和伦理道德的回归相结合、与"后脱贫时代"的扶贫模式转型相结合，将国家财政投入与村庄集体经济积累两种力量相结合，构建"集体—国家—家庭"三位一体的多元化、多层次的新型农村社会保障体系。④ 王立剑研究认

---

　　① 朱霁、杨正芝：《我国经济增长与农村社会保障制度变迁》，《广西社会科学》2011 年第 1 期。

　　② 朱梅、李燕凌：《农村社会保障制度变迁中政府主导逻辑的困境与超越》，《湖南社会科学》2012 年第 2 期。

　　③ 黄清峰、刘艺戈：《农村社会保障制度变迁的演进逻辑与路径选择——从路径依赖到路径创造》，《社会保障研究》2014 年第 2 期。

　　④ 王曙光、王丹莉：《中国农村社会保障的制度变迁与未来趋势》，《新疆师范大学学报》(哲学社会科学版)2020 年第 4 期。

为中华人民共和国成立以来，得益于我国综合国力的快速提升和中国特色社会主义的制度优势，我国农村社会保障事业取得了巨大成就，但仍存在社会保障制度城乡不均衡发展等重要问题。依据多源流模型和公共产品理论构建了我国农村社会保障制度演进的分析框架并对其进行分析表明，我国农村社会保障制度演进大概经历了制度萌芽与停滞、恢复与探索、改革与发展、完善和提高四个阶段，人民日益增长的美好生活需要、党和国家"以人民为中心"的发展理念、政策试点与政策研究、经济体制改革与综合国力提升共同构成了农村社会保障制度演进的动力机制。①

（五）关于土地流转、人口转移与农村社会保障的互动研究

农村社会保障和农村土地流转一直是国家和学术界关注的热点，也是解决中国"三农"问题的关键。学术界针对土地流转与国家农村保障制度间的关系研究可分为以下三个方面：

第一，将建设和改革农村社会保障制度依托于农村土地流转。钟涨宝、狄金华认为，在土地流转的社会背景下，以土地使用权的流转为契机构建中国农村的社会保障体系是当前农村社会保障工作乃至整个"三农"问题解决工作中的一个重要内容。以土地使用权的流转为依托构建中国农村的社会保障体系在客观上是可行的：首先，以土地使用权流转为依托构建中国农村的社会保障体系在制度上是具有可行性的。其次，土地有偿征用有助于建立失地农民的社会保障体系。再次，在社区内部，土地使用权的流转能够保障土地资源在农户之间的合理利用，对社区成员具有保障作用。最后，历史证明，土地承包关系的稳定对于农民的保障是非常重要的。② 黄河指出我国农村土地流转的开展对于广大农民来说是一把双刃剑，开展得好，它将有利于农村经济的发展；反之，则可能损害农民权益，阻

① 王立剑、代秀亮：《新中国70年中国农村社会保障制度的演进逻辑与未来展望》，《农业经济问题》2020年第2期。
② 钟涨宝、狄金华：《农村土地流转与农村社会保障体系的完善》，《江苏社会科学》2008年第1期。

碍新农村建设的贯彻落实；① 周长城、陈闻认为以土地承包经营权的流转为契机构建中国农村的社会保障体系不仅在客观上存在着可行性，同时这也是在当前社会背景下所能够作出的最合理的举措。在农地流转已成为时代趋势的背景下，在现行农村社会保障体系不能有效保障农民生活，进而对社会公平与社会稳定造成负面影响的现实基础之上，以土地流转为依托构建与完善农村社会保障体系势在必行。②

第二，农村土地流转实现的先决条件是农村社会保障得到稳步发展。王银梅、刘语潇指出促进农地流转顺利完成的有效途径是建立健全农村社会保障制度，将土地保障功能减弱。③ 朱梦蓉认为农村土地流转对农村经济发展有积极的促进作用，发展农村经济，应考虑将社会保障制度和社会生产力及农村经济发展水平相适应。④ 土地是农民的衣食之本、生存之源。作为农民的基本生产资料，土地承担了农村的基本生活保障、养老、就业、医疗等社会保障功能。由于农村土地承载着农业生产与农民生活保障的双重功能，且农村社会保障制度的缺位，极大地束缚了农村劳动力的流动，严重影响着农村土地流转。从总体来看，在我国农村广大地区，绝大部分农民游离在现代社会保障制度之外。完善农村社会保障制度是农村土地流转的前提。⑤ 金丽馥、冉双全认为，一些种田能手或善于经营的高手很想利用农村廉价的土地资源，以此从事规模化、专业化经营与生产。土地转入方需要建立农村社会保障体系，以对因严重的自然灾害给农业生产

---

① 黄河：《农民权益视角下农村土地流转问题研究》，湖南农业大学博士学位论文，2012年。

② 周长城、陈闻：《以农村土地流转为契机，完善农村社会保障体系》，《湖北省社会主义学院学报》2011年第4期。

③ 王银梅、刘语潇：《从社会保障角度看我国农村土地流转》，《宏观经济研究》2009年第18期。

④ 朱梦蓉：《农村土地流转过程中农民社会保障问题探析》，《天府新论》2009年第1期。

⑤ 李长健、徐丽峰：《农村土地流转之前提：完善农村社会保障制度》，《中共太原市委党校学报》2010年第1期。

造成的巨大损失或因市场价格波动给土地转入方带来的损失给予保障。同时，农民迫切地需要社会保障解决土地流转后的后顾之忧。因此，消除农民和土地转入方的后顾之忧是解决农村土地流转困境的关键，建立农村社会保障体系是推动土地流转的有效途径和前提。另外，土地流转有助于农村资源配置，提高土地的利用效率，调整农业结构，促使一部分农村劳动力从土地上解放出来，一部分种地能手集中土地形成规模经营，土地资源和人力资源得到有效协调，为建立农村社会保障提供坚实的经济基础。①

第三，如何实现农村流动人口的社会保障。谭丽、吴中宇通过城乡统筹的视角来论证流动人口的社会保障制度构建的必要性和合理性。在家庭联产承包制的这种小规模的零散化的经营方式下，经济发展落后和土地资金投入的有限性，使土地资源浪费严重，生产力的发展又进一步地要求生产关系进一步发生变革，因此，改变农村原有的土地经营模式实行土地规模经营，已成为提高土地收益、实现农业现代化的必然要求。土地流转实行土地规模经营，就使得农村剩余劳动力向非农产业更持续、更大量地转移，流动人口的社会保障问题固然会更加激烈。通过城乡之间可衔接的社会保障制度的建立，通过分类保障，健全农村社会保障制度和提升城市保障的"拉力作用"来建立城乡之间可衔接的社会保障制度。②

(六)建立健全农村社会保障制度的几个关键问题

政府责任。农村社会保障一直是中国社会保障体系中的薄弱环节，政府责任定位不清是造成问题的主要原因。王珂瑾认为，农村社会保障制度长期停滞不前的原因是多方面的，但最根本的原因在于政府责任的缺位。政府应当是公共产品最主要的供给主体，农村社会保障的现状和城乡统筹

---

① 金丽馥、冉双全：《农村土地流转与农村社会保障的关联分析》，《中国农业通报》2012 年第 5 期。

② 谭丽、吴中宇：《土地流转制度下农村流动人口的社会保障权实现：以城乡统筹为视角》，《兰州学刊》2012 年第 4 期。

发展战略的推进呼唤政府责任的回归。农村社会保障制度构建中的政府责任主要集中在制度设计、财政投入、立法保障等方面。① 孙如昕等认为，政府在农村社会救助制度建设中占据主导地位，政府应根据社会经济发展水平构建适应性的农村社会救助制度框架，建立健全的农村社会救助管理体制，担负国家对于救助资金的财政责任、救助事业的监管责任、救助规范的立法责任。② 钟俊生等认为，伴随城市化进程的加快，失地农民社会保障问题已经成为新的社会热点。失地农民社会保障覆盖面窄、利益受损的现象，暴露了政府作为社会保障主体责任的缺失，而管理缺位的政府短期保障行为机制是造成这一弊端的根源。③ 黄宝连认为，农村社会保障中政府具有立法和制度设计责任、组织责任、经济发展责任、财政责任、监管责任、协调责任等；农村社会保障的政府责任发展呈现隐性化、缺位、逐渐归位等过程；可以从法律体系、资金投入、纳入政府绩效考核目标、社会各方共同监督等方面确保中国农村社会保障中政府责任的落实与强化。④ 赵燕妮通过对国内外关于建立农村社会养老保险体系政府支持方面的研究发现国外关于社会保障制度中政府责任的研究很早就开始了，我国的研究起步较晚，其研究主要集中在社会保障及农村养老保险中的政府责任、财政支持农村养老保险的必要性、政府财政支持农村社会养老保险的方式及支持能力等方面。⑤ 曹信邦认为，在新型农村社会养老保险制度中，政府立法责任、制度设计责任以及财政责任得到了体现，但是农民养老的历史债务偿还机制、参保激励机制、养老金适度水平机制、不同层级间政

---

① 王珂瑾：《从缺位到归位：农村社会保障中的政府责任》，《兰州学刊》2013年第10期。

② 孙如昕、张正：《基于政府责任的农村社会救助研究》，《法制与社会》2014年第7期。

③ 钟俊生、王伶等：《我国失地农民社会保障的政府责任》，《江西社会科学》2014年第2期。

④ 黄宝连：《基于政府责任视角的农村社会保障研究》，《经济研究导刊》2012年第25期。

⑤ 赵燕妮：《政府在农村社会养老保险制度中的财政责任》，《保险研究》2012年第3期。

府财政责任约束机制以及养老金个人账户投资机制缺乏，需要构建政府责任供给机制，不断完善农村社会养老保险制度。① 因此，政府应在以下方面承担起主导责任：根据经济发展水平构建适宜的农村社会保障制度框架；兑现国家对农村社会保障的财政责任；建立健全监督管理体制，确保农村社会保障基金的保值增值；加快农村社会保障的立法建设；创造适宜农村社会保障制度建设的外部环境等。

筹资机制。大多数学者认为，农村养老和医疗保险应有三方出资，各自负担的比例根据不同地区的经济发展水平、集体经济实力和农民收入水平而定。戚晓明等在对山西省的试点调查数据基础上，对新型农村社会养老保险筹资机制进行分析，结果发现新型农村社会养老保险筹资机制存在着个人缴费方式、集体筹资模式、政府激励性政策安排等方面的问题，认为新型农村社会养老保险制度实行以个人、集体、政府三方缴费的筹资机制，可以通过采取费率制缴费方式、发挥农村专业合作经济组织的筹资功能以及改进制度中的激励性政策等措施来对筹资机制进行进一步完善。②

何晖等设计了"统一比率计发待遇+分层负担多方筹资"的基础养老金待遇计发办法和相匹配的财政筹资机制，在此基础上通过测算对比评估了试点方案与改革方案的财政补贴规模。研究结论显示改革方案保证了各地基础养老金收入替代率的稳定，实现了各级政府筹资责任与能力大小的匹配，优化了中央政府、地方政府以及个人的养老保障责任分担。③ 宋明岷认为，我国 2009 年年底推出的新型农村社会养老保险制度在参保方式上具有半强制半诱导性，在资金来源上中央和地方政府责任更明确，在缴费方

①　曹信邦：《农村社会养老保险政府责任供给机制的构建》，《社会保障研究》（北京）2012 年第 1 期。

②　戚晓明、周应恒：《新型农村社会养老保险筹资机制研究——基于山西省的试点调查》，《江苏社会科学》2013 年第 4 期。

③　何晖、殷宝明：《"新农保"基础养老金计发办法与筹资机制研究》，《中国软科学》2012 年第 12 期。

式上按年缴费多档位可选择，在筹资模式上采用统账结合的部分积累制，但存在集体补助资金缺位、地方财政资金到位状况缺乏监督、年轻农民参保比例低、筹资水平较难提供基本养老保障等问题，应当设立动态可调的新农保养老金替代率基准，采用缴费基数属地化的比例制缴费方式，提高新农保基金统筹层次，防范个人账户空账风险，理顺新农保与城乡多种养老保险制度的衔接机制。①

　　管理体制。管理体制是农村社会保障制度良好运行的保障，是充分发挥社会保障成效的关键。因此，在建立和完善农村社会保障体系的过程中，管理体制的改革是一个需要认真研究的问题。

　　叶响裙认为，社会保障管理存在职责交叉与分散问题、社会保障行政主管部门与经办机构存在政事不分的状况、社会保障管理与服务没有实现一体化，应按照大部门体制改革的要求，明确改革完善社会保障管理体制的目标，提出了统一社会保障行政管理机构、加强社会保障经办机构建设、构建综合的社会保障管理服务大平台、制定完善相关法律体系、充分调动社会参与等改革建议。② 王晓东、童星认为，社会保障城乡统筹的顺利实施，关键在于构建适应时代发展要求的新型社会保障管理体制，这不仅是改变"政出多门""多头管理"旧有体制的现实使然，而且是城乡社会保障制度协调发展的根本保证。法治化、服务性、多中心合作是城乡统筹发展赋予新型社会保障管理体制的价值取向和时代内涵，社会保障法制管理、社会保障行政管理、社会保障财政投入和社会保障业务管理等方面的改革都应围绕这些要求加以调整和完善。③ 张尧认为农村社会保障制度作为国家在农村社会治理的核心内容，具有积极且重要的国家治理功能。随

---

① 宋明岷：《新型农村社会养老保险制度筹资机制研究》，《农村经济》2011年第2期。

② 叶响裙：《论我国社会保障管理体制的改革与完善》，《中国行政管理》2013年第8期。

③ 王晓东、童星：《城乡统筹视域下社会保障管理体制改革的路径》，《社会保障研究》（北京）2012年第2期。

着国家治理现代化的推进，农村社会保障制度进入社会治理阶段。以国家治理现代化为契机，农村社会保障治理实现自身发展的创新路径需要遵循法治化原则，以共享发展治理理念为理论依据，重新定位农村社会保障治理目标，立足农村社会结构，整合农村社会保障治理管理与运行机制，与时俱进地优化农村社会保障制度结构，使农村社会保障制度成为国家在农村社会治理的重器。①

法律保障。中国现行的农村社会保障主要是依靠各级政府的政策、文件进行引导，强调农民自愿参加。因为政策不具备法律效力，很容易受到国家政治、经济等变化的影响，存在很大风险。以法律形式确立社会保障制度，一方面可使社会保障主体的权利、义务和职责明晰；另一方面有利于确保社会保障的稳定性和连续性。

王月春认为，针对我国现行农村社会保障法律制度存在的发展不均衡、保障项目较少等问题，应从树立公平、正义的立法理念，完善农村社会保障法律体系、提升立法层次，健全农村社会保障法律实施机制，增强农民在农村社会保障立法中的"话语权"四方面加以解决。② 左卫霞认为，农村社会保障的法制化是一件亟待解决的事情，她通过对社会主义新农村社会保障的现况的研究，探索如何进行新农村的社会保障制度的法制建设。③ 汪晓华认为，虽然我国社会保障法制建设已取得一些成效，但实践中仍存在问题，包括立法明显滞后于经济社会发展、立法层次低、法律救济和相关配套制度建设滞后等，因而有必要在现有社会保障法律体制的基础上，进一步完善立法、执法与司法环节，建立与市场经济发展相适应的社会保障法律体制，使农民社会保障权益得到充分的实现，从而促进社会

---

① 张尧：《国家治理现代化视域下农村社会保障治理的定位与建构路径》，《农村经济》2018 年第 4 期。

② 王月春：《土地流转背景下农村社会保障法律制度的完善》，《广西社会科学》2012 年第 10 期。

③ 左卫霞：《新农村社会保障法律制度建设的思考探析》，《兰州学刊》2013 年第 11 期。

保障制度的完善与发展。①

项贤国通过法理学和经济法两个角度对建构农村社会保障法制的法理分析，挖掘现行农村社会保障制度存在立法滞后、筹资机制不顺和责任模糊等困境，进而从立法模式、政府责任、资金筹措和运行机制等方面论证建构新型农村社会保障法律制度体系的路径。② 应建国通过分析中国农村社会保障法律制度存在的问题，论述了完善农村社会保障制度法律设计的构想，并提出解决我国农村社会保障法制问题的对策。③

五、现有研究的述评

综合国外研究的成果可以看出，国外学者关于农业生产方式的研究侧重于传统农业生产方式的改造以及如何优化农业结构。马克思、恩格斯的农业改造理论是基于资本主义市场经济的背景所提出来的，主要观点是用社会主义大生产改造传统小农经济。舒尔茨提出了一条截然不同的改造路径：传统小农无法导致农业增长，关键是因为小农使用旧的生产要素，要促进农业增长，必须引进新的生产要素。黄宗智对中国农业发展进行了针对性研究，认为目前中国人地矛盾比较尖锐，人多地少，小农模式将长期存在。虽然以上几种理论的目标不同、方式不同，但是我们也可以看到相同的地方：一是都需要国家参与，改造传统农业国家责无旁贷。二是都需要克服传统农业中小农分散的弱点。同时上述几点改造理论也有明显的不同，例如马克思主义改造理论侧重于通过生产关系的调整促进生产力的提高，而舒尔茨则侧重于通过外部间接作用于农民，内外部同时作用来改造传统农业，主体是农民，辅助者是政府。

综合国内研究的成果可以看出，国内学者也开始重视对中国具体国情

---

① 汪晓华：《我国农村社会保障制度法制化路径建构》，《江西社会科学》2014 年第 4 期。

② 项贤国：《论农村社会保障制度的立法困境与弥合路径》，《农业经济》2014 年第 7 期。

③ 应建国：《农村社会保障法制问题探析》，《法制与社会》2014 年第 31 期。

的研究，更加全面、深入和客观地去看待农业问题，不同程度地将农业生产方式作为研究的重点，从不同角度提出了我国发展现代化农业的建议和对策，对我国传统农业向现代化农业转变发挥了重要的推动作用。同时，近十几年以来，学术界对农村社会保障制度建立的必要性和可行性、农村社会保障制度中存在的问题及改革和完善的思路等理论方面进行了有益的探讨，并取得了不少成果。通过对中国农村社会保障制度相关文献的梳理我们可以看出，当前关于农村社会保障的研究方向具有多样性，涉及农村社会保障发展模式、社会保障制度路径变迁、农村社会保障法治建设等多方面的研究，而且在一定程度上涉及当前实现农业产业化经营的两个前提——土地流转和剩余劳动力转移对农村社会保障制度建设的研究，证明了实现土地的集约化经营，还可以将农村剩余劳动力解放出来，并推动农村社会保障制度完善的结论，这些极大地丰富了农村社会保障制度的理论研究，为农村社会保障制度实践提供了有价值的理论借鉴，推动了中国农村社会保障制度的发展进步。可以说，已有文献成果对我国农业生产方式和农村社会保障制度问题的研究已经达到了一定的高度，但仍需要进一步拓展研究思路：

研究的视野需进一步扩展。通过文献回顾也可以发现，当前农村社会保障制度研究多是站在制度本身的视角来进行研究，忽视或者不够重视其他外围因素对农村社会保障制度建构的影响。一项制度的发展是制度本身和制度外所处环境互动耦合的一个结果，只关注制度本事而忽视外界因素的影响会造成制度本身缺乏互动机制，制度建构缺乏稳定性。当前农业生产方式的变迁是不可逆的，而现实的国情是我国农村社会保障制度建设并不完善，农业生产方式的转变需要完善的社会保障制度作为支撑，而本书正是试图在理论和现实意义上对中国农业生产方式与农村社会保障制度的互动进行探索，得出完善农村社会保障制度的对策。

农业生产方式变迁对农村社会转型的研究内容还可以继续深入。农业是农村社会保障制度建设赖以生存的经济基础，而农业生产方式由小农经济向农业规模化经济变迁的过程必然会推动农村社会的转型，农村社会结构、人口结构、劳动关系、利益分配等都会发生变化，这些转型期的变化必然会对农村社会保障制度的完善产生影响。然而通过文献回顾，我们发现站在农业生产方式变迁视阈下对农村社会保障的研究是少之又少，即便有所涉及，也未从整体上把握农业生产方式和农村社会保障制度的关系，忽视了农业生产方式变迁对农村社会保障的影响。

研究方法可以进一步丰富。研究方法的不足表现在制度变迁研究方法上，已有研究较少对不同农业生产方式下农村社会保障制度的内容进行分析，因而也不能很好地理解某一时间段或历史节点农村社会保障制度模式的选择原因及其影响后果。

关于国外可借鉴经验的分析不足。研究内容的不足表现在农业生产方式的转型对农村社会保障制度的形成原因和影响机制分析不够。同时，国外农村社会保障制度建设多是从制度转型所引起的社会问题的角度进行分析，没有对已经实现农业现代化国家的农村社会保障制度在化解农村农业生产方式变迁过程中出现的风险进行深入研究，可以借鉴的经验不多。

基于上述分析，可以发现在农业生产方式变迁的背景下，对于农村社会保障制度完善的研究极其必要，农业生产方式的顺利转型需要农村社会保障制度的强力支持，而农业生产方式又在一定程度上促进了农村社会保障制度的完善，这也正是本研究的价值所在。

第四节　研究的内容、思路与方法

一、研究内容

结合国内外已有研究成果和前期研究准备，本书的研究内容如下：

（1）农业生产方式和农村社会保障的国际比较与借鉴。梳理典型国家农业生产方式变迁背景下农村社会保障制度建设方面的内容、不同国家农村社会保障制度的相似和差异有哪些，并探讨国际经验对我国农村社会保障制度完善的可借鉴性。

（2）中国农业生产方式和农村社会保障制度变迁的历程。在本研究中，将农业生产方式的变迁作为完善我国农村社会保障制度的背景和契合点。首先，分析我国农村社会保障制度在小农生产方式时期的发展历程，探讨如何应对小农经济模式下的农村社会问题。其次，分析在现阶段农业现代化生产方式下农村社会保障制度面临的挑战。主要体现在三个方面：第一，农村社会结构的改变。农业生产方式变迁会导致农村社会结构发生什么样的变化？社会结构的变化又会引起利益关系发生什么变化，不同群体在表达和追求自己利益的能力上会不会存在失衡？第二，劳动关系的改变。生产方式的变迁必然导致农村劳动关系发生改变——雇佣制出现，雇佣可以很好地解决农村剩余劳动力的问题，但是也使得农村社会面临失业和工伤等问题。第三，农村社会风险的挑战。不同的生产方式会给农村带来不同的社会风险，包括农业生产本身面临的风险以及农村社会的风险。

（3）农业生产方式变迁视域下农村社会保障制度的完善。农村社会保障制度建设与农业生产方式之间存在着较强的关联，如何利用上述两者之间的关系，把农业生产方式和社会保障政策有机结合在一起，推动农村社会保障体系的完善是极具现实意义的重要问题。本研究将从农业生产方式—农村社会风险的变化—农村社会保障制度对农村社会问题及风险的化解的思路出发，认为农业生产方式的转变决定了农村社会保障制度的发展必然是多层次体系。农村社会保障制度的需求主体是农村居民，其需求可以从三个方面来分析，第一，从应对生存风险来看，农村社会救助制度是保障农民的生存需求；第二，从应对生活和生产风险来看，农村养老保险、农村医疗保险保障农村居民基本的生活需求；农业保险、工伤保险、失业保险和生育保险则保障农民生产的可持续性，确保其发展权。第三，农村社会福利制度。主要是为农村居民提供更高层次的社会保障制度，确保社会福利社会化。从农村社会保障制度"三体系"分析框架出发，为适应农业生产方式的变迁，本书构建一个完善的三支柱农村社会保障制度体系，其中，兜底型农村社会救助是基础，基本型农村社会保险制度是主体，服务型社会福利制度是重要补充。

二、研究思路

首先，"农业生产方式──→社会风险──→农村社会保障制度"是本书的研究思路(如图 1-1 所示)。社会保障是人类应对个人和社会风险的重要机制之一，社会保障最本质的特征是作为风险管理的社会机制而存在。以风险和风险变迁为背景，以风险应对和风险管理为目标，有助于把握社会保障的未来走向，制定出合理的社会保障政策。本研究通过对 1949 年后不同时期农业生产方式带来的社会风险进行识别，分析不同社会风险对农村社会保障制度的需求，梳理农村社会保障制度在面对不同社会风险时的内容、结构与层次，继而引出当前新型农业生产方式变迁带来的新风险及其

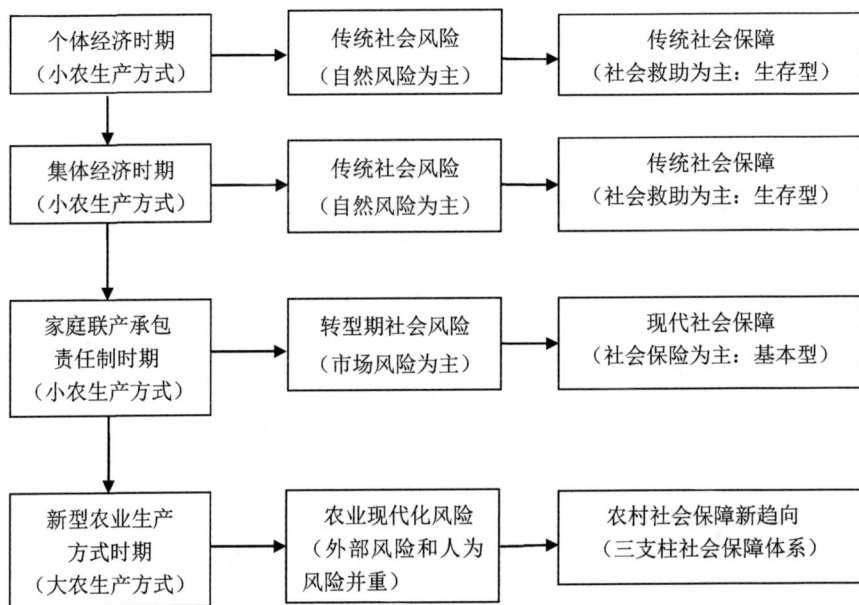

图 1-1　本书的研究思路

对农村社会保障制度的需求问题。

其次，基于生产方式变迁的背景，本研究将从社会保障"三体系"的分析框架出发，从内容体系、结构体系、层次体系三个方面对当前农村社会保障的变化进行详细分析。最后，从西方国家的实践经验出发，立足于中国国情具体提出完善农村社会保险制度、社会救助制度、社会福利制度的路径，以构建一个完善的三支柱农村社会保障制度体系，逻辑图解如图1-2所示：

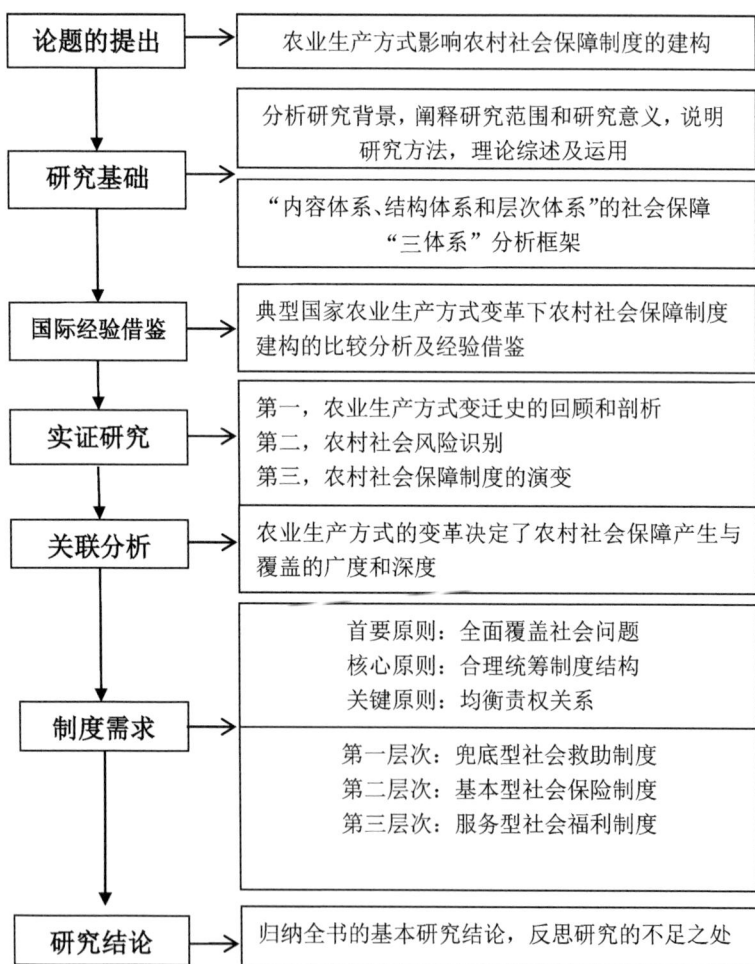

论题的提出	→	农业生产方式影响农村社会保障制度的建构
研究基础	→	分析研究背景，阐释研究范围和研究意义，说明研究方法，理论综述及运用
		"内容体系、结构体系和层次体系"的社会保障"三体系"分析框架
国际经验借鉴	→	典型国家农业生产方式变革下农村社会保障制度建构的比较分析及经验借鉴
实证研究	→	第一，农业生产方式变迁史的回顾和剖析 第二，农村社会风险识别 第三，农村社会保障制度的演变
关联分析	→	农业生产方式的变革决定了农村社会保障产生与覆盖的广度和深度
制度需求	→	首要原则：全面覆盖社会问题 核心原则：合理统筹制度结构 关键原则：均衡责权关系 第一层次：兜底型社会救助制度 第二层次：基本型社会保险制度 第三层次：服务型社会福利制度
研究结论	→	归纳全书的基本研究结论，反思研究的不足之处

图1-2　本研究的基本逻辑图

三、研究方法

文献研究的方法。本书主要采取文献研究的方法，首先搜集、鉴别、整理国内外有关农业生产方式与农村社会保障制度的相关文献，在此基础上广泛阅读相关研究的理论成果，对其进行认真的分析和研究，提出本书的论点和论据。

历史研究的方法。研究中国农村问题需要重视历史的纵向联系，以便于把握其发展轨迹，形成规律性的认识。本研究以历史发展的阶段为节点，探讨了中国农业生产方式变迁的历程、农村社会保障制度的发展演变以及西方发达国家农业生产方式和农村社会保障制度的经验等问题，确定以往研究的基本框架，在此基础上对农村社会保障的发展与完善形成规律性的认识。

比较研究的方法。当今世界各国普遍重视农业问题与社会保障制度，不同国家的制度安排既有联系又有区别，因此，本研究运用比较分析的方法，对典型国家的农业制度以及农村社会保障进行比较分析，清楚认识各国制度的优点和不足之处，准确把握两者之间的相互关系，总结其经验教训，这对我国农业发展以及农村社会保障制度建设具有重要的借鉴意义。

第五节　研究重点、难点与创新之处

一、研究的重点

本书研究的重点有以下三个方面：一是农业生产方式变迁与农村社会保障制度的关系。面对农业生产方式变迁视阈下农村社会保障制度的演变，怎样才能找寻与把握其内在的逻辑进程，抽取并提炼出其最具本质性的各个要素及彼此之间的关联，是本研究的重点。二是基于农业生产方式变迁背景下，借助社会保障制度"三体系"的分析框架来分析农村社会保障制度的演变规律。三是在农业生产方式变化的背景下，如何改进和完善农村社会保障制度体系。

二、研究的难点

一是可以直接利用的文献材料相对较少。由于专门对农村社会保障和生产方式相互关系进行系统和全面研究的著作和论文数量有限，现有文献多分开来研究农业生产方式和农村社会保障问题，两者之间缺乏关联性研究。因此，在学理上对于两者关系的把握存在一定难度。二是农业生产方式变迁与农村社会保障制度建设衔接起来是农村社会保障制度体系完善的新思路。这一思路要变成现实，实现农村社会保障制度的理念、体系和内容的创新还存在很多障碍，如何实现在继承基础上的创新是一个比较难的问题。

三、研究的创新之处

(1)农业生产方式变迁的研究视角。国内学术界现有研究多从农村社会保障制度发展的角度提出相关政策建议，忽视了经济方式变迁对制度的影响，较少总结农村社会保障制度发展演变规律。本研究则从"农业生产方式变迁"的研究视角，探讨典型国家农村社会保障制度的发展道路，总结典型国家农村社会保障制度的发展规律，并以此为基础探讨中国农村社会保障制度的发展演变规律及发展政策选择。

(2)内容、结构与层次的社会保障制度"三体系"的解释框架。本研究选择农业生产方式作为切入视角，将农村社会保障制度作为研究主体，运用丁建定教授的社会保障制度"三体系"的解释框架作为本研究的分析框架，该解释框架认为：社会保障制度体系应包括内容体系、结构体系与层次体系等三体系(如图1-3所示)。内容体系主要是指社会保障制度的基本项目构成，它表明社会保障制度对社会问题的覆盖面，反映社会保障制度对社会风险的预防和保障能力；结构体系主要是指社会保障制度的对象构成，它表明社会保障制度对社会成员的覆盖面，反映社会成员享受社会保障权益的普遍程度，因而也就反映出社会成员享受社会保障制度的公平程

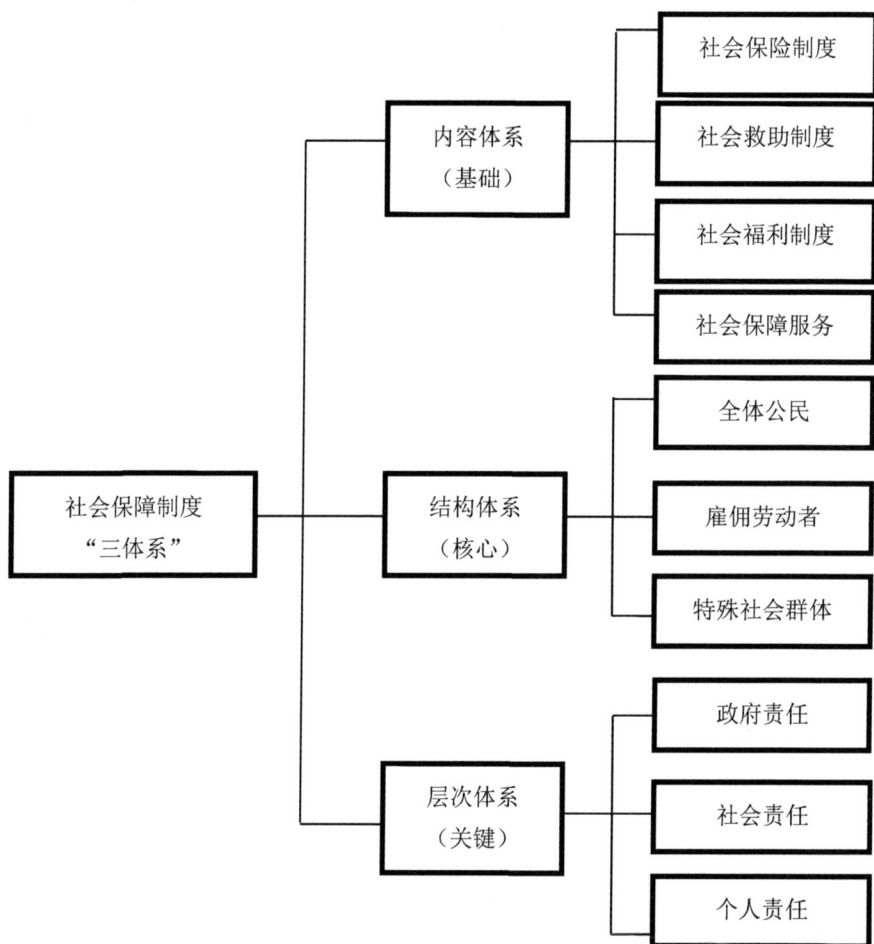

图 1-3　社会保障制度"三体系"解释框架

度；层次体系主要是指社会保障制度主体的责权关系，它表明社会保障制度各种主体参与社会保障制度的程度，反映出在社会保障制度中政府、社会组织与个人的责权关系。社会保障制度内容体系是基础，结构体系是核心，层次体系是关键。① 作为社会保障制度的一部分，农村社会保障制度

---

① 丁建定：《西方国家社会保障制度史》，高等教育出版社 2010 年版，第 378 页。

也具有独特的内容体系、结构体系和层次体系，据此，本书将三个体系与农村社会保障制度结合起来展开深入研究，揭示和探讨不同历史时期农村社会保障制度的内容体系、结构体系和层次体系的特点，并以此为线索总结农村社会保障制度的演变规律，进而实现农村社会保障制度体系的完善。

第二章 研究的理论基础

第一节 马克思主义农业生产方式理论

农业生产方式理论是马克思主义政治经济学生产方式理论的重要组成部分。马克思恩格斯科学分析了小农生产方式与资本主义农业生产方式，在此基础上对未来社会主义农业生产方式的特征及其实现途径进行了科学阐述，形成了系统的农业生产方式理论。这一理论对于我们科学认识与解决中国现阶段三农问题、建设与发展中国特色社会主义农业生产方式具有十分重要的指导意义。

一、小农生产方式理论

首先，马克思恩格斯研究了小农生产方式，科学阐述了它的主要特征及其历史地位。作为小生产方式，小农生产方式具有小生产方式的一般特征；作为传统农业的基本生产方式，小农生产方式具有自己的固有特征：从劳动方式来看，小农经济的生产条件十分落后：生产技术落后，生产规模狭小，生产过程缺乏分工与协作。小农使用落后的生产工具，依靠手工劳动，沿用传统生产技术与经验。马克思说："在这种生产方式中，耕者不管是一个自由的土地所有者，还是一个隶属农民，总是独立地，作为单独的劳动者，同他的家人一起生产自己的生存资料。"①恩格斯指出：小农"是指小块土地的所有者或租佃者——尤其是所有者，这块土地既不大于他以自己全家的力量通常所能耕种的限度，也不小于足以养活他的家口的限度"②。这种小块土地的所有者或租佃者——小农家庭是自给自足的。小农不但要独立地完成农业生产的全过程，而且总是"独立地经营他的农业和与农业结合在一起的农村家庭工业"。"他们的生产方式不是使他们相互交往，而是使他们互相隔离。"③

从其生产形式本身来看，小农经济属于自给自足的自然经济，阻碍商品经济的发展。马克思指出："每一个农户差不多都是自给自足的，都是直接生产自己的大部分消费品，因而他们取得生活资料多半是靠与自然交换，而不是靠与社会交往。"④由于小生产只能同生产和社会的狭隘的自然产生的界限相容，这种自然经济的小生产，必然阻碍商品经济的发展。从其生产的社会形式来看，小农经济以个体劳动和小私有制为基础。马克思说："劳动者对他的生产资料的私有权是小生产的基础，而小生产又是发展社会生产和劳动者本人的自由个性的必要条件。"⑤

其次，马克思恩格斯全面、深刻地分析了小农生产方式的落后性。第一，小农生产方式阻碍生产力的发展。马克思在《资本论》等论著中作了生动而深刻的概括：小农生产"这种生产方式是以土地及其他生产资料的分散为前提的。它既排斥生产资料的积累，也排斥协作，排斥同一生产过程内部的分工，排斥对自然的社会统治和社会调节，排斥社会生产力的自由发展。它只同生产和社会的狭隘的自然产生的界限相容"⑥。"一切现代方法，如灌溉、排水、蒸汽犁、化学产品等等，都应当广泛地用于农业。但

---

① 马克思：《资本论》第3卷，人民出版社2004年版，第911~912页。
② 《马克思恩格斯选集》第4卷，人民出版社1995年版，第486~487页。
③ 《马克思恩格斯选集》第1卷，人民出版社1995年版，第677页。
④ 《马克思恩格斯选集》第1卷，人民出版社1995年版，第677页。
⑤ 马克思：《资本论》第1卷，人民出版社2004年版，第872页。
⑥ 马克思：《资本论》第1卷，人民出版社2004年版，第872页。

是，我们所具有的科学知识，我们所拥有的进行耕作的技术手段，如机器等，只有在大规模耕种土地时才能有效地加以利用。"①上述都是农业社会化大生产的必然要求，但是这些在小农生产方式下是不可能实现的。第二，小农生产方式导致小农收入低下、陷于贫困。小农生产方式经营规模狭小，生产条件简单，缺乏积累和储备的能力，在遭受严重自然灾害或者市场谷价不稳定时容易陷于贫困和破产，所以具有不稳定性。

最后，马克思恩格斯科学地揭示了小农生产方式的发展趋势。马克思指出，随着生产社会化的发展，小农生产方式必然要被消灭。恩格斯也指出："我们的小农，同过了时的生产方式的任何残余一样，在不可挽回地走向灭亡。"②资本主义工业化所造成的社会化的先进的生产力，要求以大农业全面取代小农生产方式。

二、资本主义农业生产方式理论

马克思恩格斯指出，资本主义农业生产方式是通过对直接生产者——小农个体生产资料的剥夺，建立了以土地经营为内容、雇佣劳动为特征、盈利为目的的资本主义农业生产方式。农业资本主义生产方式的产生，是农业生产方式的一次革命性变革，它引起了农业生产关系的深刻变革，对经济发展与社会进步起了极为重要的促进作用。第一，资本主义生产方式的巨大功绩之一，是它打破了个体农民规模狭小的小农生产方式，"使农业合理化，从而第一次使农业有可能按社会化的方式经营"。在资本主义条件下，农业变成了工厂化的农业，或"按工业方式经营的大农业"。③ 第二，资本主义生产方式实现了农业生产技术的科学化与现代化。首先，资本主义规模化经营促进了科学技术的应用。马克思指出，"资本主义生产方式的重要结果之一是，它一方面使农业由社会最不发达部分的单纯经验的和机械地沿袭下来的经营方法，在私有制条件下一般能做到的范围内，

---

① 《马克思恩格斯选集》第2卷，人民出版社1972年版，第452页。
② 《马克思恩格斯选集》第4卷，人民出版社1995年版，第487页。
③ 马克思：《资本论》第3卷，人民出版社2004年版，第697页。

转化为农艺学的自觉的科学的应用"，尤其是化学、生物学和栽培学的应用等。① 另一方面，农业的规模化经营也启动了农业机械化耕作的进程，使得那些为大工业服务的大机械也进入了农业生产领域。第三，资本主义生产方式确立了农业生产新型的社会形式与社会关系。首先，资本主义生产方式的确立，使传统的土地所有制发生了根本变革。"它一方面使土地所有权从统治和从属的关系下完全解脱出来，另一方面又使作为劳动条件的土地同土地所有权和土地所有者完全分离"②。随着农业资本主义生产方式的产生，社会阶级结构也相应地发生了深刻的变化，农业资本家、雇佣工人和土地所有者构成了资本主义社会三个并存而又互相对立的阶级。

马克思不仅充分肯定和积极评价农业资本主义生产方式的历史功绩，而且指出了它的种种弊端，并对之进行了深入剖析与批判。第一，资本主义农业生产方式使农业工人遭受农业资本家与大土地所有者双重剥削。第二，农业资本家对土地的掠夺式经营使土地肥力减退，导致农业生产力下降。第三，资本主义农业生产方式破坏了人和自然之间的物质变换，打破了人与自然之间的平衡与和谐。这表明，农业资本主义生产方式的确立，在推动农业生产方式变革、促进生产力发展与社会进步的同时，也带来了许多弊端，为农业的进一步发展设置了日益严重的制度障碍。资本主义制度已经成为社会化大农业发展的桎梏，必然为一种新的社会形式——社会主义农业生产方式所代替。③

三、社会主义农业生产方式理论

马克思恩格斯揭示了资本主义私有制与生产社会化、合理化的矛盾，认为只有社会主义才能真正实现农业生产的合理化与社会化，并提出了关

---

① 马克思：《资本论》第3卷，人民出版社2004年版，第696页。

② 马克思：《资本论》第3卷，人民出版社2004年版，第697页。

③ 参见邵培杰：《中国现阶段农业生产方式变革研究》，河南大学博士学位论文，2012年。

于社会主义农业生产方式基本特征的科学设想。

第一，社会所有制是社会主义农业的所有制形式。马克思恩格斯指出，社会主义农业生产方式的基本特征是实行土地的社会所有制，即"在资本主义时代的成就的基础上，也就是说，在协作和对土地及靠劳动本身生产的生产资料的共同占有的基础上，重新建立个人所有制"，即在全社会范围内实现劳动者与生产资料的直接结合，全面建立包括土地在内的生产资料社会所有制。① 从其发展趋势来看，未来共产主义将完全消灭土地所有权。"从一个较高级的社会经济形态的角度来看，个别人对土地的私有权，和一个人对另一个人的私有权一样，是十分荒谬的。甚至整个社会，一个民族，以至一切同时存在的社会加在一起，都不是土地的所有者。他们只是土地的占有者，土地的利用者，并且他们必须象好家长那样，把土地改良后传给后代。"②

第二，社会主义农业生产组织形式与经营方式是合作社联合体按照总的计划组织全国农业生产。马克思恩格斯认为，社会主义农业的生产单位是合作社及其联合体，社会主义的农业生产经营是按照统一计划进行的。在社会主义条件下，农业等"一切生产部门都将逐渐地用最合理的方式组织起来。生产资料的全国性的集中将成为由自由平等的生产者的联合体所构成的社会的全国性基础，这些生产者将按照共同的合理的计划自觉地从事社会劳动"③。"联合起来的合作社按照总的计划组织全国生产，从而控制全国生产，制止资本主义生产下不可避免的经常的无政府状态和周期的痉挛现象。"④

第三，社会主义农业将实现农业与工业结合、城乡统筹发展。马克思恩格斯对社会主义农业生产方式最具预见性的观点是实现城乡统筹发展。马克思恩格斯不仅指出了社会主义社会消灭工业和农业、城市和农村差别

---

① 马克思：《资本论》第 1 卷，人民出版社 2004 年版，第 874 页。
② 马克思：《资本论》第 3 卷，人民出版社 2004 年版，第 878 页。
③ 《马克思恩格斯选集》第 2 卷，人民出版社 1972 年版，第 454 页。
④ 《马克思恩格斯选集》第 3 卷，人民出版社 1995 年版，第 60 页。

的条件，而且提出了农业和工业结合、逐步消灭城乡差别，实现城乡统筹的途径与方法。社会主义社会要消灭工业的资本主义性质，按照统一的总计划协调安排社会经济发展，"才能允许工业按照最适合于它自己的发展和其他生产要素的保持或发展的原则分布于全国"①，使工业生产和农业生产发生密切联系。

马克思恩格斯阐明了从资本主义农业生产方式向社会主义农业生产方式转变的一般途径——实行土地国有化与合作社经营。马克思恩格斯指出，无产阶级掌握政权后，首先剥夺大地产，实行土地国有化。然后，再把大地产转交给（先是租给）在国家领导下独立经营的合作社，即"转交给现在就已经耕种着这些土地并将组织成合作社的农业工人使用"②。马克思恩格斯不仅阐明了社会主义农业生产方式的基本特征及其实现的一般途径，而且还科学阐述了经济落后国家对小农生产方式社会主义改造的特殊形式。马克思恩格斯指出，在落后国家，无产阶级政党对待小农生产方式的基本态度是：既不能支持资本主义经济、不能帮助资本主义去剥削小农，也不能支持小农生产方式、保护小农个体经济。"我们永远也不能向小农许诺，给他们保全个体经济和个人财产去反对资本主义生产的优势力量。"③"建议把各个农户联合为合作社，以便在这种合作社内越来越多地消除对雇佣劳动的剥削"。恩格斯明确提出合作化是对小农生产方式进行社会主义改造的根本途径，也是小农的根本出路，"我们要挽救和保全他们的房产和田产，只有把它们变成合作社的占有和合作社的生产才能做到"④。他还论述了实行合作制的基本原则：第一，承认与尊重农民个人所有权，不能用暴力剥夺小农。第二，要坚持自愿原则，不能违反小农意志。第三，要坚持因地制宜、灵活多样原则。第四，要坚持国家帮助的原则。

---

① 《马克思恩格斯选集》第3卷，人民出版社1995年版，第646页。
② 《马克思恩格斯选集》第4卷，人民出版社1995年版，第503页。
③ 《马克思恩格斯选集》第4卷，人民出版社1995年版，第675页。
④ 《马克思恩格斯选集》第4卷，人民出版社1995年版，第500页。

四、马克思主义农业生产方式经典理论的中国适用性

目前，中国农业发展到了转型的关键时期，马克思恩格斯的农业生产方式理论是否适合用于改造中国小农经济是值得思考和关注的现实问题。

首先要对当今中国小农有一个基本认识。当今中国小农既没有如马克思和恩格斯预测的那样走向大生产，也没有消亡。小农现在还有很顽强的生命力，数量还很多，但是当今中国小农与传统小农还是有很大的区别：一是小农社会化、市场化程度提高，进入了社会化小农时期，小农生产和资源配置各个方面都面临着很多不确定性，另外市场化和社会化使小农接受新的生产要素的能力增强。这一点与传统小农也有很大的区别。二是小农生存问题基本解决，农业生产与务工经商，农业生产逐步走向了兼业化、非商品化、妇孺化，并出现了老年人种田的比重增加、兼业经营的比重增加、自然生产的比重增加等现象。三是制度约束比较强，坚持家庭承包经营制，土地没有也不允许私有化，但是土地产权多元化，产权可以流转，所有权不能买卖，这样的小农生产将会在一个很长时期内存在。

其次，根据中国实际国情，应借鉴与利用马克思恩格斯农业生产方式理论的有益成果与成功经验。第一，在宏观方面：学习、借鉴资本主义农业生产方式发展的成功经验，从小规模、封闭型的小农生产方式走向社会化大农业生产方式，学习与借鉴资本主义的农场制度，从"小而全"走向专业化生产，从自给自足走向商品化、市场化生产，从沿用传统的生产工具和生产技术，凭老经验办事走向利用现代生产工具与现代技术，用科学技术来指导农业生产。第二，在具体实践上：我们应当在马克思主义基本原理指导下，从中国实际国情与发展要求出发，继续深化农村改革，探索对小农生产方式进行改造、构建中国特色社会主义农业生产方式的新形式。从农村公有制形式创新方面来说，应当确立农民对土地的所有权基础，重建农民个人所有制，在此基础上引导农民实行土地入股、建立与发展农民股份制；在农业生产组织与经营方式创新方面，应当在土地股份制的基础

上，实现农民联合劳动、民主管理，建立与发展农民合作农场制度。①

第二节 制度经济理论

制度是一个社会规则或组织规则组成的网络，是人们自愿或被迫接受的、规范人们行为的习惯和规则。它有助于帮助人们在相互交往中彼此都能够形成合理的预期，从而促进人们之间的和睦相处；能够抑制人们在交往中可能出现的机会主义行为，并无例外地对违规行为施加某些惩罚。没有强制性惩罚措施的规则是无用的。当约束和惩罚不再适用时，制度也随之失效。制度是对人们行为的人为约束，而不是自然约束，反映了在不同社会中演化而来的关于个人和集团行为相对于他们自己的行为和其他人的行为的习惯。

一、制度经济理论

托尔斯坦·凡勃仑开创了制度经济学派。托尔斯坦·凡勃仑是美国制度学派的开创者，他站在新古典理论的基础上，从制度发展的角度论述制度变革与社会经济之间的关系，提出制度处于不断的演进当中，强调制度因素对经济活动的重要作用，树立了一种与正统经济学不同的经济学研究传统。

舒尔茨是最早对制度变迁进行供求分析的新制度经济学家，他在1968年就明确提出了制度需求、制度供给、制度供求分析、制度均衡和非均衡等概念，并把它们引入制度变迁的分析当中。舒尔茨认为，制度变迁是由于经济增长带来的人均经济价值的提高而产生的，制度被看作一种具有经济价值的服务的供给者。由于人的经济价值的提高产生出长期成本与收益之间的变化，于是导致制度的供求不平衡，从而产生制度变迁。可以看

---

① 于金富：《马克思恩格斯农业生产方式理论及其现实意义》，《经济研究导刊》2011年第30期。

出，制度变迁也是一种被动、适应性的调整。

诺斯在 1971 年再次将制度供求分析应用到对制度变迁的分析中并对引起制度安排需求和供给变动的因素作了初步的探讨。以诺思为代表的新经济史学家认为，制度创新、制度变迁是制度均衡不能维持的情况下发生的，制度不均衡将导致为获得潜在利润的制度创新行为，从一个历史时期来看，一个个的制度创新交错进行便构成了制度变迁。制度不均衡伴随着获利机会的出现，为得到由获利机会带来的利润，而最终导致制度创新，但是，制度结构(包括正式制度和非正式制度)是由一个个具体的制度安排构成的，因此，"一个特定的制度安排的不均衡就意味着整个制度结构不均衡"，一个社会中一定时期中的制度都是紧密相连的，一个特定制度安排的变迁也必然引起其他相关制度安排的不均衡。① 诺思在《制度、制度变迁与经济绩效》一书中，通过对比 17 世纪英国与西班牙在共同遇到财政危机时，都力图采取与选民对话的方式解决困境，而产生的不同的制度变迁路径，说明了制度变迁对经济发展的重要意义。②

拉坦在 1978 年明确使用了"制度变迁的需求"和"制度变迁的供给"的概念，并对引起制度变迁需求与供给变化的因素作了进一步的分析。他还指出了舒尔茨和诺斯等人的制度供求分析的不足：即对制度变迁和供给缺乏分析。林毅夫在 1989 年总结道："制度能提供有用的服务，制度选择及制度变迁可以用需求-供给的经典理论框架来进行分析。"③

二、制度变迁理论

由体制改革引起的组织、制度、机制的变化，称为制度变迁。为了更好地揭示制度变迁的规律，新制度经济学根据制度变迁主体的不同，把制度变迁划分为诱致性制度变迁和强制性制度变迁。诱致性制度变迁指的是

---

① 诺斯：《经济史中的结构与变迁》，上海三联书店 1991 年版，第 166 页。
② 诺斯：《制度、制度变迁与经济绩效》，格致出版社 2008 年版，第 12 页。
③ 林毅夫：《技术变迁与收入在农户间的分配：理论和来自中国的证据》，《澳大利亚农业与资源经济学杂志》1999 年第 2 期。

一群(个)人在响应由制度不均衡引致的获利机会时所进行的自发性变迁；市场诱致性制度变迁的发生必须要有某些来自制度不均衡的获利机会。这种获利机会就是一种"外在""外部""潜在"的预期收益或利润，这些利润存在于新制度里，在既有制度(或初始制度)的范围内，人们是不可能获得这些潜在利润的。外在利润内在化的过程实质上是制度变迁的过程。新制度经济学认为，没有潜在利润，就不可能有制度变迁，但有了潜在利润，制度变迁也未必发生。这是因为制度变迁还涉及成本问题。只有当通过制度创新可能获取的潜在利润大于为获取这种利润而支付的成本时，制度创新才可能发生。正如诺思所说："如果预期的净收益(即潜在利润)超过预期的成本，一项制度安排就会被创新。只有当这一条件得到满足时，我们才可望发现在一个社会内改变现有制度和产权结构的企图。"市场诱致性制度变迁除了要考虑"成本—收益"分析外，还需要两个条件：一要有外在利润和新制度安排的"发明者"，这个发明者就是前面所讲的初级行动团体(也译作初次行动团体)。它们是制度"创新者"，类似于熊彼特式的"企业家"。二还要看制度环境和其他外部条件给新的制度安排留下的空间和边界。即使制度变迁的预期收益大于预期成本，如果新的制度安排可能超过制度环境所允许的边界，那么新的制度安排就难以出现。①

　　林毅夫把制度变迁划分为诱致性制度变迁和强制性制度变迁。诱致性制度变迁指的是一群人在响应由制度不均衡引致的获利机会时所进行的自发性变迁。诱致性变迁必须由某种在原有制度安排下无法得到的获利机会引起。强制性制度变迁指的是由政府法令引起的变迁，诱致性制度变迁中出现的最大问题是"搭便车"、高昂的交易成本和时间跨度长等问题，从而导致了长期的制度供给缺口，而国家作为一种具有垄断权的制度安排，不仅能以最短的时间和最快的速度推进制度变迁，有效解决制度供给不足的问题，还能以自己的强制力和"暴力潜能"等方面的优势降低制度变迁的组织成本和实施成本，然而强制性制度变迁仍然面临政府理性的可靠性和知

---

　　①　诺斯：《经济史中的结构与变迁》，上海三联书店1991年版，第166页。

识的局限性等问题，容易导致制度安排不符合实际、结果低效等问题。①

因此，在实施制度变迁的过程中，要做到诱致性制度变迁与强制性制度变迁交替使用，二者是一种互补关系，而不是替代关系。在制度建立的初期，通过自下而上、从局部到整体的市场诱致性制度变迁过程，地方政府不断进行前期的试点探索工作，积累经验、教训，找到制度运行的模式，不断推广成功做法，这样可以提高制度的契合性、适应性、可行性，降低制度运行的阻力和成本。通过试点探索到比较成熟的运作模式后，通过国家强制性制度变迁来完成后期任务，以强化核心制度的供给。

三、制度经济理论与农业产业化经营

制度变迁对经济增长的作用十分明显。制度就如同生产关系，制度变迁就如调整生产关系，生产力决定生产关系，生产关系是生产力赖以发展的社会形式。因此，制度变迁在经济增长中有至关重要的作用。成功的制度变迁(生产关系适合生产力的发展)会使经济取得突飞猛进的增长；失败的制度变迁(生产关系阻碍生产力的发展)则会使经济陷于停滞，甚至危及国家的安全。实证研究也表明，经济增长的根本动力来自技术和制度的变化，而技术的进步在相当大的程度上依赖于制度创新和制度变迁。所以，为了实现经济的不断增长和产业的稳定进步，制度必须适时变迁或不断创新。

从新制度经济学的角度看，中华人民共和国成立后农村生产方式的演变历史就是强制性制度变迁和诱致性制度变迁相互融合的过程。从农户个体经营、初级社、高级社、人民公社到改革开放后的家庭联产承包经营都始终无法走出传统农业的范畴。而现阶段提倡的农业规模经营作为制度与现实衔接迫切需要新的组成形式的产物，在制度变迁的开始，它是诱致性

---

① 林毅夫：《关于制度变迁的经济学理论：诱致性变迁与强制性变迁》，载科斯：《财产权利与制度变迁——产权学派与新制度学派译文集》，上海三联书店 1994 年版，第 391~397 页。

制度变迁，是农民自发制度创新的结果，在探索过程中不可避免地出现一些问题，这时就需要外界力量的推动，农业产业化经营变迁的主要推动力量是政府，尤其是政府的政策和法规的引导。在此基础上，国家不失时机地通过各种方式加以规范、推广，使得农业产业化经营这一制度变迁从诱致性制度变迁向强制性变迁过渡。

从制度经济学角度看，农业产业化经营就是推进农民组织化、农业经营方式和产销制度的创新，是社会生产力发展要求与生产关系矛盾运动的必然产物。中华人民共和国成立后农村生产方式的演变过程就是制度变迁的诱致性和强制性制度变迁融合的历史。就其制度变迁的性质而言，农业产业化经营是市场经济条件下经济发展的内在需要所引致的自发性整体创新，属于诱致性制度变迁，并非政府强制实行的变革，更非人为的主观臆造。诱致性制度变迁所引致的产业进步，通常是少数开拓创新者开始并由多数人模仿，整个产业进步的速度取决于多数人对少数先行者创新行为效法程度和市场需求扩张速度。

实践证明，农业生产方式的发展特点充分表现了历史过程的渐进性。这是贯穿于由传统农业向现代农业转变全过程的深刻革命，需要很长的发育成长过程，经历由不规范到规范化，由以经验治农到以法治农的逐步完善过程，不可能一蹴而就。这是诱致性制度创新所引致的产业进步与强制性制度变迁所引致的急促变革的一大区别。深刻理解和把握这一区别，对于规范政府在推进农业产业化经营中的角色和作用具有重要意义。

四、制度变迁理论与农村社会保障制度

社会保障作为半公共物品，其需求主要取决于公众所面临的养老、疾病等方面的风险，这种风险可能会对整个社会产生不利影响，为了化解这些社会风险，政府会产生对社会保障品供给的愿望，政府成为社会保障品的主要供给责任方。提供一系列的社会保障品，满足社会公众的共同需求，必然需要一系列的制度安排，这样就形成了社会保障制度。社会保障制度出现以后，就意味着社会保障品供给与需求的对接，主要依靠了制度

这一形式。

随着制度环境的变化(例如风险大小的变化、个人支付能力的变化、政府执政理念的变化等),旧有的社会保障制度安排可能会无法提供社会所需要的保障品,或者说旧制度所提供的社会保障品无法满足正常需求。这时就需要一种新的社会保障制度的出现,社会保障制度变迁成为必然。社会保障制度的变迁在很多情况下可能是滞后的,在制度环境变化导致社会保障品的供给和需求出现不平衡后,已经出现了制度变迁的动力,但诱发性的制度变迁往往很难实现,只能在上述不平衡影响到政府决策时,社会保障制度变迁才会出现,它更多地采用了强制性的形式。

中华人民共和国成立以来,我国农村生产经营形式历经变化,更多地采用了土地集体所有、分散承包经营的形式,政府对农业、农村的扶持力度有限,政府对农民的保障问题关注并不够。这样一来,结合农村社会保障制度的变迁经历和与城镇社会保障制度变迁不同的方式,分析我国农村社会保障制度的变迁规律成为我们研究的重要问题之一。

第三节 公平正义理论

在人类思想史上,公平和正义是一个古老而永恒的话题。早在古希腊时期,公平与正义就开始备受人们的关注和思考,并逐渐成为哲学家、思想家探讨的重要议题。哲学家苏格拉底将德性、理性与正义结合在一起,认为一个公民服从法律才是正义的。柏拉图继承和发展了苏格拉底的正义观,他认为,正义是人的天性和行为,天性忠厚,天真单纯,并将正义作为构建理想国的准则,每个人必须在国家里执行一种最适合他天性的职务。就个人而言,正义就是有自己的东西、干自己的事情。[①] 亚里士多德则认为,人类在本性上是趋向于城邦生活的动物,"城邦以正义为原则。

---

① 柏拉图:《理想国》,商务印书馆 1997 年版,第 56 页。

由正义衍生的礼法可凭以判断是非曲直，正义是树立社会秩序的基础”①。在这个意义上，亚里士多德把正义看作德性之首，认为正义的也就是守法的和平等的，不正义的也就是违法的和不平等的。② 当代正义论集大成者罗尔斯正是在吸收前人这些正义思想的基础上，从经典政治学时代的契约论传统出发，提出了一个有别于功利主义传统的公平正义论，试图为社会经济和政治制度的合理安排提供指导原则，并为现实制度的评价提供一个标准。正如他 1971 年出版的《正义论》一书所说，“我一直试图做的就是要进一步概括洛克、卢梭和康德所代表的传统的社会契约论理论，使这上升到一种更高的抽象水平”③。罗尔斯的公平正义理论是针对西方社会，尤其是美国的不平等而提出的，有一定的阶级局限性，但作为人类思想发展的有益成果，罗尔斯的正义理论对反思我国的农村社会保障制度具有很大的启发意义。因此，当前在构建和谐社会的时代背景下，罗尔斯的公平正义论为从经济伦理的视角探讨农村社会保障制度的完善提供了一种思想资源与学术启迪。

一、制度正义原则的优先性

罗尔斯在其《正义论》中指出：“正义是社会制度的首要价值，正像真理是思想体系的首要价值一样。一种理论，无论它多么精致和简洁，只要它不真实，就必须加以拒绝或修正；同样，某些法律和制度，不管它们如何有效率和有条理，只要它们不正义，就必须加以改造或废除。”这表明正义是一个社会建构的中轴和核心，其他任何原则都不能逾越正义的要求。罗尔斯所讲的正义，主要指向社会基本制度的建构，并不是对个人德行操守的品评。④ “对我们来说，正义的主要问题是社会的基本结构，或更准确地说，是社会主要制度分配基本权利和义务，决定由社会合作产生的利益

---

① 亚里士多德：《政治学》，商务印书馆 1965 年版，第 88 页。
② 亚里士多德：《尼各马可伦理学》，商务印书馆 2003 年版，第 14 页。
③ 罗尔斯：《正义论》，中国社会科学出版社 1988 年版，第 3 页。
④ 罗尔斯：《正义论》，中国社会科学出版社 1988 年版，第 1 页。

的划分方式。"①

罗尔斯制度正义原则的优先性思想，为确立中国农村社会保障制度建设的价值理念提供了重要的启示，因为中国农村社会保障制度的缺失，在某种程度上可以归因于价值取向上的偏差，归因于缺乏一种公平正义的价值观的指导。众所周知，中华人民共和国成立初期，由于当时特殊的政治经济条件以及重工轻农、优先发展重工业的非均衡发展战略，使农民为支持中国的工业化作出了极大的牺牲。这就使农业扩大再生产的资金极其有限，农业成为国民经济的薄弱环节，农民增收日趋困难。可以说中国农民为养政、养工作出了无比巨大的贡献。② 甚至可以说中国工业化的实现离不开农民的支持与牺牲。

二、公平正义的基本原则与社会福利函数

罗尔斯强调了制度正义的优先性之后，又提出了他的用于制度的两个正义原则。罗尔斯把自己的公平正义论基本内容概括为两条基本原则：第一，平等自由原则。每个人都拥有与其他人同样的平等的基本自由权利。这一原则确定和保障公民平等的基本自由与政治权利。第二，经济平等原则。它确定在什么条件下社会经济利益分配的不平等是合理的。为了使这两个原则相互协调，不相冲突，罗尔斯又提出两个"优先性规则"：第一，公民的基本自由与政治权利平等原则优先于公民社会经济利益的分配原则。自由是至高无上的，它不能被其他东西限制。任何社会制度，即使为了更大的经济利益，如果违背人的基本权利也是不合理的。第二，机会平等原则优先于差别原则，即对社会最少受惠者的补偿必须以保证社会全体成员公平的机会为前提。在坚持机会公正平等、地位和职位开放的基础上，运用差别原则，从社会中甄别出最少受惠者，使之得到补偿，这样才

---

① 罗尔斯：《正义论》，中国社会科学出版社 1988 年版，第 5 页。

② 胡鞍钢等主编：《第二次转型国家制度建设》，清华大学出版社 2003 年版，第 104 页。

能使穷人和社会不幸者的生活条件得到最大限度的改善，逐步缩小社会的不平等。

对"最少受惠者"即社会弱势群体的热切关注，构成了罗尔斯正义理论的突出特点和个性特色，这一特色在罗尔斯社会福利函数中得到进一步体现。罗尔斯的福利函数称为最大最小化福利函数：

$$W(U_1, U_2, U_3, \Lambda, U_n) = \min(U_1, U_2, U_3, \Lambda, U_n)$$

社会福利状况是根据处境最恶劣的个人的福利水平来衡量的。差别原则所要求的补偿必须根据由低向高排列的词典式顺序进行，即先找出最差效用水平，然后跟次差者比较，又以次差者同次次差者比较，以此类推，最后形成一个由低到高的词典学排列次序。收入补偿以此为顺序，先补偿最差者，然后是次差者，以此类推。最大最小化原则影响到福利判断的方向。一些受罗尔斯影响的经济学家相信，判断社会福利的标准不是社会福利的最大化，而是一个国家中社会处境最差者的效用水平。

首先，正义原则必然要求政府在法律制度安排上对市场经济进行适当的干预和调控，对社会财富实行再分配，建立健全社会保障制度体系更是题中应有之义。罗尔斯的正义论，始终是制度的公平正义论，他强调通过制度调整保证公平分配，这就意味着福利国家或社会保障应该是制度化的，是出于对公平正义的要求，而不仅仅是对市场失败的补救。在现代社会，为社会成员提供旨在抵御各种生活风险的社会保障制度，应当是国家的主要义务和责任。长期以来，政府采取了重工轻农、重城轻乡的非均衡发展战略，认为农民有家庭和土地作为保障，甚至有一种流行观点，以中国政府以往并未承诺过解决农村的养老、疾病医疗保障问题为依据，明确反对建立农村社会保障制度。这种责任不明甚至推卸政府责任的认识误区，不仅严重地影响到农村社会保障的法制体系建设，而且直接损害着新制度效能的充分发挥。①

---

① 陈少晖：《农村社会保障：制度缺陷与政府责任》，《福建师范大学学报》(哲学社会科学版)2004 年第 4 期。

目前，我国农村社会保障正处于政策选择与制度制定之中，理清和划分各利益主体的责任边界显得格外重要。而世界各国社会保障制度的成功经验也表明，现代社会保障是建立在社会发展进步和社会公正的基础之上，是基于人们对平等、幸福、和谐生活的追求和保证全体国民共享经济社会发展成果的正义举措。通过政策法律手段将现代社会发展的保障制度和保障服务全面引向农村、惠及农民，是政府不可推卸的责任，也是构建和谐社会的必然要求。在我国构建农村社会保障制度的过程中，它应该是一个渐进的过程，不可能一蹴而就。

其次，罗尔斯的经济平等原则体现为分配的正义。他的公平分配论既强调机会公平也强调结果公平。他的差别原则，要求社会和经济的不平等服从最少受惠者的利益，判断社会福利的标准是一个国家中社会处境最差者的效用水平。这一理论也为所有面临贫富差距扩大、社会矛盾凸显、社会发展失衡的社会指出了一条解决问题的途径：在国民权利平等的前提下，实行差别平等的社会政策，这就意味着不仅处于社会有利地位的人能够获益，处于社会不利地位的人(社会弱势群体)也能够分享到社会发展和进步所带来的成果。差别原则所允许的不平等，由于受到种种限制，如机会平等、程序公正、对本人尊严的维护等，不会导致贫富悬殊。并且这种基于差别原则的社会政策由于符合绝大多数人而不是一部分人的利益，能够普遍改善社会成员的福利水平和最大限度地满足社会成员的需求，因而能够产生较强的社会凝聚力和社会认同感。因此，我们在构建农村社会保障制度时，应根据区域经济发展水平的不同以及保障对象的不同需求实行有差别的多层次的社会保障制度，努力做到既促进经济发展，又保障人们的基本生活，充分发挥社会保障制度应有的社会功能。我国在社会保障制度改革中，如果不能做到至少使一个人受益而没有任何人受损的"帕累托改进"的话，就应该做到在改革中受益总量大于受损总量，以至于受益者可以对受损者进行补偿，使之不受损害的"卡尔多改进"，① 逐步缩小因在

---

① 　蔡昉等：《劳动力流动的政治经济学》，上海人民出版社 2003 年版，第 274 页。

社会保障方面的不平等所造成的城乡收入差距，这是罗尔斯的差别原则理论带给我们的实践启示。

在工业化、城市化的经济转型时期，我们常常注意到的是社会保障起着非常重要的社会安定团结的作用，即它的社会功能，而往往没有引起足够重视的是，潜在的由社会保障引致的超常的经济效益，即它的经济功能。所以，我们不能简单地把建立农村社会保障制度看作国家负担，反而应将其视为能够促进农村经济发展的一个重要手段。通过向农村地区提供社会保障等公共产品与基础设施，一方面会极大地激发出农民旺盛的潜在消费需求，调动农民投资生产的积极性；另一方面在农民得到社会保障这一"社会保护网"的保护下，农村经济将会快速发展，尤其表现为农村工业化或农业产业化的发展，农民的劳动生产效率得到提升、农民收入稳步提高。农村社会保障制度建立后，农村医疗保健工作的加强、生活服务设施的改善，使农民平均寿命和劳动年限得以延长，从而相对增加了社会劳动投入总量。同时，农民患病、养老、失业、生活有了保证，没有后顾之忧，劳动力的再生产能顺利进行，劳动力的城镇化与农村非农化转移得到支持与鼓励，有利于提高整个社会的劳动效率，有利于农民增加收入。①

纵观罗尔斯的正义论，任何社会都是在一定的制度下运行的，任何个人也都是在一定的制度环境下生活的，因此只有实现了制度正义，才能实现社会正义，才能保证每个社会成员享受到公正的待遇，也才能够实现社会的和谐稳定。这就要求现代政府必须重视制度建设，并在制度建设中优先贯彻正义原则。农村社会保障制度的长期缺失是一种分配制度的非正义，这种非正义已导致社会合作成员之间严重的对立和冲突，已影响到社会合作体系的稳定。从维护和实现社会公平和正义、构建和谐社会的新视野出发，国家应当在公平正义的价值观指导下，加快农村社会保障制度的建设，也使为我国的工业化作出巨大贡献与牺牲的农民尽快享受到改革发

---

① 黄丙志：《城乡劳动力市场与社会保障互动：条件、机制与效应研究》，上海社会科学院硕士学位论文，2007年。

展的成果。①

第四节　风险社会理论

风险社会理论是当代社会发展理论的重要组成部分，从风险社会理论的视角来探讨农业生产方式对我国农村社会保障制度完善的影响，具有极强的现实观照性和分析能力，可以拓展我国农村社会治理理论的深度。

一、风险社会理论的内容

在社会风险思想形成和发展过程中，不同的思想家从自身研究的角度出发提出了自己的观点。1986 年，德国学者乌尔里希·贝克（U. Beck）首次提出"风险社会"概念。作为当代风险社会理论创立者之一，贝克认为现代社会是一个风险社会，在人类面对的诸多风险当中，绝大多数风险是由工业社会当中处于中心地带的人们自己创造出来的。贝克在 1986 年出版的《风险社会》一书中深刻剖析了资本主义工业社会以科技理性、工具理性为主导引发的现代性风险，从反思和批判的视角率先提出"风险社会"概念。贝克指出风险是现代化的产物，"风险与人的各项决定紧密相连"②。人们在通过创新科技渔利的同时，也会受到风险的回馈。贝克从技术发展对自然生态环境产生巨大威胁和影响的角度阐释了风险的存在已经完全不同于传统社会。贝克还指出，现代化风险的危害程度也不同以往。人类社会正在经历一场深刻的、根本性的变革，这种变革向以启蒙运动为基础的现代性提出了挑战，并且开辟了一个全新的全球风险社会时代。③ 风险社会从

① 晋利珍：《罗尔斯公平正义论对我国农村社会保障制度建设的启示》，《人口与经济》2008 年第 1 期。

② 乌尔里克·贝克、约翰内斯·威尔姆斯：《自由资本主义——与著名社会学家乌尔里克·贝克对话》，浙江人民出版社 2001 年版，第 119 页。

③ Ulrich Beck. World Risk Society. Cambridge：Blackweli. 1999：20.

根源上讲,"是世界风险社会或全球风险社会","正像在 19 世纪现代化消解了封建社会的结构并且产生了工业社会,今日之现代化正在消解工业社会并且正在产生另一种现代性"①。这种现代性就是他所说的社会变迁的第三个阶段即反思现代性阶段。贝克认为,反思现代性和风险社会一起扩张。而且他还认为,"工业社会的中轴原理是分配财富,分配好处;而风险社会中的中轴原理是分配风险,分配坏处,分配危险"。"工业社会和风险社会有不同的社会结构。工业社会有社会阶级,而风险社会是个人化的。"②

对于什么是"风险"和"风险社会",贝克的分析更为全面和深刻。贝克作为"风险社会"理论的首创者从八个方面对风险(社会)的含义进行了阐释:第一,风险既非毁灭也不等于安全与信任,而是对现实的一种虚拟;第二,风险指充满危险的未来,与事实相对,是影响当前行为的一个参数;第三,风险既是对事实也是对价值的陈述,它是二者在数字化道德中的结合;第四,风险可以看作人为不确定因素中的控制与失控;第五,风险是在认知(再认知)中领会到的知识与无知;第六,风险具有全球性,因而它得以在全球与本土同时重组;第七,风险是指知识潜在冲击和症状之间的差异;第八,一个人为的混合世界,风险社会的概念消除了自然与文化之间的差异。③

贝克指出风险社会的出现是因为工业文明达到了一定的程度,我们在不遗余力创新科技、创造财富的同时,"潜在的副作用"也愈益明显,而且这种"潜在的副作用"突破了地域的界限,是全球性的。从这个意义上说,"风险社会"又是一个"世界风险社会"。"风险社会"从社会思维的角度来看是对现代性的一种反思,即"第二次现代社会"。在如何规避和应对风险

---

① Ulrich Beck. Berk Risk Society and the Media: a Catastrophic View? European Journal of Communication, 1998(1).

② 李伯聪:《风险三议》,《自然辩证法通讯》2000 年第 5 期。

③ Barbara Adam, Ulrich Beck and Joost Van loon Edited. The Risk Society and Beyond, Sage PublicationLtd, 2000: 211-229.

时，贝克倾向于通过制度建构化解风险。"风险社会"理论"形象地描绘了现代化环境的偶然性、矛盾性，以及对政治的重新安排"。① 贝克显然对现代化和现代性作了更广泛的理解和解释，他关于风险社会理论的基本观点和阐述奠定了风险社会的研究基调和范式。

在贝克的影响下，英国社会学家安东尼·吉登斯从历史和逻辑的角度出发深刻地考察了风险的历史变迁和现代内涵，把风险社会理论推向了纵深发展。他对风险的认识不仅持有和贝克相同的观点，认为生活在全球化时代我们要面临和应对诸生态风险、人口爆炸、全球经济交流的崩溃等各种各样的风险，还把风险区分为外部风险和被制造出来的风险两种类型。被制造出来的风险是人们担心的主要风险。吉登斯认为在现代条件下，一个发达的现代社会或反思性社会就是一个风险社会，它所潜伏的风险令我们无法想象，"在全球范围内，现代性已经带有实验性质"。② 吉登斯认为在全球化的背景下当代社会的风险更具全球性、社会性、人为性。在寻求应对风险社会的策略时，吉登斯站在制度理性反思的立场，侧重"从全球化背景下，由制度的运行所引发的风险"③。

英国学者科特·拉什等人则是从文化反思的视角丰富和发展了风险社会理论。拉什说："风险社会之后，迎来的是风险文化时代。"④风险文化突出文化的认知功能，强调共享文化价值观应对风险的积极意义。德国社会学家尼古拉斯·卢曼提出风险系统社会学理论，或称之为偶然性社会的不可知理论，"太多的不确定性，只能通过提高认知反思能

---

① 乌尔里克·贝克：《风险社会再思考》，郝卫东编译，《马克思主义与现实》2002 年第 4 期。

② Ulrich Beck, Anthony Giddens and Seott Lash. Reflexive Modernization: Politics, Tradition, and Aesthetics in theModem Social Order. Stanford, Cliíif: Stanford University Press, 1990: 60.

③ 杨雪冬等：《风险社会与秩序重建》，社会科学文献出版社 2006 年版，第 29~30 页。

④ 斯科特·拉什：《风险社会与风险文化》，《马克思主义与现实》2002 年第 4 期。

力来解决"。①

二、风险社会理论与农村社会保障制度的关系

生产方式以生产力为基础，生产力必须通过一定的生产方式才得以表现出来；生产方式不同于生产关系，但生产关系必须同一定的生产方式相适应。生产方式不是一个孤立的生产过程，它的社会功能必须通过生产力的发展，在与生产关系保持合理张力与良性互动中才能实现，否则，三者之间的对立与冲撞会导致社会风险的形成以至社会变革的发生。农业生产方式变迁是农村社会转变的基础，同时也是社会风险产生的主要动力，而且农业生产方式从萌芽、形成、确立，到最后衰落本身就是一个动态的发展过程，不同历史条件与社会因素造就了不同的生产方式居于主导地位，由此也影响了社会风险的样式转换。因为在任何社会形态中，"物质生活的生产方式制约着整个社会生活、政治生活和精神生活的过程"②，也即是说生产方式不仅能发挥系统整合的功能使社会生活总体化，而且能使社会生活发生破碎与分裂，直接引发社会的转型与断裂，催生各种异常复杂而又后果严重的社会风险与危机，形成社会风险的总体化与全面化。

社会转型必然会产生新的社会风险，农业生产方式及其变迁对社会风险的构成作用，具体而言表现在：新型农业生产方式的确立是一个与传统农业生产方式斗争并不断解构社会稳定结构的风险进程。在任何一种社会形态里都有一种生产方式占相对主导地位、多种生产方式并存的势态，但随着生产力与生产关系的矛盾运动，不同生产方式之间必然要发生碰撞与冲突，由此而蕴含了社会风险的可能性。新生产方式的确立通常都要以解构传统生产方式为前提，而传统生产方式经过长期积淀所凝结而成的社会稳定结构必然要加以抗拒，因此正是在现代与传统之间的回返往复的运动

---

① 薛晓源、周战超主编：《全球化与风险社会》，社会科学文献出版社 2005 年版，第 31 页。

② 齐格蒙特·鲍曼：《个体化社会》，三联书店 2002 年版，第 45 页。

中生成了社会风险，也逐步确立了新生产方式的优势地位。尽管生产方式及其变迁不是上述风险唯一的和终极的归因，但正如马克思所说的："一切社会变迁和政治变革的终极原因……应当在生产方式和交换方式的变更中去寻找。"①

伴随着农业生产方式的变迁，我国农村地区正经历着贝克、吉登斯等学者所说的"风险社会"。因此，我国农村社会保障制度的建设承载着双重使命，一方面要化解传统农业社会的系统性风险，另一方面又要应对新型农业生产方式所导致的结构性风险，这对我国的社会保障制度建设是一个严峻的考验。② 从风险对个体的影响来看，当前农村社会风险可以分为生产性风险和生存性风险。生存性风险主要指农村居民面临的生老病死等基础性风险，如何在农村居民失业、生病以及老年失去劳动能力和生活来源时予以必要的保障，确保这些人群的生命权和生存权是农村社会保障制度的首要任务。生产性风险主要指各种工伤事故对人体造成的伤害风险。随着农业现代化的发展，农村专业分工的不断精细化，农业生产的不断机械化产生了大量风险，而且在性质上完全不同于传统农业社会的风险。这也印证了贝克所说的：人类的工业化进程中自我孕育出来的风险有着很明显的社会化特征。与传统意义上的风险相比，近现代风险有着根本性结构和特征变化，这主要表现在人类本身成为风险的主要生产者。③ 作为应对社会风险的一种制度和机制，在农村社会转型中更应突出农村社会保障的作用和地位。

---

① 胡塞尔：《欧洲科学的危机与超越论的现象学》，商务印书馆2001年版，第71页。

② 张奇林、陈卫民：《经济危机与社会保障的变奏及其启示——基于历史的考察》，《武汉大学学报》(哲学社会科学版)2010年第6期。

③ 乌尔里希·贝克：《从工业社会到风险社会》(上篇)，《马克思主义与现实》2003年第3期。

第三章 改革开放前农业生产方式变革下的农村社会保障制度

我国农村社会保障制度模式依赖于我国经济体制和农业生产经营方式的变革而变迁。1949—1955年农村社会保障的模式是建立在以小土地私有制为基础、以家庭为生产经营单位的小农经济基础之上，家庭是农民生活安全保障的主体，国家积极参与到农村社会保障事业中来，该时期农村社会保障制度的内容以农村社会救灾救济、社会优抚为主，这种由国家经济参与、以农民家庭保障为主体的社会保障制度有力地促进了农村经济的恢复与发展。随着国民经济恢复任务的完成，通过初级社、高级社的逐步升级与调整，实现了对农业的社会主义改造，完成了从农民土地私有制向农村集体公有制的过渡。于是，随着农业生产方式的变化，到1956年农村社会保障的主体就由原来的家庭保障演变成为集体保障了，该模式建立在以生产资料公有制为基础、以集体为生产经营单位的农业经济基础之上，集体既是重要的生产经营单位，也是农民收入和消费品分配的重要单位，还是农民生活安全保障的主体，国家在对农村救灾救济事业注入资金和投放物质的同时，引导农村五保供养制度和合作医疗制度建设。1949—1978年这一时期农村社会保障是典型的生存救助型社会保障，内容主要以社会救济为主。

第一节 个体经济时期农村社会保障制度的建立

一、小农土地所有制基础上的个体经济

土地所有制是农村经济关系的主要表现形式，也是农业生产中最基本的生产资料。土地改革前，中国农村地权的分配正处于极不均衡的状态：全国将近40%的上等地、水田等质量较好的耕地被占总人口不到5%的地主占有。所以，中华人民共和国成立后，我国农业经营制度创新主要是开展废除封建地主土地所有制的土地改革，实行"耕者有其田"的经营制度，形成农户单户经营的农业经营体系。

1950年6月28日，中央人民政府委员会第八次全体会议通过了《中华人民共和国土地改革法》，规定废除地主阶级封建剥削的土地所有制，实行农民土地所有制。对于地主阶级，"除罪大恶极的土豪劣绅及坚决反抗土地改革的犯罪分子，应由法庭判处死刑或徒刑外，对于一般地主只是废除了他们的封建的土地所有制，在没收地主阶级和其他生产资料后，仍分给地主一份土地和其他生产资料，使地主也能依靠自己的劳动维持生活，并在劳动中改造自己，而不是要消灭他们的肉体"。《中国土地法大纲》则规定将过去征收富农多余土地、财产的政策，改变为保存富农经济的政策，以便更好地孤立地主阶级，保护中农和小土地出租者，稳定民族资产阶级，减少改革阻力，以利于早日恢复和发展生产。

这样，在农村就彻底废除了封建土地所有制，改变了不合理的土地占有关系，建立了以农民个体所有制为基础的"耕者有其田"的土地制度，农民成为土地的真正主人。农民有了土地就意味着生活安全有了保障，土地保障是这个时期政府和社会给予农民的最大保障。这一改革有效实现了农村土地分配的均等化，农民的生产规模都有不同程度的增加，农村各阶层

占有的生产资料也都有增加。① 农村社会阶层的土地占有情况如表 3-1
所示。

表 3-1　土地改革前后农村各阶层的耕地占有情况

	土地改革前		土地改革后	
	人口比重(%)	占有耕地比重(%)	人口比重(%)	占有耕地比重(%)
贫雇农	52.37	14.28	52.2	47.1
中农	33.13	30.94	39.9	44.3
富农	4.66	13.66	5.3	6.4
地主	4.75	38.26	2.6	2.2
其他	5.09	2.86		

资料来源：黄道霞、余展、王西玉主编：《建国以来农业合作化史料汇编》，中共
党史出版社 1992 年版，第 1353 页。

到 1952 年年底，除了一些决定暂不进行土地改革的少数民族地区外，
全国范围内的土地改革基本完成。农村生产关系的变革极大地激发了广大
农民的生产热情与积极性，从而使得长期受到封建生产关系束缚的农村生
产力被释放出来。这一阶段，围绕土地改革的农业经营体制，初步确立了
我国家庭农户的经营主体地位，形成了农户单户自主经营的农业经营体
系，农民生活得到明显改善，这对国民经济的恢复和发展起了至关重要的
作用。土地改革虽然没有根本改变土地的使用情况，但确实改变了土地的
占有状况，农村阶级结构也随之发生了很大的变化，其基本特点是成分普
遍上升或接近上升，即农村阶级结构出现了中农化的新趋势。中农成为农
村生产资料的主要拥有者，占农村生产资料总数的比例略高于农户的比

① 宋士云：《中国农村社会保障制度结构与变迁(1949—2002)》，人民出版社
2006 年版，第 36 页。

例。即使是处于贫农地位的农户，他们中也有一大部分农户的经济状况是呈上升趋势的。

中华人民共和国成立以后，尽管我们在农村生产关系上进行了较大的变革，先是彻底完成农村土地改革，保证耕者有其田，真正实现农民土地所有制，接着就是引导农民走互助合作的道路，从互助组到初级合作社，尽管农村经济获得了较快的恢复和发展，但总的来说，到 1955 年夏全国掀起以迅猛发展初级社为中心的农业合作化运动的第一个高潮为止，中国农村仍处在自然经济和半自然经济的状态中，以小农土地所有制为基础的个体经济是其经济结构中的基本形式。

二、个体经济时期农村社会风险识别

土地改革完成后，地主阶级封建剥削制度的土地所有制已被消灭，无地或少地的农民的土地需求基本上得到了满足，土地所有制关系发生了根本变化，农民已成为自己土地的主人，生活得到了保障。广大农民通过自己的劳动获得所需的基本生活资料，逐步解决了温饱问题，生活得到了改善，抵御风险的能力也大大提高，农村中的贫困对象逐步减少。① 所以，该时期农村社会风险以自然风险为主，主要表现为自然灾害等形式。首先，中华人民共和国成立初期的严重自然灾害引起党和人民政府的高度关注。从 1949 年到 1952 年接连发生了全国性的水、旱、风暴等灾害。因此，战胜灾荒，解救和帮助贫困农民渡过难关，就成了中华人民共和国成立初期党和政府艰巨而又重要的任务之一。其次，土地革命的开展让农村大部分贫困农民分到了房屋和土地，逐步解决了温饱问题，生活得到了一定的改善。但是多年的战乱使得部分农民仍然处于贫困状态。人民政府在对流民和无事人员的安置上也采用了疏散回农村的安置办法，农村贫困人口的数量进一步加大。此外，农村中鳏寡孤独以及其他严重贫困户的经济困难

---

① 苏少之：《论我国农村土地改革后的"两极分化"问题》，《中国经济史研究》1989 年第 3 期。

和生活安全问题也急需解决。造成他们严重经济困难的原因，主要是家底薄，生产资料不足，或是缺乏劳动力，或是不善经营，或是家中有人重病，等等，加上当时自然灾害频繁，抗灾能力低下，他们有的欠了债，有的出卖了土地，或者出租土地。

所以，在农民家庭保障为主体的社会保障制度结构中，农民主要依赖于土地和家庭，社会性需求不高，需要的只是救灾救济，以解决他们因灾或其他不幸事件而濒临死亡线上时的最起码的社会保障需求，政府和社会所给予农民的也主要是这一方面。因此，救灾救济和社会优抚几乎就是该时期社会保障内容体系的全部内容。集体化以前的农村社会保障实际上是一种过渡形态的保障制度，且经历的时间也不长。这一时期的农村社会保障制度是建立在以小土地私有制为基础、以家庭为生产经营单位的小农经济基础之上。受此影响，这期间农村的社会保障主要是家庭保障，和传统的家庭保障没有实质的区别。不同之处在于，通过土地改革，广大贫苦农民分到了土地，有了基本的生产资料，基本生存权利获得了保障。

三、农村社会保障制度的选择

(一)内容体系：单一性的救灾救济和社会优抚

第一，中华人民共和国成立初期的农村赈灾工作。中央人民政府成立后即提出"不要饿死一人"的口号，并派出 3 个组分赴灾情极重的苏北地区、平原省和河北省视察灾情，慰问灾民，组织救灾。毛泽东做出了"要发动群众，生产自救，节约度荒，调剂有无，互相帮助，财政上要拿出点力量来，搞点以工代赈和必要的救济"的指示。内务部根据中华人民共和国成立初期国家百废待兴和国力相当薄弱，无法拿出大量的财力解决灾民生活问题的现实，针对当时中国农村个体经济的特点，提出了"节约防灾、生产自救、群众互助、以工代赈"的救灾方针，要求各灾区政府把救灾工作当成一项政治任务来抓，并发出《关于生产救灾的指示》。为了统一组织和领导农村赈灾，1950 年 2 月，中央人民政府成立了生产救灾委员会，将其作为最高救灾工作指挥机关。各级人民政府雪中送炭，积极采取多项措施，救济灾民生活，帮助灾民恢复生产，重建家园。① 主要的农村赈灾工作措施如下：在灾害来临时抢救生命财产，转移安置灾民；扶持和组织群众发展副业生产；各级人民政府在"靠山吃山，靠水吃水"的口号中，领导灾民从事副业生产，以换取粮食，渡过难关；以工代赈。华东、华北、中南区的地方政府均把以工代赈作为救灾的重要措施；政府发放救灾粮款，及时有效救济灾民。对灾情十分严重的地区及生活无着落的灾民，人民政府及时发放救灾粮款，帮助他们渡过灾荒；全国实行节约，组织群众互济，发动募捐。

第二，中华人民共和国成立初期的农村社会救济。各级政府高度重视，制定可行的政策，大力做好农村社会救济工作，具体措施如下：第一，确定救济对象、标准和时间。中华人民共和国成立初期，救济采取的是临时救济的方式，救济对象主要是贫苦残老孤幼，家庭人口多、劳动力少或弱又无固定职业收入不足维持一家最低生活者以及贫苦的烈军属，时间是在春耕、夏锄和冬季结合生产给予口粮、衣被等救济。救济时间最长不超过4个半月，每人每月救济的口粮不超过17.5公斤原粮。第二，发放救济粮款，救济贫苦农民。从1950年到1954年的5年间，国家共发放农村救济款近10亿元，使农村贫困人口的基本生活得到了保障。第三，扶持贫困户搞好生产。第四，减免农业税。对农村的贫困对象和灾民减免公粮。第五，动员社会力量开展捐献活动。全国许多城市开展了捐献粮款和衣被的活动，救助农村贫困对象。② 另外，新建立的以国家银行为领导、信用合作社为基础的农村新型信贷体系，调剂农村资金，限制农村高利贷剥削，也在一定程度上起到了保障农村贫困人口生活的作用。

总之，通过开展上述几个方面的工作，加上土地改革后农村经济的迅

---

① 崔乃夫主编：《当代中国的民政》（上），当代中国出版社1994年版，第10~11页。

② 吴承明、董志凯主编：《中华人民共和国经济史（第一卷）（1949—1952）》，中国财政经济出版社2001年版，第318页。

速恢复，国家在短期内就比较有效地解决了中华人民共和国成立初期农村所遭遇到的严重饥荒与贫困问题，对巩固新民主主义革命的胜利成果，扩大党和政府的影响，安定人民生活和社会秩序起到了积极的作用。但是，由于上述措施大多是临时性的，而且如果按人均来分摊这些数量的救济款、物和粮食的话，其数额实际上并不算大。因此，我们不能盲目夸大它们所起的作用。同时，考虑到当时国家生产力的发展状况和国家的主要任务是恢复发展国民经济，应该说这一水准也是我国经济水平与人民政府执政为民的真实反映，我们也不能对此过于苛求，国力就是如此。[1]

第三，中华人民共和国成立初期的农村医疗救助。中华人民共和国成立以后，为了维护灾民和贫困农民的健康，人民政府曾经多次派出大批医务人员，配发大批药品到灾区和农村，广泛开展对灾民和贫困农民的医疗救助和免费医疗活动，彻底改变了几千年来我国"大灾之后，必有大疫"的悲惨境况。1954 年大水灾时期，中央人民政府各部门对水灾地区的医药费支持就达 410 亿元，动员组织的医务人员达 2275 人；参加灾区医务工作的人员达 21833 人。通过各项卫生医疗措施，在灾区控制了传染病的流行，保持了劳动力，有利于恢复生产元气，从而也更加密切了党和政府与群众的联系。

第四，中华人民共和国成立初期的农村社会优抚。1950 年 12 月，内务部公布了《革命烈士家属革命军人家属优待暂行条例》《革命残废军人优待抚恤暂行条例》《革命军人牺牲、病故褒扬抚恤暂行条例》和《民兵民工伤亡抚恤暂行条例》等。这些条例的公布，奠定了农村社会优抚工作的法律基础。1954 年颁布的《中华人民共和国宪法》和 1955 年颁布的《中华人民共和国兵役法》又进一步地明确了优抚工作的法律地位，指出军烈属和复员退伍军人应当受到社会的尊重，受到国家和人民的优待。优抚措施如下：首先，组织和扶助烈军属参加农、副业生产活动。在农村，党和人民政府

---

① 宋士云：《新中国农村社会保障制度结构与变迁（1949—2002）》，中南财经政法大学博士学位论文，2005 年。

一贯重视扶助烈军属从事生产工作，并发给他们相当可观的实物和款项，用于解决添置生产资料的困难。其次，实行代耕土地制度。对因无劳动力或缺劳动力而造成生活困难的烈军属和退伍伤残军人，实行代耕土地制度，该制度早在第二次国内革命战争时期就已在革命老根据地推行，这是当时解决军人参军或牺牲后家属生活困难的主要办法。再次，国家对生活困难的烈士军属给予补助。对于烈士军属生活困难的解决，如果前两种途径都不能达到目的，再由国家给予补助。国家补助，起初发的是粮食，属于实物补助，因为当时财政困难，领取补助者仅限于生活极端困难的烈军属。1953 年 4 月，内务部和财政部将此改为现金补助，并规定了补助面和补助标准。最后，规定对革命烈士家属、因公牺牲军人家属和病故军人家属进行抚恤。对革命烈士家属、因公牺牲军人家属和病故军人家属的抚恤，可分为一次抚恤和定期抚恤，前者主要属于抚慰性质，并帮助解决突然发生的困难；后者则是为了解决长期发生的生活困难问题。[1] 这个时期，农村社会优抚虽然渐成制度，但它着重解决的是贫困烈士军属的生活困难问题。

综上，该时期社会保障制度的水平极为低下，结构具有单一性，救灾救济和社会优抚几乎就是该时期社会保障的全部内容。究其原因，一方面农民需要的只是救灾救济，以解决他们因灾或其他不幸事件而濒临死亡线上时的最起码的生存保障需求。另一方面，中华人民共和国成立初期国家百废待兴，政府根本无力提供更多的社会保障项目，这就使得国家所采用的各种救灾救济措施不可避免地具有"救急"，或者说"救火"的性质，临时性特征明显，缺乏制度运行的规范性。[2] 因此，这个时期的社会保障制度是一种临时救济型的、非正式制度化的生存型的社会保障制度。

---

[1] 宋士云：《新中国农村社会保障制度结构与变迁(1949—2002)》，中南财经政法大学博士学位论文，2005 年。

[2] 宋士云：《中国农村社会保障制度结构与变迁(1949—2002)》，人民出版社2006 年版，第 62~63 页。

(二)结构体系：农村社会保障制度的覆盖对象的选择具有针对性

土地改革的完成与农村经济的恢复以及农业生产互助组织的发展使农民抵御风险的能力大大提高，农民生活安全的保障能力得到提升，农村中的贫困对象逐步减少，但是，农村中鳏寡孤独以及其他严重贫困户的经济困难和生活安全问题并没有得到根本解决。这些贫农户和孤寡老弱及烈士军属等群体的困难状况在当时引起了人们的极大关注，成为该时期政府社会保障工作的基本出发点。

1954 年颁布的第一部《中华人民共和国宪法》明确规定："中华人民共和国劳动者在年老、疾病或者丧失劳动力的时候，有获得物质帮助的权利。"从而，使对鳏寡孤独残疾人的帮助和照顾实现了有法可依。在这以前的土地改革时期，许多地方对鳏寡孤独残疾人分给近地、好地，有的还适当多分土地。各地积极组织互助组，对鳏寡孤独残疾人进行帮耕、帮种、帮收，并减免或缓交用工报酬。对那些生活仍有困难的鳏寡孤独残疾人，国家还给予包干定量救济或临时救济。1953 年中央人民政府内务部制定的《农村灾荒救济粮款发放使用办法》，把无劳动能力、无依无靠的孤老残幼，定为一等救济户，并规定："一等救济户，按缺粮日期长短全部救济。以大米、小麦、小米为主食的地区，每人每日按 12 两计算"。

(三)层次体系：农民家庭自我保障为主、政府适当扶持为辅

以小农土地所有制为基础的个体经济是该时期农村经济结构中的基本形式，所以该阶段农村社会保障制度的基础是农民个体所有制经济。因此，这期间农村的社会保障制度主要是以农民家庭自我保障为主，政府适当扶持为辅。在这种以农民个体经济为基础、以农民家庭保障为主体的社会保障制度结构中，由于当时我国农村生产力水平较低和国家财力有限，农民主要依赖于土地和家庭，农民的生、老、病、残、死，农业生产中遇到的一般自然灾害，主要由农户自我承担和亲戚邻里的相互帮助。国家所

提供的这部分社会保障仅处于辅助性的地位，这可视为政府制度供给的约束条件所导致。

虽然政府只是起到辅助性的作用，但是该时期社会保障制度的建立和运行与政府的积极参与是不可分割的。人民政府通过土地改革这种产权制度变革方式，把土地直接或者间接地平均分配给农民。农民有了土地也就意味着生活安全基本保障，因此可以说，土地保障是这个时期政府和社会给予农民的最大保障。同时，采取多种措施恢复和发展农村经济，减免农业税和农民的其他负担，增加农民收入，以提升农民生活安全的保障能力。人民政府积极引导农业生产互助合作运动，试图通过生产组织规模的扩大和创新，以解决农村中贫富差别扩大的问题，解决农村中鳏寡孤独以及其他严重贫困户的经济困难和生活安全问题。人民政府制定和颁行了一些有关农村的社会保障法规条例(尽管不是专门对农村的，也不是涉及社会保障各方面的，甚至还存在着一些缺憾)，建立了诸如内务部、中央生产救灾委员会、中国人民救济总会等管理农村社会保障事业的机构，特别是人民政府积极地参与到农村救济、社会救济、社会优抚等社会保障事业的活动中来，为农村社会保障在体系架构和制度安排上奠定了基础。①

该时期农村社会保障与中华人民共和国成立以前的建立在自然经济基础之上的农民家庭保障模式相比，最主要的区别就是土地的农民个体所有制基础和国家参与以及社会救助的广泛性。因此，这一时期农村社会保障制度模式的变迁更多地体现出政府供给主导型制度变迁的色彩，人民政府成为社会保障制度变迁的关键性组织。总体来看，这一制度模式与当时低生产力水平下的土地私有制度、经济运行机制和国情是相适应的，国家经济参与、以农民家庭保障为主体的社会保障制度有力地促进了农村经济的恢复与发展。

---

① 宋士云：《中国农村社会保障制度结构与变迁(1949—2002)》，人民出版社2006年版，第63~64页。

第二节　集体经济时期农村社会保障制度的变化

一、农业生产方式的社会主义改造

（一）互助组到初级社时期：实行土地入股，形成初级互助合作的农业经营体系

土地改革后，当时落后的生产力，制约着农业生产的进一步发展。党中央在经过讨论后发出了开展互助合作的号召，推行互助组和初级农业生产合作社。广大农民纷纷自发地组织起来，在农业生产中实行生产互助。我国农业生产互助合作是实现国家对农业的社会主义改造的一个重要组成部分。

1951 年春，政务院在《关于 1951 年农村生产的决定》中明确指出：各地要加强对互助合作运动的领导，要加强互助组的发展和巩固工作，并以此来达到进一步提高生产的目的。1951 年 12 月 15 日，中共中央《关于农业生产互助合作的决议（草案）》正式公布，决议指出：在新区和互助运动薄弱的地区，应有领导地大量发展临时性的、季节性的互助组；要在有初步互助运动基础的地区，逐步推广常年互助组；要在群众有比较丰富的互助经验，而又有比较坚强的领导骨干的地区重点地发展土地入股的农业生产合作社。农村互助合作运动开始加快，农业生产互助组如雨后春笋般地建立起来。1952 年，全国新增农业互助组 335.1 万个，参加的农户达 4536.4 万户，占全国农户比重 39.9%。1953 年 12 月 16 日，中央颁布了《关于发展农业生产合作社的决议》，在总结农业生产合作社在发展过程中显示出的优越性后，规定了农业生产合作社的发展指标。在这两个决议指导下，农民生产互助的热情被极大地调动起来，农业合作化运动稳步前进。

在农业生产互助组阶段，农民在各个生产环节上实行互助，而且可以

灵活调剂人力畜力余缺来保证及时耕种，解决了农户生产中的一些困难。由于互助组不改变生产资料所有制关系、劳动者通过生产过程中的协作解决了农户生产中的一些困难，基本上坚持了平等交换和互惠互利的原则。初级农业生产合作社的情况则不同，土地等主要生产资料虽然仍归农民私人所有，但是必须以入股的形式交初级社集体统一经营，集中劳动，统一评工记分，统一核算分配，入股土地参与分红。这种合作方式，极大地激发了农民合作意愿，调动了农民的生产积极性，提高了劳动效率和粮食产量，受到农户的欢迎。

（二）高级社时期：实行土地入股，形成高级社的农业经营体系

1955 年夏季以后，一场以普遍建立高级社为目标的掀起"农村社会主义高潮"运动迅速席卷整个农村。1955 年 7 月批判"右倾"以后，农业生产合作社迅速发展，大量的初级社转为高级社，许多互助组和个体农民直接并入高级社。

到 1956 年 2 月，全国加入农业生产合作社的农户已经占总数的 85%，其中加入高级社的农户已占全国农户总数的 48%。到 1956 年年底，农业生产合作社发展到 75 万个，其中初级社 21 万个、高级社 54 万个。参加高级社的农户占全国总农户的 88%，标志着中国农村在生产资料所有制方面的社会主义改造基本完成。① 高级社中，所有制关系发生了重大转变，社员私有的土地等主要生产资料转为合作社集体所有，实行统一经营，统一劳动，统一安排生产，统一核算分配，取消土地等生产资料分红。尽管高级社普遍建立后不久，又迅速在全国农村建立了人民公社体制，但是高级社的性质和基本特征并没有改变，仍是小农可以接受的方式。至此，我国农业生产的基本经营单位由家庭转变为集体经济组织，实行土地统一经营，劳动力统一调配，特别是高级合作社还实行收入统一分配，贫困户可

---

① 《普遍整顿合作社，开展春耕生产》，《人民日报》1956 年 3 月 4 日。

以参加集体经济组织，可以参加力所能及的农业生产活动，绝大多数人口粮和基本生活有了保障，少数仍有困难的，集体也可用公益金给予适当补助。但是在后期由于要求过急，指导思想发生了严重的"左"的错误，有些初级社还没有完全巩固就升级为高级社，对广大农民来说都是过于急促、难以适应的，农民生产积极性和农业生产也受到了一定影响。

（三）人民公社：实行土地集体所有经营体制，形成集中统一的农业经营体系

1958 年 8 月 13 日，《人民日报》发表了《毛泽东视察山东农村》的报道："还是办人民公社好。它的好处是，可以把工、农、商、学、兵合在一起，便于领导。"随后，全国农村迅速进入了实现人民公社化运动。1958 年 8 月 29 日，中共中央通过了《关于在农村建立人民公社问题的决议》。此后，《红旗》杂志于 1958 年 9 月 1 日发表了《迎接人民公社化的高潮》的社论，《人民日报》则于 1958 年 9 月 10 日发表了《先把人民公社的架子搭起来》的社论。随后两三个月内，全国农村普遍实行了人民公社化。

人民公社体制的基本特征是一"大"二"公"和政社统一。"大"就是规模大，每个公社农户有 5000 户左右，几万人口为一个公社，经营规模比高级社扩大了 30 倍以上。"公"就是生产资料的公有化程度高，整个农村所有的生产资料都划归公社集体所有。政社合一就是乡政府行使管理农村经营活动的权利。人民公社的基本核算单位为生产队，农村基本生产资料的所有权关系实际上也发生了较大的调整，彻底否定了农民家庭作为基本生产经营单位的地位。管理高度集中，造成生产上的"大呼隆"，分配上的"大锅饭"；实行集中劳动，劳动采取评工计分、按劳动工分分配的办法。从 1957 年到改革之前的 1978 年，这种大一统的农村经济体制严重制约了农村生产力的发展，农民的生产积极性受到严重压抑。

二、集体经济时期农村社会风险识别

20 世纪 50 年代中期开始，经过农业生产方式的社会主义改造，特别

是实行人民公社制度以后，集体经济开始取代家庭经济原有地位而成为农村经济的主体。农村个体经济转变为集体经济，农业生产经营活动从原来的主要以家庭为单位转变为由农村集体组织来实施，土地和相关生产资料都转化为集体公有。因此，土地保障也就转变为农村集体保障。在当时农村经济还十分窘迫，基本上处于一种自然经济和半自然经济状态的情况下，农村集体经济实力不强，农村集体经济组织只得以近乎平均主义的个人消费品分配制度来保障全体社员的基本生活，尽量使农民群众都能得到温饱。尽管当时我国还没有"在消费基金一定的前提下，收入分配越平均全体成员的经济福利就越高"的福利理论，但是，集体经济的规模越大越能解决劳动力少弱，农户特别是鳏寡孤独残疾人的经济困难等朴素的福利思想则早就存在了，并一直贯穿在农村集体经济的分配制度当中，计划经济时代我国农村社会保障是以集体保障为主的最根本的制度原因和理论基础就在于此。[1]

在集体经济条件下，农村人口只要长到一定年龄，具备了一定的劳动能力，就可以直接成为该集体的劳动成员，由集体安排参加农业生产劳动，实现就业，取得工分，并参与口粮及其他生活必需品的分配，根本不管有限的土地能否承载更多的劳动力，也不管农业生产是否需要这更多的新增劳动力。人民公社时期，我国的人地矛盾更加突出，乡村人口由1958年的5.53亿增至8.04亿，增长约45%，而同期我国的耕地面积增量甚微，农作物的播种面积还略有减少，这使同期人均占有耕地由3.45亩减为2.14亩。加之，我国以粮食为主的农业产业结构没有发生实质性变化，致使农业从业人数在社会就业中的比重由58.2%增至70.5%，上涨了12.3%，这期间增加的数亿农村人口都被城乡分割的户籍、粮食供给、就业以及住房、教育等项制度安排限制在原有的土地上，长期处于贫困和半失业状态。[2] 更不用说，城市知识青年上山下乡占有和使用的大量农村土

---

① 宋士云：《中国农村社会保障制度结构与变迁(1949—2002)》，人民出版社2006年版，第141页。

② 辛逸：《论人民公社的历史地位》，《当代中国史研究》2001年第3期。

地了。

同期，黄宗智在对长江三角洲和华北农村进行实地考察后认为这一时期的农村经济，"绝对产量上升了，政府的税收和征购也上升了，而农业劳动生产率和农民收入是停滞的"①，农村集体经济长期以来处于一种"没有发展的增长"状态。1957—1978 年，我国农民家庭平均每人纯收入从 72.95 元增加到 133.57 元，而同期按人口平均的主要农产品产量增长甚微，从 612 斤增长为 637 斤，并且从 1959 年到 1972 年人均长期低于 600 斤。② 据统计，1978 年社员从集体分得的收入每人平均在 40 元的基本核算单位有 77.02 万个，占基本核算单位总数的 16.5%，从集体分得的粮食每人平均在 300 斤以下的基本核算单位有 46.3 万个，占基本核算单位总数的 10.6%；超支户 3294 万户，占参加分配总户数的 19.5%。③

集体经济虽然在解决贫困人口生产生活方面发挥了重要作用，但是，部分农民特别是鳏寡孤独和某些烈军属的经济困难仍然难以从根本上得到解决。1958 年"大跃进"时期，由于受极"左"思潮的影响，农村刮起了"共产风"，错误地认为农村人民公社化以后已经消灭了贫困，不再需要进行社会救济了，救济工作已完成了历史使命，于是，曾一度停发社会救济款，取消农村社会救济。全国出现了严重的经济困难，农村贫困人口大量增加，社会救济的形势极为严峻。

1966 年开始的十年"文化大革命"又使农村社会救济工作遭到严重的破坏。当时把帮助贫困对象发展副业生产当作资本主义"尾巴"予以割掉，把用公益金补助贫困对象当作"剥削"予以批判，大大削弱了集体补助贫困对象的工作。1969 年以后，随着内务部和各地民政部门的撤销，有的地方下

---

① 黄宗智：《长江三角洲小农家庭与乡村发展》，中华书局 1992 年版，第 248 页。

② 国家统计局编：《中国统计年鉴》(1983 年)，中国统计出版社 1983 年版，第 184、499 页。

③ 马洪、孙尚清主编：《中国经济结构问题研究》(下册)，人民出版社 1981 年版，第 579~580 页。

拨救济款无专人管理、收支混乱，有的地方则停发了救济款，更使得对贫困对象进行补助、救济的工作处于瘫痪状态，不仅一般贫困户状况依旧，而且扩大了老灾区、山区及贫困地区的困难面。

可见，自然风险与政策风险是该时期农村社会风险的主要构成，贫穷与落后仍然是农村社会经济的基本特征。由于中国传统的集体经济组织是一种低效率的经济体制形式，这也就决定着该时期农村社会保障是一种低水平的保障制度。但是，我国农村的贫困人口依然较多，农村救济任务十分艰巨。加之，我国早在1953年就开始了实施优先发展社会主义重工业的经济发展战略，国家财力十分有限。在如此的社会经济背景和条件下，农村社会保障只能主要面向陷入了生存危机与困境的贫民、灾民和优抚对象，即"困难的人"和"光荣的人"，以解决他们的吃饭、穿衣、住房等最基本的现实生活困难和现实风险，保障水平与层次很低也就在所难免。[①]

三、农村社会保障制度的选择

随着农业生产方式的变化，到1956年农村社会保障的主体就由原来的家庭保障演变成为集体保障了。农村集体保障制度则是建立在生产资料公有制为基础的、以集体为生产经营单位的农业经济基础之上，以传统的集体经济组织为主要载体，对其成员提供满足温饱为水平的基本生活需要为基本内容。

(一)内容体系的发展

第一，农村救灾制度的发展。1956年在完成全国农业的社会主义改造以后，中国农民走上了集体化道路，集体经济不断壮大，集体积累不断增加，农村集体组织已具备了一定的救灾能力和保障功能。该时期社会救灾是在中央财政统收统支和农村集体经济内在保障功能的基础上发展起来

---

① 宋士云：《中国农村社会保障制度结构与变迁(1949—2002)》，人民出版社2006年版，第142~144页。

的。随着社会经济形势的变化，从 1955 年起，内务部和各级民政部门的工作重点转移到优抚、复员、救灾和社会救济上来。同年 10 月，内务部相应地调整了内部机构，以加强救灾和社会救济的工作。民政部门作为政府主管救灾工作的职能部门，其基本任务就是在国家救灾法规、政策、方针的指导下制定具体的救灾政策与原则，及时了解、核实和报告灾情，制定救灾政策和方案，组织灾后救济工作，负责发放和使用好救灾款物，检查救灾方针、政策的执行情况等。1956 年以后，随着国民经济的不断繁荣，国家投往灾区的救灾款物年年增多，不仅有救灾款，还有贷款、预购款等多种款项，这对于保证灾民的基本生活，保护生产力，具有极其重要的意义。1963 年，中共中央、国务院《关于生产救灾工作的决定》便在救灾工作方针中增加了"依靠集体"的内容，并根据当时国家的财政状况，把生产自救提到了主要的地位，形成了"依靠群众，依靠集体，生产自救为主，辅之以国家必要救济"的救灾工作方针。

虽然救灾方针强调生产救灾，但是因财力有限，实际上只能将主要目标放在解决灾民的基本生存条件上，即灾民的吃饭、穿衣、住房问题以及因灾发生的急重病协助治疗问题，其中解决口粮困难一直是安排灾民生活的核心。社会救灾工作较好地解决了灾民的基本生活保障问题，减轻了灾害的危害后果，避免了历史上灾害屡屡酿成社会动乱的现象，为今后政府救灾工作的改革发展提供了经验。在这一时期的救灾工作中，我们也不能否认这样的客观事实：国家每年的救灾拨款与全国灾情造成的损失相比，有着巨大的差距。政府救灾实现的也只能是低水平的有限救济。①

第二，农村社会救济制度的发展。国家适时地提出了"调整、巩固、充实、提高"的八字方针，在财政极端困难的情况下，拨出大量的救济款物用于农村救济，以帮助农民群众度过困难时期。据统计，从 1960 年到 1963 年的四年间，国家共发放农村救济款达 4.8 亿元。

1962 年 9 月，八届十中全会通过的《农村人民公社工作条例（修正草

---

① 郑功成：《中国救灾保险通论》，湖南出版社 1994 年版，第 39~40 页。

案)》把对贫弱社员的救济作为人民公社的一项制度固定下来，它规定：生产队可以从可分配的总收入中，扣留一定数量的公益金，作为社会保险和集体福利事业的费用，扣留多少，根据每一个年度的需要和可能，由社员大会认真讨论决定，不能超过可分配的总收入的 3%；生产队对于生活没有依靠的老、弱、孤、寡、残疾的社员，遭到不幸事故、生活发生困难的社员，经过社员大会讨论和同意，实行供给或者给以补助；对于家庭人口多劳动力少的社员，生产队应该根据他们的劳动能力，适当安排他们的工作，让他们能够增加收入，除此以外，经过社员大会讨论和同意，也可以给他们必要的补助；这些供给和补助的部分，从公益金内开支。1963 年 3 月，内务部召开了全国民政和人事厅局长会议，研究农村社会救济工作，会议讨论并通过了《认真贯彻农村人民公社工作条例，进一步做好农村社会救济工作》的文件。

1956—1983 年，农村救济工作坚持依靠集体、依靠群众，开展社会互助互济和扶持生产自救、辅之以国家必要救济的农村社会救济的道路。其一，国家救济。在集体经济条件下，国家救济的对象是那些通过安排生产、增加收入和集体供给、补助之后仍有生活困难的贫困对象，主要有：丧失劳动能力或缺乏劳动能力、生活无依无靠的鳏寡孤独残疾人；家庭人口多劳力少、收入不能维持基本生活的困难户；家庭主要劳动力长期患病，生活有困难的户；因遭受临时灾害或其他不幸事故造成全年基本生活有困难的户。国家对农村贫困对象的救济依然采取的是临时救济的方式。救济款物主要用于解决农村贫困对象的吃饭、寒衣和修补房屋的困难，发放之后，国家不再收回。其二，扶持困难户生产自救。扶持贫困对象生产自救是救济工作的发展和延伸，它能使救济的主体与对象密切合作，形成救济的合力，进一步提高救济效率。从 20 世纪 50 年代初期到 70 年代末，国家和社队扶持贫困对象生产自救基本上采取的是无偿的个体扶持，主要是扶持一家一户发展农副业生产。① 其三，集体补助。根据 1956 年 6 月一

---

① 李本公、姜力主编：《救灾救济》，中国社会出版社 1996 年版，第 163 页。

届人大三次会议通过的《高级农业生产合作社示范章程》、1960 年 4 月二届人大二次会议通过的《1956—1967 年全国农业发展纲要》和 1962 年 9 月八届十中全会通过的《农村人民公社工作条例(修正草案)》的要求，对生活发生困难的社员，经社员群众讨论和同意给予补助。享受补助的贫困户主要是全年收入不能维持基本生活的农户，包括家庭人口多而劳动力少弱的户、家庭主要劳力长期病残户、因天灾人祸遭不幸事故生活造成困难的户，等等。补助的方法主要有：年初评定补助工分，记入劳动手册，年终分配兑现；根据年终分配收入情况，适当补助工分或粮食；从集体公益金中提取补助费，补助贫困户；等等。

　　第三，农村五保供养制度的建立。农村五保供养制度是一项有中国特色的农村社会救助制度，又是农村集体福利事业的一部分，正式建立于 1956 年，其供给方式为农村集体经济保障。它随着集体经济的产生而形成，并深受社会经济发展与变动的影响。集体经济时期，它对保障五保对象的生活和促进农村社会的稳定与发展都起到了重要作用。1956 年 1 月，由中央政治局提出并经最高国务会议讨论后下发的《1956 年到 1967 年全国农业发展纲要(草案)》第 31 条规定："农业生产合作社对于社内缺少劳动力，生活无依靠的鳏寡孤独的农户和残废军人，应当在生产上和生活上给以适当的安排，做到保吃、保穿、保烧(燃料)、保教(儿童和少年)、保葬，使这些人的生养死葬都有指靠。"[1]这是全国最早提出关于农村五保户供养的法规性文件。1956 年 6 月 30 日，一届人大三次会议通过的《高级农业生产合作社示范章程》也明确规定："农业生产合作社对于缺乏劳动力或者完全丧失劳动力、生活没有依靠的老、弱、孤、寡、残疾的社员，在生产上和生活上给以适当的安排和照顾，保证他们的吃、穿和柴火的供应，保证年幼的受到教育和年老的死后安葬，使他们生养死葬都有依靠。"[2]上述两份文件都明确规定了对生活没有依靠的老、弱、

---

[1]　《建国以来重要文献选编》第 8 册，中央文献出版社 1994 年版，第 47 页。

[2]　高鉴国、黄智雄：《中国农村五保救助制度的特征》，《社会科学》2007 年第 6 期。

孤、寡、残疾社员，给予保吃、保穿、保烧，给予年幼的保教和年老的死后保葬五个方面的保障，简称"五保"，享受这种照顾的家庭和人员被人们习惯称之为"五保户"或"五保对象"，有关这方面的政策也就称之为五保政策。①

第四，农村社会优抚制度的发展。集体经济时期，国家对生活在农村的烈军属、伤残军人、复员退伍军人提供了多种多样的社会优抚。

群众优待劳动日。农业合作化以后，随着土地报酬的取消和按劳分配制度的实施，建立在个体经济基础之上的代耕制度已经不能适应新的生产关系。1956年，内务部报国务院批准，在全国农村普遍推广了优待劳动日制度，即对农村无劳动力或缺劳动力的烈军属由农业生产合作社或生产大队优待一部分劳动日，以保证烈属的生活略高于一般社员的实际生活水平，军属的生活相当于一般社员的实际生活水平。优待劳动日制度一直持续到实行农业生产责任制为止，它受到了广大烈军属和回乡病残、复员退伍军人的普遍欢迎。

国家定期定量经济补助。1955年，国家推行定期定量补助政策，由财政拨出专项经费，按照不同的对象和条件，定期向优抚对象发给一定限额的生活补助费。1962年，内务部、财政部颁发《抚恤、救济事业费管理使用办法》，规定享受定期定量补助的对象是：孤老的烈属和孤老的病故、失踪军人的家属；烈士、病故军人的遗孤和虽有亲属而无力抚养的烈士、病故失踪军人的未成年的子女；已经失去劳动能力而其子女又确实无力供养的烈士、病故军人的父母和配偶；生活有困难的在乡三等残废军人；生活困难的退伍红军、年老体弱丧失劳动能力生活有困难的复员军人。补助标准：农村一般为每人每月2元至4元。1979年10月，民政部下达《关于改进优抚对象定期定量补助工作的规定》以后，定期定量补助有了系统的规定，确定补助标准是农村每人每月6元至10元，孤老烈属和烈士遗孤在

① 李本公、姜力主编：《救灾救济》，中国社会出版社1996年版，第196～197页。

不超过规定的补助标准内优厚。补助费除留必要的临时补助费外，大部分用于定期定量补助。通过改进定期定量补助工作，逐步将烈军属和复员军人的补助费的 60%~70%用于定期定量补助，从而使绝大部分经费转为"人头费"，这样不仅较好地解决了优抚对象的生活困难，也防止了滥用优抚事业费现象。①

牺牲、病故抚恤和伤残抚恤。1980 年 6 月国务院发布《革命烈士褒扬条例》以前，一次抚恤标准只区分为牺牲抚恤标准和病故抚恤标准两种，革命烈士同因公牺牲军人的抚恤标准相同。《革命烈士褒扬条例》发布以后，一次抚恤区分为革命烈士抚恤、因公牺牲抚恤、病故抚恤。革命烈士抚恤高于因公牺牲抚恤，因公牺牲抚恤又高于病故抚恤。区分为三种抚恤标准，这是抚恤制度的一项改进。伤残抚恤标准，在《革命残废军人优待抚恤暂行条例》中是以粮食为单位，1953 年才改以人民币为单位。自这一条例公布以来，随着国家财政经济状况的好转和人民生活水平的提高，伤残抚恤标准曾先后于 1952 年、1953 年、1955 年、1978 年和 1982 年多次提高。《革命残废军人优待抚恤暂行条例》原来规定，在乡二等伤残军人两年后伤残抚恤减半发给，1953 年提高伤残抚恤标准时改变为两年后仍然照发全部伤残抚恤金。原来规定，对在乡三等伤残军人只发给一次抚恤，1965 年改发伤残补助费，1978 年起改为长期抚恤。另外，对在乡残废军人还有多种优待，如：在乡二等以上伤残军人，免服勤务；在乡三等伤残军人负担勤务有困难的，可酌情减免。

义务兵退伍安置。1954 年 10 月国务院发布了《复员建设军人安置暂行办法》，1955 年 5 月通过了《国务院关于安置复员建设军人工作的决议》，该决议把妥善安置复员军人作为国家的一项长期的重要政策，在就业安置方面规定为：首先，安置复员建设军人是中央各部门和地方政府机关、人民团体以及各种企业、事业单位不容推卸的责任，各单位在调用干部、调配劳力和招收工人、学徒、职员、技术人员时，都应当把复员建设军人作

---

① 周士禹、李本公主编：《优抚保障》，中国社会出版社 1996 年版，第 55 页。

为第一位录用的对象。其次，对原由农村参军的复员建设军人如无专门技术，应当全部回到农村参加农业生产。再次，对于既不能从事农业生产，又没有其他方面就业条件的复员建设军人，民政部门应当在有关部门协助下，根据他们的条件和本地情况组织他们从事适当的生产，并指出当地人民委员会和农业生产合作社应对家居农村的退伍兵做好生产上的安排，帮助他们熟悉农业生产技术，给他们从事生产提供便利。这就是说，来自农村的退伍军人退伍后需要回到农村参加农业生产。

这个时期，社会优抚安置出现的问题主要有：在"文化大革命"中，由于受"左"的错误严重干扰，从中央到地方随着民政部门的撤销，优抚安置工作在许多方面处于停滞状态，致使一些优抚政策得不到落实，许多烈军属生活困难；一次抚恤标准长期没有提高；部队中数万名伤残战士长期滞留部队，不能退伍安置；一些回到农村的退伍军人生产生活中存在的困难得不到解决。①

第五，农村合作医疗保障制度的建立。农村合作医疗保障制度正式出现于1955年农业合作化高潮时期，并在"文化大革命"期间得到广泛推广和普及。1959年11月，卫生部在山西省稷山县召开了全国农村卫生工作会议。会后，卫生部在写给中共中央的报告及其附件《关于人民公社卫生工作几个问题的意见》中指出："关于人民公社的医疗制度，目前主要有两种形式，一种是谁看病谁出钱；一种是实行人民公社社员集体保健医疗制度。根据目前的生产力发展水平和群众觉悟等实际情况，以实行人民公社集体保健医疗制度为宜。"1960年2月，中共中央转发了卫生部的报告及其附件，认为"报告及其附件很好"，并要求各地参照执行。从此，合作医疗便成为政府在农村实施医疗卫生工作的一项基本制度。到1965年时，全国已有山西、湖北、江苏、福建、广东、新疆等10多个省市自治区的一部分县实行了合作医疗制度。在各地，合作医疗采取的具体形式虽有所差异，但一般都包括如下内容：合作医疗负责的是本社区范围的村民卫生预防和

---

① 周士禹、李本公主编：《优抚保障》，中国社会出版社1996年版，第16页。

医疗工作；合作医疗站的财产是集体财产；医生和卫生员的劳动报酬由集体经济支付；医疗费用由农民个人和集体公益金共同负担，负担比例根据集体经济的发展状况而定，或者减免诊疗费——也称"合医"，或者减免药费——"合药"，或者两种均减免——"合医合药"；在经营管理上，实行民主管理，治疗费用较为低廉。①

合作医疗很快在我国农村迅速普及，绝大多数地区的县、公社和生产大队建立了医疗卫生机构，形成了三级预防保健网。同时，城市中的大中医院的医务人员不仅定期下乡巡回医疗，而且帮助农村培养"赤脚医生"。从当时情况来看，公社卫生院的运行主要依赖于社队财务的支持，大队卫生室则靠集体经济维持，卫生室的房屋和器械由大队投资，流动资金和人员经费主要是生产队拨款。这期间有两项措施促进了农村医疗保健的可及性和可得性，一是恢复振兴中医，强调使用中医的草药和技术；二是赤脚医生的培养。② 到 1976 年，全国 90% 以上的生产大队办起了合作医疗，从而基本解决了农村人口在医疗保健方面缺医少药问题。形成这样的局面，不仅是由于广大农村有防病治病的需求，而且得益于毛泽东同志的大力提倡，他亲自批示了湖北省长阳县乐园公社办合作医疗的经验，并发表"合作医疗好"的指示。同时，受共产主义与平均主义的理想化信念的影响，实现普遍医疗保障从某种意义上讲也带有一种人文关怀的性质。③

1978 年 12 月，五届人大通过的《中华人民共和国宪法》把"合作医疗"列入进去。1979 年 12 月，卫生部、农业部、财政部、国家医药总局、全国供销合作总社联合发布了《农村合作医疗章程（试行草案）》，规定："农村合作医疗是人民公社社员依靠集体力量，在自愿互助的基础上建立起来的一种社会主义性质的医疗制度，是社员群众的集体福利事业"；"根据宪

---

① 尹力、任明辉：《医疗保障体制改革——一场涉及生老病死的变革》，广东经济出版社 1999 年版，第 240 页。

② 林闽钢等：《走向全球化的中国社会保障制度改革》，中国商业出版社 2001 年版，第 245 页。

③ 蔡仁华主编：《中国医疗保障制度改革实用全书》，中国人事出版社 1998 年版，第 344 页。

法的规定，国家积极支持、发展合作医疗事业，使医疗卫生工作更好地为保护人民公社社员身体健康，发展农业生产服务。对于经济困难的社队，国家给予必要的扶植"。在这一时期，农村合作医疗与城市的公费医疗和劳保医疗并列，被视为当时覆盖我国城乡不同目标人群的三大医疗保障制度，或者说我国医疗保障制度的三大支柱。通过建立各种不同层次的医疗卫生保健机构，积极开展合作医疗，被世界银行认为促进了"中国卫生状况的显著改善和居民期望寿命的显著增加"，被誉为成功的"卫生革命"。[1]合作医疗（制度）与合作社的保健站（机构）和数量庞大的赤脚医生队伍（人员）一起，使农村人口在收入普遍较低的情况下得以用较低的花费获得卫生防疫和流行病防治方面的服务，有效地减少了农村人口因小病不治而丧失健康和劳动能力的风险，对提高农民群众的健康与生活水平，避免出现较大的社会震荡发挥了重大作用。

第六，农业保险制度的发展。在国民经济恢复时期，为促进农业生产的恢复和巩固土地改革的成果，当时的中央人民政府组建了国有中国人民保险公司，并且提出了"农村保险"是整个农村金融工作中的重要部分，随即确定了"保障农业生产安全，促进农业生产发展"的农业保险方针。[2]随即，1950年，农业保险制度在农村便轰轰烈烈地展开。但是，这次有史以来最大规模的农业保险试验在进行了3年便停止了。由于历史上农民没有参加农业保险的习惯，对农业保险或没有兴趣（主要是穷），或存在误解，加上中国人民保险公司的机构尚未普及农村地区。农业保险的发展多依赖政府的行政力量，第一就是发动群众运动，有些地方群众运动走向极端，要挟农户参加农业保险；第二是全面依靠地方党政机构，地方党政机构的组织领导保证了农业保险业务的发展，但也发生了全由乡村干部包办的情况；第三就是利用干部、积极分子带头投保，有的地方没有认真宣传农业

---

① 世界银行编：《中国：卫生模式转变中的长远问题与对策》，中国财政经济出版社1994年版，第3页。

② 《中国人民银行总行第一届全国农村金融会议的综合记录》，《1949—1952年中华人民共和国经济档案资料选编（金融卷）》，中国物资出版社1996年版。

保险的好处，只是强迫干部、积极分子带头响应，逼迫群众跟从。中华人民共和国成立初期的农业保险属于自愿性保险，但是由于政府干预过多，实际上为强制保险。不过政府的过多干预客观上扩大了农业保险的范围，也降低了农业保险的代理成本。但是，政府干预的"政府失灵"问题日益明显。政府利用各种力量推动农业保险兴起后，很快因为经营管理漏洞过多，强迫命令严重，使农业保险陷入困境。1953 年 3 月政府决定停办农村保险业务。① 到了 1954 年，全国农业合作化步伐加快，入社后由于牲畜的产权关系发生了变化，许多地区的农民提出了参加牲畜保险的要求。为了配合农业合作化运动，1954 年 11 月第四次全国保险会议决定中国人民保险公司恢复办理农村保险业务。1956 年 2 月 29 日至 3 月 17 日召开了第五次全国保险工作会议，着重研究农业保险工作，农业保险事业得到了迅速发展。到 1958 年，随着政社合一的人民公社的建立，在"左"的思想指导下，人们普遍认为"一大二公"的人民公社就是一个大保险公司，商业性保险已经完成了历史使命，没有存在的必要。1958 年年末，中央政府在武汉举行的财政会议上正式作出决定，要求立即停办国内保险业务。

综上可见，我国在农村集体化以后，依托集体经济，逐步建立和实行了一系列明显具有当时的经济体制特点的农村社会保障制度，以满足农民在经济体制从个体经营向集体经营转变后基本生存和生产的需要。

(二)结构体系的发展

从农村社会保障制度对农村居民的覆盖程度出发，集体经济时期农村社会保障制度主要包括农村社会救灾制度、社会救济制度、农村合作医疗保障制度以及五保供养制度等，可以体现出集体经济阶段农村社会保障制度的发展。农村集体保障的对象主要是灾民、贫困人口和优抚对象，农村集体组织的其他成员一般享受不到，尽管他们是集体保障费用的提供者。

---

① 赵学军、吴俊丽：《政府干预与中国农业保险的发展》，《中国经济史研究》2004 年第 1 期。

　　第一，农村社会救济制度覆盖面不断扩大。根据 1956 年 6 月一届人大三次会议通过的《高级农业生产合作社示范章程》、1960 年 4 月二届人大二次会议通过的《1956—1967 年全国农业发展纲要》和 1962 年 9 月八届十中全会通过的《农村人民公社工作条例(修正草案)》的要求，对生活有困难的社员，经社员群众讨论和同意给予补助。享受补助的贫困户主要是全年收入不能维持基本生活的农户，包括家庭人口多而劳动力少弱的户、家庭主要劳力长期病残户、因天灾人祸遭不幸事故生活造成困难的户等。1955 年至 1978 年，国家用于救济农村贫困对象的款项达 22 亿元，使绝大多数农村贫困户的生活基本得到了保障(见表 3-2)。①

表 3-2　1956—1983 年全国财政用于农村社会救济福利费和救灾支出情况

单位：亿元

年份	1956	1957	1958	1959	1960	1961	1962	1963	1964	1965
农村社会救济福利费	0.79	0.66	0.63	0.65	1.12	1.15	1.21	1.54	1.43	1.65
救灾支出	2.31	2.41	0.87	2.13	4.33	6.20	4.02	5.42	12.11	5.71
年份	1966	1967	1968	1969	1970	1971	1972	1973	1974	1975
农村社会救济福利费	1.45	1.32						1.72	1.74	1.75
救灾支出	3.75	2.81				1.53	2.32	3.36	2.27	5.66
年份	1976	1977	1978	1979	1980	1981	1982	1983		
农村社会救济福利费	1.90	2.06	2.45	2.63	2.50	2.23	2.30	2.61		
救灾支出	16.1	10.14	9.02	10.24	7.03	8.66	7.64	8.45		

　　注：1976—1983 年救灾支出中包括抗震救灾费。

　　资料来源：国家统计局国民经济综合统计司编：《新中国五十年统计资料汇编》，中国统计出版社 1999 年版，第 17 页。

---

　　①　崔乃夫主编：《当代中国的民政》(下)，当代中国出版社 1994 年版，第 85~86 页。

特殊人员的救济就是根据国家政策规定，对特定人员给予生活救济或困难补助，以保证他们的生活。它是国家对特殊群体的一项生活保障制度，是社会救济的组成部分。当时，全国特殊救济对象达20多种，特殊人员救济工作的任务相当繁重。其中继续救济的特殊人员有如下两种：其一，对麻风病人的救济。党和政府对防治麻风病工作很重视，为使有关部门协同做好这一工作，政务院于1954年2月发布《关于民政部门与有关部门的业务范围划分问题的通知》，民政部门根据政务院的分工，积极配合卫生部门做好麻风村的管理和麻风病人的救济工作。其二，对精减退职职工的救济。在国民经济转入调整期间，为了减轻国家负担，决定精减城市职工。许多城市职工响应号召，下乡返乡支援农业生产。从1961年至1963年，全国共精减城市职工2548万人，其中回农村1614万人，占63.34%。对此，党和政府十分重视和关心这部分人的安置和生活问题，制定了一系列的政策。

第二，农村合作医疗保障制度的逐步展开。1958年人民公社化运动后，虽然"左"的思想和三年困难时期带来的经济困难给合作医疗制度造成很大的冲击，但是，合作医疗组织形式在我国农村仍然发展较快，成为政府在农村实施医疗卫生工作的一项基本制度，基本覆盖了本社区范围的村民卫生预防和医疗工作。1965年6月26日，毛泽东同志发出"把医疗卫生的工作重点放到农村去"指示，特别是1968年12月2日《人民日报》介绍推广湖北省长阳县乐园公社举办合作医疗的经验以后，在广大农村掀起了大办合作医疗的热潮。到1976年，全国90%以上的生产大队办起了合作医疗，覆盖了广大农村居民，从而基本解决了农村人口在医疗保健方面缺医少药的问题。

第三，农村五保供养制度的推行。从1956年农村五保供养制度的建立到1978年改革开放，农村五保供养费用依靠生产大队、生产队的公益金，其中最主要的是生产队的公益金。五保供养的形式分为两种：集中供养和分散供养。分散供养是较多采用的形式，生产大队或生产队依托农业生产合作社，负责安排和照顾五保对象，采取的措施主要有：首先，对有一定劳动能力的五保对象，安排照顾他们从事力所能及的生产劳动。例如养猪羊、看场院等，并适当照顾工分，保障他们的生活相当于一般群众的生活水平。其次，补助劳动日。对丧失劳动能力的五保对象，按全社每人一年的劳动日数，补助给五保户，同其他社员一样参加分配。再次，补助款物。按五保内容规定的吃、穿、烧、教等标准，计算出所需的款物数，从公益金中直接分给五保户现款和实物。最后，对年老体弱病残、日常生活自理有一定困难的人员，安排专人照顾他们的日常生活。对于穷社队和遭受自然灾害的社队，负担五保供养确有困难的，国家给予必要的补助。绝大多数的五保户生活安排较好，孤老残幼人员感到满意。据1958年统计，全国农村享受五保的有413万户、519万人，全国共办起敬老院15万所，收养300余万五保老人。①

小部分五保对象则在敬老院实施集中供养。1958年12月，中央八届六中全会通过的《关于人民公社若干问题的决议》中指出："要办好敬老院，为那些无子女依靠的老年人（五保户）提供一个较好的生活场所"。此后，敬老院在全国各地迅速发展。据1958年年底统计，全国办起敬老院15万所，收养300余万老人。②"文化大革命"期间，农业生产受到了极大破坏，农村五保供养工作失去了赖以生存的经济支撑。"文化大革命"期间，全国许多地方的五保户资格评定工作已经取消，五保供养工作也基本处于停滞状态，五保供养制度的发展受到了严重损害。

第四，农业保险制度的推广。中国人民保险公司成立后不久，就按照中央的指示，学习和借鉴苏联农业保险模式，试办了农业保险，因而在中华人民共和国成立初期，农业保险的业务工作与行政中心工作结合在一起，搞得轰轰烈烈，试验推进很快。首先在北京郊区、山东商河和重庆北碚试办牲畜保险，牲畜保险对象是为耕作或力役而使用的牛、马、驴、

---

① 崔乃夫主编：《当代中国的民政》（下），当代中国出版社1994年版，第105~106页。

② 崔乃夫主编：《当代中国的民政》（下），当代中国出版社1994年版，第105~106页。

骡、骆驼五种力畜，到 1951 年年底，共承保了 900 多万头牲畜，超过计划的 3 倍。1953 年，保险公司承保的牲畜超过 1440 万头。农作物保险从 1951 年年初试办，包括棉花、小麦、水稻、甘蔗、烟草、苎麻、葡萄等农作物保险，其中以棉花保险和小麦保险为主。从 1950 年到 1958 年，我国农业保险从无到有，期间曲折，但仍取得过不少成绩。这一时期中国人民保险公司开办了牲畜保险、养猪保险、农作物保险等险种，到 1958 年时，全国承保牲畜增至约 6000 万头；养猪保险于 1956 年恢复试办到 1959 年国内业务停办前全国承保生猪达到 3400 万头。①

(三)层次体系的发展

农业社会主义改造特别是人民公社化以后，随着农村生产方式的变化，我国农村社会保障逐渐演化为集体保障即农民的生、老、病、死主要通过人民公社—生产大队—生产队的途径依靠集体经济力量来提供保障。1956 年，中国农村走上了集体化的道路，集体经济不断壮大，集体积累不断增加，农村集体组织已具备了一定的救灾能力和保障功能。实施集体化以后，集体开始对农民的社会保障发挥作用，原来家庭作为社会保障唯一主体的情况转变为集体和家庭共同成为农村社会保障制度在该阶段的主体。广大农民被束缚在土地之上，通过参加生产集体统一安排的生产劳动，取得收入以取得生存资源并向无劳动能力的家庭成员提供生存保障。集体从土地收益中提留的公益金主要被用于部分特殊社会成员(如"五保户")的社会保障事业。该时期以农村集体经济为基础的社会保障制度水平较低，农村社会保障主要针对贫民、灾民和优抚对象等陷入了生存危机与困境的群体，以解决最基本的生活困难和现实风险，维护了农村社会的稳定。所以，这个时期我国农村社会保障制度只能是一种以农村集体保障为主体、传统意义上的社会救助型社会保障制度，处于社会保障制度发展阶

---

①　马永伟、施岳群主编：《当代中国的保险事业》，当代中国出版社 1996 年版，第 92 页。

段中的初级阶段。

同时，由于国家集中主要财力物力用于工业化建设，农村集体保障＋国家救助模式强调的是集体的责任，而以国家的责任为辅，因此，我国二元化的社会经济结构在本期得到了进一步强化，表现在社会保障结构体系上，城乡二元特征形成并进一步固化。用新制度经济学的理论解释，可以说，农村集体保障模式的制度安排是在我国高度集中的计划经济体制和工业优先战略的制度环境框架里进行的，这种制度环境决定了农村集体保障制度安排的性质、范围、进程等，反过来，这种制度模式又作用于和强化了我国的计划经济体制和工业优先战略的制度环境。这种格局的形成源于政府与集体经济组织的博弈。尽管保障农民生活安全已经进入了政府的目标函数，但是，政府由于受支持农村财力有限的约束，在是搞工业化建设还是保障农民生活安全方面，政府不得不把保障农民生活安全的责任推给农村集体组织，甚至以自己的强制力和"暴力潜能"让农村集体经济组织来买单，使农村集体经济组织成为筹集农村社会保障费用的主要承担者。①尽管农村社会保障费用的主要承担者是农村集体组织，但是政府也承担一些责任。

此外，由于该时期农村社会保障制度的项目多属于社会救助范畴，在这一体制下，它贯彻的是无偿救助的分配政策。政府在实施救助政策时，只强调农村居民的权利，不需要履行相应义务，地方在使用中央的拨款时也无相应的义务条件和利益制约机制，每年只是由国家无偿拨款，通过职能部门一级一级无偿下拨，直到无偿分配至农村居民手中。而农民个人出资参加保险也仅限于农村合作医疗保险领域。

---

① 宋士云：《中国农村社会保障制度结构与变迁（1949—2002）》，人民出版社2006年版，第252页。

第四章　改革开放后农业生产方式变革下农村现代社会保障制度的建立

改革开放以后，党和政府对农村土地经营形式进行再次变革，即在土地集体所有制不变的条件下，实行了土地所有权与经营权适当分离的家庭承包经营制。一方面，我国农村经济快速发展，农民收入水平大幅度提高。另一方面，随着农村生产方式的变革，农村集体经济组织普遍解体，原来依托集体经济的社会保障方式显得力不从心。因此，在制度变迁过程中，大部分农民实际上又回到了家庭保障方式中，我国农村社会普遍出现了社会保障制度的缺失和不到位。为了适应新的生产方式，我国农村开始了建立现代社会保障制度的探索，最重要的标志是农村社会保险制度的建立，该阶段属于保险型农村社会保障制度。

第一节　家庭联产承包责任制的推行

1978 年，党的十一届三中全会拉开了我国农村改革的序幕。安徽、四川、贵州等省的部分农村率先对人民公社高度集中统一的经营体制进行了改革，实行了"包产到户"和"包干到户"等农业经营形式。邓小平同志高瞻远瞩，他在 1980 年 5 月 31 日的一次谈话中就明确指出："农村政策放宽后，一些适宜搞包产到户的地方搞了包产到户，效果很好，变化很大。安徽省肥西县绝大多数生产队搞了包产到户，增产幅度很大。"凤阳花鼓"中唱的那个凤阳县，绝大多数生产队搞了大包干，也是一年翻身，改变面貌。有的同志担心，这样搞会不会影响集体经济。我看这种担心是不必要的。"①1980年9月27日，中央印发了《关于进一步加强和完善农业生产责任制的几个问题》，指出："我国地区辽阔，经济落后，发展又很不平衡，加上农业生产不同于工业生产，一般是手工操作为主，劳动分散，生产周期较长，多方面受着自然条件的制约。这就要求生产关系必须适应不同地区的生产力水平，要求农业生产的管理有更大的适应性和更多的灵活性。在不同的地方、不同的社队，以至在同一个生产队，都应从实际需要和实际情况出发，允许有多种经营形式、多种劳动组织、多种计酬办法同时存在。随着生产力水平的提高，这些办法和形式，不同时期又会有相应的发展变化。因此，凡有利于鼓励生产者最大限度地关心集体生产，有利于增加生产，增加收入，增加商品的责任制形式，都是好的和可行的，都应加以支持，而不可拘泥于一种模式，搞一刀切。"②要求各地党委及时组织传达讨论，澄清思想，统一认识，结合当地具体情况贯彻实施。自此，全国农村迅速掀起了实行各种形式的生产责任制、改革人民公社体制的大潮。

1982年1月1日，中共中央转批了农村改革中的第一个"一号文件"《全国农村工作会议纪要》，指出："截至目前，全国农村已有90%以上的生产队建立了不同形式的农业生产责任制；大规模的变动已经过去，现在已经转入了总结、完善、稳定阶段。""建立农业生产责任制的工作，获得如此迅速的进展，反映了亿万农民要求按照中国农村实际状况来发展社会主义农业的强烈愿望。生产责任制的建立，不但克服了集体经济中长期存在的'吃大锅饭'的弊病，而且通过劳动组织、计酬方法等环节的改进，带

---

①　中共中央文献研究室、国务院发展研究中心：《新时期农业和农村工作重要文献选编》，中央文献出版社1992年版，第52页。

②　中共中央文献研究室、国务院发展研究中心：《新时期农业和农村工作重要文献选编》，中央文献出版社1992年版，第58~59页。

动了生产关系的部分调整，纠正了长期存在的管理过分集中、经营方式过于单一的缺点，使之更加适合于我国农村的经济状况。"①

1983 年 1 月 2 日，中共中央发出了第二个农村改革的"一号文件"《当前农村经济政策的若干问题》，指出："党的十一届三中全会以来，我国农村发生了许多重大变化。其中，影响最深远的是普遍实行了多种形式的农业生产责任制，而联产承包制又越来越成为主要形式。联产承包责任制采取了统一经营与分散经营相结合的原则，使集体优越性和个人积极性同时得到发挥。这一制度的进一步完善和发展，必将使农业社会主义合作化的具体道路更加符合我国的实际。这是在党的领导下我国农民的伟大创造，是马克思主义农业合作化理论在我国实践中的新发展。"联产承包责任制和各项农村政策的推行，打破了我国农业生产长期停滞不前的局面，促进农业从自给半自给经济向着较大规模的商品生产转化，从传统农业向着现代农业转化。② 1983 年 10 月 12 日，中共中央、国务院发出《关于实行政社分开建立乡政府的通知》，正式废除了在农村实行长达 25 年之久的人民公社政社合一的体制。

从人民公社生产队的统一经营、统一核算、统一分配，到包产到户的农民分户经营、集体统一核算和分配，再到包干到户的农民分户经营、自负盈亏，表面看起来是农村经济核算体制的变化，实际上农村集体土地经营体制的变革，焦点始终围绕着是否使农户真正成为土地的自主经营者，能否真正调动农民积极性，能否在经济上保障农民物质利益、在政治上尊重农民民主权利。因此，农村经济改革最本质的层次就是农村土地经营制度的改革。

---

① 中共中央文献研究室、国务院发展研究中心：《新时期农业和农村工作重要文献选编》，中央文献出版社 1992 年版，第 115~116 页。

② 中共中央文献研究室、国务院发展研究中心：《新时期农业和农村工作重要文献选编》，中央文献出版社 1992 年版，第 165 页。

第二节　改革开放后农村社会风险识别

改革开放以来，中国正经历着以市场化、工业化、城市化、全球化为特点的经济与社会的大转型。随着中国社会转型的进一步加深，中国的农村、农民所面临的社会风险也不再是传统农业社会的风险，而转向工业化时代的风险。一方面，农民所面临的疾病、失业、工伤、养老等方面的社会风险日益上升；另一方面，农民应对工业化的社会风险能力严重不足，这与农民自身能力、农村经济社会发展水平有关，也与我国集体经济解体和原有社会保障系统基本瓦解有关，而和与此同时新的社会保障体系又还没有建立起来有关。① 这一时期农村社会风险由两个阶段构成。

一、家庭联产承包责任制推行初期农村居民面临的风险

农村社会保障制度的改革与发展首先是与农村经济体制转型引领的制度变革密切相关。生产力决定生产关系，生产力发生变化，生产关系就要去适应这些变化。与此对应，农业生产方式的变革使得农村经济结构发生变化，与之有关的社会制度也要做出改变。转型之前，以集体经济为依托的农村社会保障制度已经形成了以救灾救济制度、农村五保供养制度、合作医疗制度和优抚保障制度为内容体系的保障体系。但是，随着家庭联产承包责任制的实施，人民公社组织体制和以队为基础的集体经济组织解体，导致了农村原来依托集体经济发展起来的各项社会保障与福利事业面临严峻挑战。第一，五保供养制度。改革开放后，虽然五保供养制度得以延续下来，但是由于农村经济体制的变化，五保供养的保障方式、资金来源、保障程度都发生了根本性的变化。一些农村五保户的生活水平因此大

---

① 参见钱运春、周建明：《农村、农民在转型中的社会风险与中国社会发展的挑战》，《乡村中国评论》（第一辑），广西师范大学出版社 2006 年版，第 165~177 页。

幅降低,很多地方保而不全。第二,农村生产方式和分配方式的变化使得农村合作医疗失去支撑。从 20 世纪 80 年代开始,农村合作医疗逐步萎缩。农业经营方式的变化动摇了合作医疗赖以生存的经济基础,合作医疗经费的筹资渠道与筹集数量有限,表现在:一是国家财政基本没有投入,地方政府财力支持有限。二是农村集体经济组织力量弱化。经济体制改革后,许多农村地区的集体经济组织成了"空壳",对合作医疗补助不足。三是农民的缴费能力有限与支付意愿不强。首先政府和集体对合作医疗投入少,缺乏吸引力,难以起到引导作用。与其用自己缴给合作医疗机构的钱为自己看病,倒不如直接从自己腰包里掏出来的方便,也不会因负担管理费用而增加交易成本。[①] 据统计,1985 年,全国实行合作医疗的村由 1980 年的 90%急剧下降到了 5%。1989 年,农村实行合作医疗的行政村仅占全国行政村总数的 4.8%。90 年代初,全国仅存的合作医疗主要分布在上海和苏南等集体经济发达的农村地区。[②] 以前,80%~90%的农民能够得到某种形式的免费医疗,最好的代表就是"赤脚医生"制度,每个社区都有一个提供基础医疗保健的医生。这一制度是一项成本低而有效的措施,适合于村民的预防性和常规性的医疗保健,当然,对那些更严重的疾病的治疗将转移到水平更高的诊所。第三,作为一种曾经发挥过社会保障制度功能的集体经济分配方式在农民总收入中所占的份额愈来愈小,它所发挥的潜在社会保障功能在新形势下也日趋减弱。

二、改革开放后农村社会结构变迁与风险识别

改革开放后农村经济体制变革引起的农村社会结构的变迁,为发展中的中国社会保障制度增加了新的社会变量,从而影响农村社会保障制度的

---

① 宋士云:《中国农村社会保障制度结构与变迁(1949—2002)》,人民出版社 2006 年版,第 222 页。

② 张晓山、李周主编:《中国农村改革 30 年研究》,经济管理出版社 2008 年版,第 333 页。

构建理念、制度框架以及发展走向。

（1）家庭联产承包责任制的实行使农民由单一的农业生产者转变为集多种角色于一身的独立的经营者，也带来了农村生产经营方式和收入分配制度的变化。随着工业化和城市化进程的加快，以及家庭联产承包责任制的实施，农业劳动生产率大幅提高，使得农村劳动力的隐形失业显性化，农村劳动力开始流向劳动收益更高的工业和服务业部门。1980 年，农村劳动力只转移了 2000 多万人，占农村劳动力的 6.37%；到 2005 年，转移的农村劳动力已经超过 2 亿人，为 1980 年的 10 倍，占农村劳动力的比重提高到 40.51%，即四成多农村劳动力已经实现了转移，农村劳动力已经成为推动我国工业化进程的重要力量。[1]

与乡村人口的减少相对应，乡村从业人员中非农从业人员的比重却逐年升高，伴随着社会主义市场经济体制的建立和完善而异军突起的乡镇企业成为乡村非农就业的首选，其就业人员比例逐年上升，到 2010 年，达到乡村从业人口的 38.37%。乡村私营企业和个体户也成为农村非农就业的重要形式，到 2010 年分别达到乡村从业人口的 8.08% 和 6.16%。

传统农业种植业从业人员的减少和乡村非农就业人数的稳步上升反映了农业在农户家庭经济结构中重要性的下降。值得注意的是，乡村农业从业者中也出现了大量的兼业行为，即通过家庭兼业手工业及副业生产，以及在村庄、乡镇及周边地区从事其他非农产业。这种兼业行为和外出务工一起促进了农民从传统的低效率农业生产中脱离出来。[2] 这不但改变了传统农业社会中农民对土地的强经济依附关系，而且改变了农户家庭的收入结构，促使农民的现金收入增加，实物收入减少。表 4-1 为 1985—2010 年中国农村居民收入构成情况：

---

① 张晓山、李周主编：《中国农村改革 30 年研究》，经济管理出版社 2008 年版，第 149 页。

② 饶旭鹏：《中国农村社会结构演变的历程——从"乡土社会"到"新乡土社会"》，《开发研究》2012 年第 5 期。

表 4-1 1985—2010 年中国农村居民收入构成状况 单位：元

	工资性收入		家庭经营收入		财产性收入		转移性收入	
	金额	占比	金额	占比	金额	占比	金额	占比
1985	72.2	13.2	445.3	81.4	—	—	—	—
1990	138.8	14	815.8	82.4	—	—	—	—
1995	353.7	15.1	1877.4	80.3	41	1.8	65.8	2.8
2000	702.3	22.3	2251.3	71.6	45	1.4	147.6	4.7
2005	1174.5	25.4	3164.4	68.5	88.5	1.9	203.8	4.4
2010	1431.1	29.9	2831.8	60.8	202.3	2.5	452.9	6.8

资料来源：根据国家统计局农村社会经济调查司《2011 中国住户调查年鉴》(中国统计出版社 2011 年版)"农村居民总收入"历年统计数据整理。

由此看来，自农村经济体制改革以来，中国农村居民收入构成发生了重大变化，其工资性收入、财产性收入和转移性收入在家庭收入结构中的比重增加，与之相应，家庭经营收入的比重逐渐降低，农业和非农收入的重要性正在发生逆转。这表明，外出务工的工资收益已经成为农户家庭现金收入的重要来源。2011 年，中国农村居民人均纯收入已达到 6977 元。由此看来，农村劳动力人口大量外出务工和农村非农产业的发展，改变了传统农村的种植业收入为家庭主要收入甚至全部收入来源的收入结构，从而使农民与土地的传统依赖关系出现了部分松动，土地不再是农民的唯一"命根子"。无论是地广人稀的农村山区，还是人口稠密的平原地区，都出现了势不可挡的进城务工潮流，务工收入已经成为农户家庭现金收入的最主要来源。收入结构变化必然带来农村社会关系、社会观念的结构性变迁。可以说，实行家庭承包责任制后，家庭成为生产经营的主体，自然也就是生活保障的主体，农村居民不仅直接面临着自然灾害所带来的风险，而且要承担收入结构变化以及生产经营失败所造成的经济风险。农民生产经营遭遇风险带来的生活困难在自身无力解决的情况下只能通过社会保障解决，于是，农村居民社会保障需求增加，而国家对农民社会保障的责任加大。

（2）家庭规模与结构的深刻变化。家庭既是一个经济单位，也是一个基于血缘和姻缘关系的社会共同体。在中国历史上，家庭一直是兼具生育、经济、政治、教育、情感等多重功能的社会基层组织，而且，家庭总是和家族、宗族等组织联系在一起。20 世纪 80 年代以来家庭联产承包责任制的普遍实行使家庭重新成为独立的社会经济组织。在市场经济体制不断健全完善、社会结构调整和分化的社会转型时期，家庭的形式和功能也发生了重要的变化。

自 1978 年以来，我国农村居民家庭人口规模出现了持续下降趋势。1978 年，户均人口为 5.7 人，到 2007 年，这一数字下降到 4.0 人，并在此后多年内一直保持这一数字。传统中国的家庭是一个集多种功能于一体的社会"细胞"，满足了家庭成员多种需要，也是社会人口再生产的基本单位与社会稳定的"安全阀"。家庭规模的缩小必然引起家庭功能的变化。

就目前的社会流动趋势来看，农民流动以青壮年男劳动力进城务工为主，其妻子、子女、父母则大部分仍然留在农村，形成"留守儿童""留守妻子""留守老人"，"农村家庭中最强壮的劳动力被城市工业体系所吸收，但他们代际人口再生产的成本却由农村家庭不成比例地承担了"。[1] 年轻劳动力进城务工经商在经受城市文明的熏陶以后，他们不仅不愿意再回到农村，而且在赡养留在农村的父辈问题的观念上也发生了变化。加之，计划生育政策的实施，更使得农村人口结构的老龄化程度不断加深。这一切使得原来颇为有效的农村家庭保障的功能弱化，特别是使得农村的养老问题更为突出。以前家庭规模较大，家庭保障功能也较强，家庭养老几乎不成问题。现在是因实行计划生育政策所形成的"4-2-1"或"4-2-2"型家庭结构，对于这种家庭结构来说，让其继续承担传统的家庭保障功能和养老责任实在是勉为其难，更何况尚有大量的年轻人已经离开农村进城务工经商

---

① 金一虹：《流动的父权：流动农民家庭的变迁》，《中国社会科学》2010 年第 4 期。

了。当然，农民工与城市的其他劳动者一样也面临着失业、疾病、工伤等风险。[1] 家庭承担着社会稳定的重要作用，是社会的"安全阀"。特别是在社会结构快速转型，各种社会矛盾集中爆发的社会转型加速期，这种安全机制的作用更加突出。

在社会结构的快速转型过程中，土地不再是农户家庭最主要的生产资料，而是演变成为一种兜底的"土地保障"；农业种植业收入不再是农村居民最重要的经济收入来源。与之相应，劳动力外出务工收入和其他非农收入成为农村家庭收入的主要组成部分，并呈不断上升趋势。中国整体的现代化、城市化和市场化进程直接导致了农村生产方式的变革、农户家庭规模的小型化及家庭功能的单一化倾向。正如任何事物都具有两面性，中国农村目前这一社会转型过程也引起了农村的一系列社会问题，农村社会转型和农业劳动力非农转移所可能引发的社会风险对农村社会都形成了新的挑战。

第三节 改革开放后农村现代社会保障制度的建立

由于农业生产方式的变化，农村社会结构快速转型，集体经济迅速衰落，家庭保障趋于弱化，土地保障功能降低，迫切需要国家出面推动农村社会保障制度的改革和体系建设。所以，这一时期农村居民(结构体系)的社会保障需求不断增加，政府(层次体系)作为主要供给方，通过改革来不断完善农村社会保障制度建设(内容体系)。

1986年，民政部在江苏沙洲县召开了"全国农村基层社会保障工作座谈会"，探讨了在中国农村建立社会保障制度的必要性和可行性，初步形成了一些的构想，确定了今后一段时间中国农村社会保障工作的重点。同

---

[1] 宋士云：《中国农村社会保障制度结构与变迁(1949—2002)》，人民出版社2006年版，第154页。

年年底，民政部在实践和初步探索的基础上，形成了《关于探索建立农村基层社会保障制度的报告》并经国务院批准同意。报告提出，"建立农村社会保障制度，必须与经济发展水平相适应，要从中国国情出发，以国家、集体、个人承受能力为限度。当前，要以社区为单位，以自我保障为主，充分重视家庭的保障作用"。同时注意建立社会保障的范围要随着经济的发展，逐步扩展完善，从"社区型"的以乡为单位的社会保障网络逐渐形成全县、全省以至全国的保障体系。在贫困地区主要做好救济和优抚工作，解决好群众的温饱问题；在经济中等水平地区，在救济优抚的基础上，兴办福利事业，开展群众性的互助储金活动；在经济发达地区，在上述基础上，要积极引导群众开展社会保险事业。

一、农村社会保障制度内容体系的建立

从农村社会保障制度对社会问题的覆盖程度来看，经过改革开放后三十多年的发展，中国针对主要社会问题的社会保障制度已经基本建立，农村社会保障制度的水平有了明显的提高，主要表现在以下方面。

（一）农村社会保险制度的发展

在农村社会保险方面，新型农村社会养老保险制度和新型农村医疗保险制度的建立具有里程碑式的意义，农业保险制度的发展也进入了制度创新阶段。

1. 农村养老保险制度的发展

随着农村集体保障制度和家庭保障功能的日趋减弱以及老龄化程度的不断加深，农村的养老问题日益突出，客观上形成对社会养老的制度需求。为顺应农村的实际需要，中国从 20 世纪 80 年代开始探索建立农村养老保险制度。1989 年，民政部成立了中国农村社会养老保险研究课题组，对农村社会养老保险的理论进行研究和实践探索。课题组在两年多的工作中，进行了大量的社会调查和数据收集，并选择北京市大兴县和山西省左云县作为县级农村社会养老保险的实践和发展做了十分有益的尝试。大兴

与左云县的设计方案，同"农村基层社会保障探索"时期相比，其指导思想与基本原则已有了本质的不同，这就是强调了国家、集体、个人共同承担社会保险的责任。时至今日，这种思想作为社会保险改革的基本思想，才被大家普遍认识。在养老保险的方法设计方面，大兴与左云的方案同现行的农村社会养老保险方案相比，已勾勒出了雏形，而且后者对前者也有许多方面的承继。因此，从这点来说，这次研究活动对后来农村社会养老保险的发展具有十分重要的意义。

1991年，原民政部农村养老办公室制定了《县级农村社会养老保险基本方案》，确定了以县为基本单位开展农村社会养老保险的基本原则，强调坚持以农民的自我保障为主、社会救济为辅，实行社会养老保险与家庭养老保障相结合的方针，决定1992年1月1日起在全国公布实施。1992年7月，民政部在武汉召开了"全国农村社会养老保险工作经验交流会"，重点推广武汉市建立农村社会养老保险制度的经验，提出了"学武汉、赶山东，养老保险更上新台阶"的奋斗目标。会后，全国各地出现了你追我赶的大好形势，整个农村社会养老保险又有了更大的进步。江苏依据本省经济比较发达、老龄化来势迅猛的实际，决定在全省全面推行农村社会养老保险制度，取得了在一个省的范围内养老保险工作全面铺开的巨大成效，当时全省参加养老保险的农民1000多万人，积累保险费3.5亿多元。试点先行一步的山东省加大力度，在试点成功的基础上，向面上发展。武汉、烟台等地在巩固前段成果的基础上，重点抓资金保值和地方立法工作，在建立制度上狠下工夫。福建、河北、河南、黑龙江、四川、陕西、浙江、湖南、湖北、海南、广西、贵州、青海、内蒙古、上海、北京、安徽等许多省、自治区、直辖市也分别采取了相应的措施，进一步推进农村社会养老保险事业的发展。

1992年9月15日民政部下发《民政部关于进一步加快农村社会养老保险事业的通知》，要求各地民政部门搞好农村社会养老保险业的发展规划，使农村社会养老保险工作再上一个新台阶。提出重点要搞好启动运转工作，以县为单位，提高投保乡镇、村的覆盖面，提高农民的投保率。当年的目标是："东部富裕地区和大中城市的试点县区要全面启动；中部地区大部分县启动；西部地区凡具有条件的试点县(县、市)都要启动。少数不具备启动条件的试点县(市、区)也要做好各项基础工作，为明年的启动做好准备"。1992年12月，民政部在江苏省张家港市召开了"全国农村社会养老保险工作会议"，重点推广江苏省在全省全面推进农村社会养老保险的经验。这次会议标志着试点工作告一段落，转入在全国范围内全面推广农村社会养老保险工作阶段。1993年国务院批准建立农村社会养老保险机构，各种规章制度与操作方案陆续出台，农村社会养老保险工作在全国全面推广，表明我国农村养老保险工作进入积极引导、全面发展阶段，也是农村养老保障开始向社会化方向迈进的标志。①

1999年，政府开始对农村养老保险制度进行整顿。1978—2002年，集体经济的衰退、政府财政责任的缺位使得农村社会保险制度缓慢发展，农村社会保险制度对老年疾病问题的覆盖极为有限。从2002年开始，我国进入探索建立新型农村社会养老保险制度的崭新阶段。十六大以来，全国各地逐步开展了新型农村社会养老保险制度的探索和试点工作，并且取得了初步成效。在地方新农保试点实践的基础上，中央通过政策法规适时推进这项工作，最终出台了全国统一的新型农村社会养老保险制度。

2006年，党的十六届六中全会审议通过了《中共中央关于构建社会主义和谐社会若干重大问题的决定》，该决定指出："有条件的地方探索建立多种形式的农村养老保险制度"，明确了到2020年要基本建立覆盖城乡居民的社会保障体系。2007年党的十七大报告明确指出："到2020年，覆盖城乡居民的社会保障体系基本建立，人人享有基本生活保障"，进一步提出"探索建立农村养老保险制度"。同时，全国首批新农保试点工作顺利开展。2007年7月，陕西省宝鸡市作为第一个全国新型农村社会养老保险试点城市，开始实施新农保制度。2007年10月，浙江宁波也开始启动新农

① 王国军：《社会保障：从二元到三维》，对外经济贸易大学出版社2005年版，第120页。

保制度的建设工作。

2008 年 10 月，党的十七届三中全会再次提出"贯彻广覆盖、保基本、多层次、可持续原则，加快健全农村社会保障体系。按照个人缴费、集体补助、政府补贴相结合的要求，建立新型农村社会养老保险制度。创造条件探索城乡养老保险制度有效衔接办法。做好被征地农民社会保障，发展农村老龄服务等"。截至 2008 年年底，全国已有约 2000 个县(市、区、旗)开展农村社会养老保险工作，全国参加农村养老保险的人数为 5595 万人，比 2007 年增加 424 万人。2008 年共有 512 万农民领取了养老金，比 2007 年增加了 120 万人。全年共支付养老金 56.8 亿元，比上年度增加 42%。年末农村社会养老保险基金累计结存 499 亿元。共有 27 个省份的 1201 个县市开展了被征地农民社会保障工作，1324 万被征地农民被纳入基本生活或养老保险制度。其中，有 200 多个县(市、区、旗)建立了有政府补贴的新型农村社会养老保险制度。①

2009 年，中央"一号文件"《关于 2009 年促进农业稳定发展农民持续增收的若干意见》指出："抓紧制定指导性意见，建立个人缴费、集体补助、政府补贴的新型农村社会养老保险制度。"9 月 1 日，国务院出台了《关于开展新型农村社会养老保险试点的指导意见》，决定从 2009 年起开展新型农村社会养老保险试点工作，试点地区为全国 10%的县(市、区、旗)，以后逐步扩大试点范围，到 2020 年之前基本实现对农村适龄居民的全覆盖。该指导意见的出台标志着新型农村社会养老保险制度开始建立，确定了新型农村社会养老保险制度实行社会统筹和个人账户相结合的筹资模式，基金来源于个人缴费、集体补助和政府补贴，其中，个人缴费、集体补助和地方政府补贴全部计入个人账户。农民 60 岁时可领取基础养老金和个人账户养老金，基础养老金由政府以每人每月 55 元发放，个人账户养老金的月计发发放标准为个人账户全部储存额除以 139。

2010 年，中央"一号文件"再次强调"提高农村社会保障水平，继续抓

---

① 《2008 年度人力资源和社会保障事业发展统计公报》2009 年 5 月 19 日。

好新型农村社会养老保险试点，有条件的地方可加快试点步伐。积极引导试点地区适龄农村居民参保，确保符合规定条件的老年居民按时足额领取养老金。抓紧落实包括农民工在内的城镇企业职工基本养老保险关系转移接续办法，探索应对农村人口老龄化的有效办法"①。西藏和甘肃、青海、云南、四川等4藏区、新疆的南疆3地州及边境县、贫困县及其他省份的边境县、民族自治地方的贫困县和牧区县等较为贫困地区开始推行新农保试点工作，并已初具成效。这不仅证明了新农保制度的科学性和生命力，而且显示了该制度在促进家庭和睦、维护社会稳定、确保国家安全等方面的重要作用。②

2014年，按照党的十八大精神和十八届三中全会关于整合城乡居民基本养老保险制度的要求，依据《中华人民共和国社会保险法》有关规定，在总结新型农村社会养老保险（以下简称新农保）和城镇居民社会养老保险（以下简称城居保）试点经验的基础上，国务院决定，将新农保和城居保两项制度合并实施，在全国范围内建立统一的城乡居民基本养老保险（以下简称城乡居民养老保险）制度。城乡居民养老保险基金由个人缴费、集体补助、政府补贴构成。首先，个人缴费。参加城乡居民养老保险的人员应当按规定缴纳养老保险费。缴费标准目前设为每年100元、200元、300元、400元、500元、600元、700元、800元、900元、1000元、1500元、2000元12个档次，省（区、市）人民政府可以根据实际情况增设缴费档次，最高缴费档次标准原则上不超过当地灵活就业人员参加职工基本养老保险的年缴费额，并报人力资源社会保障部备案。人力资源社会保障部会同财政部依据城乡居民收入增长等情况适时调整缴费档次标准。参保人自主选择档次缴费，多缴多得。其次，集体补助。有条件的村集体经济组织应当对参保人缴费给予补助，补助标准由村民委员会召开村民会议民主确定，

①　《中共中央国务院关于加大统筹城乡发展力度进一步夯实农业农村发展基础的若干意见》，《人民日报》2010年2月1日。

②　卢海元：《我国新型农村社会养老保险制度试点问题研究》，《毛泽东邓小平理论研究》2010年第6期。

鼓励有条件的社区将集体补助纳入社区公益事业资金筹集范围。鼓励其他社会经济组织、公益慈善组织、个人为参保人缴费提供资助。补助、资助金额不超过当地设定的最高缴费档次标准。再次，政府补贴。政府对符合领取城乡居民养老保险待遇条件的参保人全额支付基础养老金，其中，中央财政对中西部地区按中央确定的基础养老金标准给予全额补助，对东部地区给予50%的补助。参加城乡居民养老保险的个人，年满60周岁、累计缴费满15年，且未享受国家规定的基本养老保障待遇的，可以按月领取城乡居民养老保险。2020年，我国已基本建成公平、统一、规范的城乡居民养老保险制度，与社会救助、社会福利等其他社会保障政策相配套，充分发挥家庭养老等传统保障方式的积极作用，更好地保障了参保城乡居民的老年基本生活。

2. 新型农村合作医疗制度的建立

20世纪80年代以来，随着家庭联产承包责任制的普遍推行，我国农村的合作医疗出现了解体和停办的趋势。自费医疗制度再次成为农村占主导地位的医疗制度，农村居民合作医疗制度经历了从"合作医疗"向"新型合作医疗"的转变。

1979年的《农村合作医疗章程（试行草案）》的出台意味着恢复了合作医疗制度。然而，集体经济的解体使得农村合作医疗制度逐步衰退。在这个背景下，政府颁布了一系列的法律法规推进合作医疗制度的发展。1991年1月，国务院批转了卫生部、农业部、人事部、国家教委、国家计委《关于改革和加强农村医疗卫生工作的请示》，指出要"稳定推行合作医疗保健制度，为实现'人人享有卫生保健'提供社会保障"。1993年11月，党的十四届三中全会在《关于建立社会主义市场经济体制若干问题的决定》中明确提出：要"发展和完善农村合作医疗制度"。1994年，国务院政策研究室、卫生部、农业部与世界卫生组织合作，在全国7个省14个县（市）开展"中国农村合作医疗制度改革"试点及跟踪研究工作，重点抓了开封、林州市的合作医疗，旨在为合作医疗立法提供理论依据。

1997年1月，中共中央、国务院颁发《关于卫生改革与发展的决定》，明确提出"积极稳妥地发展和完善合作医疗制度"的任务，强调"举办合作医疗，要在政府的组织领导下，坚持民办公助和自愿参加的原则。筹资以个人投入为主，集体扶持，政府适当支持"，"要因地制宜地确定合作方式、筹资标准、报销比例，逐步提高保障水平"，"要加强合作医疗的科学管理和民主监督，使农民真正受益。力争到 2000 年在农村多数地区建立起各种形式的合作医疗制度，并逐步提高社会化程度，有条件的地方可以逐步向社会医疗保险过渡"。为贯彻上述决定，卫生部等部门于 1997 年 3 月份向国务院提交了《关于发展和完善农村合作医疗若干意见》，并得到国务院批复。2001 年的《关于农村卫生改革与发展指导意见的通知》，提出了要积极推进农村医疗保险制度的发展。

2002 年以来农村合作医疗制度的建设步伐加快。2002 年的《中共中央国务院关于进一步加强农村卫生工作的决定》，指出各级政府要积极组织引导农民建立以大病统筹为主的新型农村合作医疗制度，重点解决农民因患传染病等大病而出现的因病致贫、返贫问题。2003 年的《关于建立新型农村合作医疗制度的意见》，提出从 2003 年起，各省、自治区、直辖市至少选择 2~3 个县(市)先行试点，新型农村合作医疗制度的资金来源于中央财政和地方补贴，其中中央财政每年对中西部地区除市区外参加新农合的农民每年按人均 10 元进行补助，地方财政提供不低于 10 元的补助，农民个人每年缴费 10 元，新农合基金主要补助参加新型农村合作医疗的农民大额医疗费用或住院医疗费用。其后，政府不断增加新农合的投入并提高报销标准。2012 年的《关于印发"十二五"期间深化医药卫生体制改革规划暨实施方案的通知》，指出到 2015 年新农合政策范围内住院费用支付比例均达到 75% 左右，新农合门诊统筹覆盖所有统筹地区，支付比例提高到 50% 以上。2016 年 1 月 3 日，国务院印发《国务院关于整合城乡居民基本医疗保险制度的意见》，提出整合城镇居民基本医疗保险和新型农村合作医疗两项制度，建立统一的城乡居民基本医疗保险制度，明确提出了"六统一"的要求，即统一覆盖范围、统一筹资政策、统一保障待遇、统一医保目录、统一定点管理、统一基金管理，使保障更加公平。这是推进医药卫生体制改革、实现城乡居民公平享有基本医疗保险权益、促进社会公平正义、增进人民福祉的重大举措。

3. 农业保险制度的发展

1982 年 2 月,国务院批转中国人民银行《关于国内保险业务恢复情况和今后发展意见的报告》中指出:"为了适应农村经济发展的新形势,保险工作如何为八亿农民服务,是必须予以重视的一个课题。要在调查研究的基础上,按照落实农村经济政策的需要,从各地的实际情况出发,积极创造条件,抓紧做好准备,逐步试办农村财产保险、畜牧保险等业务。"根据国务院的要求,中国人民保险公司在当年就恢复了农业保险业务。

1982 年,中国人寿保险首先从畜禽保险开始积极进行试办。从 1982 年起到 1983 年 11 月,全国先后有 25 个省、自治区、直辖市建立试点站或试点县、试点地区,农险险种不断增加,服务领域扩大。保险费收入在前几年也快速增长。1986 年,农业保险试点已经有 102 个县,试点县成立了救灾保险互济会,国家从救灾款中拨给每个县 50 万元~100 万元启动资金,这为推动农业保险事业的发展起到了积极有效的作用,并取得了一些有益的经验。在这个阶段,中国人民保险公司承担了政策性保险公司的职能,业务达到顶峰,农业保险机构和技术人员队伍不断壮大,而农业保险制度也不断完善。这一时期的农业保险经营不以盈利为目的,取得了显著的社会效益,为保障农村经济发展和安定广大农民的生活作出了积极贡献。①

从 1993 年到 2003 年,农业保险进入萎缩阶段。从 1993 年开始,保险公司进行与市场经济适应的产权制度改革,经营农业保险制度也逐步过渡到以盈利为目标,但是由于解决当时的主要矛盾的需要,人们有意无意地忽视了市场失灵问题,这对农业保险的影响是巨大的。由于农业保险的经验风险大、成本高、缺少国家财政扶持等原因,保险公司在经营农业保险时呈现持续亏损的状况。1993—2003 年,农业保险险种由 1992 年时的近

① 黄英君:《中国农业保险发展的历史演进:政府职责与制度变迁的视角》,《经济社会体制比较》2011 年第 6 期。

百个下降到不足 30 个；到 2003 年，全国农险保费收入仅为 4.46 亿元，占农业生产总值的 0.04%，占全国财险保费收入的 0.53%，占总保费收入的 0.11%，农业保险深度仅为 0.03%，农业保险的密度只有 0.60 元，农业保险呈现持续萎靡的状态，如表 4-2 所示。

表 4-2　1992—2003 年农业保险保费收入与总保费、农业增加值对照表

单位：亿元

年份	总保费收入	农业增加值	农业保费收入		
			金额	占总保费%	保险深度%
1992	378.0	5808	8.17	2.16	0.14
1993	525.0	6650	5.61	1.07	0.08
1994	630.0	8231	5.04	0.80	0.06
1995	683.0	11365	4.96	0.73	0.04
1996	776.0	13550	5.74	0.74	0.04
1997	1080.0	13674	5.76	0.53	0.04
1998	1261.6	14292	7.15	0.57	0.05
1999	1444.5	14212	6.32	0.44	0.04
2000	1599.7	—	5.55	0.35	—
2001	2112.3	14610	3.33	0.16	0.02
2002	3054.2	14883	4.76	0.16	0.03
2003	3880.4	17247	4.46	0.11	0.03

资料来源：李茂生、李光荣主编：《中国"三农"保险发展战略：努力构建三支柱"三农"保险体系》，中国社会科学出版社 2010 年版，第 37 页。

农业保险的持续萎靡引起了党和政府的关注，决定从抓政策性农业保险入手改变落后局面。十六届三中全会《中国中央关于完善社会主义市场经济体制若干问题的决定》、2004—2009 年连续六年的中央"一号文件"、国家"十一五规划"、2006 年国发 33 号文件都对农业保险发展提出了明确要求。各地区和有关部门认真落实中央文件精神，积极推进农业保险的发

展。国家先后允许在上海、吉林、黑龙江和安徽等省市分别设立安信农业保险公司、安华农业保险公司、阳光农业相互保险公司和国元农业保险公司等四家专业性农业保险公司；允许法国安盟集团在成都设立分公司经营农业保险。在江苏、四川、辽宁和新疆等地依靠地方政府支持，开展了保险公司为政府代办和保险公司自营等形式的农业保险试点工作。中国渔业互保协会也在积极开展渔业保险经营的探索。2004 年农业保险保费收入出现大幅上升，其中农业保险保费收入累计 3.77 亿元，农业保险保费收入占产险业务保费收入的 0.35%。其中中国人民保险股份公司农业保险保费收入为 1.5 亿元；中华联合保费公司农业保险保费收入为 2.19 亿元；安信农业保险公司农业保险保费收入为 0.08 亿元。① 2005 年农业保险保费收入累计 7.30 亿元，同比增长 84.54%。农业保险保费收入占产险保费收入的 0.57%，比 2004 年增加 0.22 个百分点，对产险保费增长的贡献率为 2.10%。②

　　2006 年，中国人寿保险公司专门成立了县域保险部，提出了"巩固城市，抢占两乡"的战略。平安人寿 2007 年制定了"二元市场"战略。截至 2006 年年底，仅中国人寿、太保人寿和平安人寿三家公司的县域机构就多达 4380 个，建立了覆盖全国的农业保险服务网络体系。中央财政自 2007 年开始实施农业保险费补贴政策，此后，全国农业保险得到飞速发展。2008 年农业保险业务得到了快速发展，当年农业保险实现签单保费 110.7 亿元，同比增长 112.5。其中，种植业保险保费收入 73.7 亿元，养殖业保险保费收入 37 亿元。农业保险承保了各类农作物 5.32 亿亩，参保农户达 9000 万户次，为农户提供了 2397.4 亿元风险保障，97% 以上的农业保险业务得到了各级政府保费补贴。在大力推进农业保险发展的同时，我国保险业积极开展农户家庭财产、农民信用保障、农机、农房保险等涉农保险业务。2008 年涉农保险保费收入 24.4 亿元，提供风险保障 1.3 万亿元，

---

① 《中国保险年鉴 2005 年》，内部印刷，第 44 页。
② 《中国保险年鉴 2006 年》，内部印刷，第 31 页。

支付赔款 19.2 亿元。① 2009 年，农业保险继续保持高速增长，覆盖面稳步扩大，保障程度不断提高。

2007 年到 2012 年 6 年里平均增长速度达到 95%。我国农业保险保费规模从 2008 年起一直稳居全球第二。2007—2012 年，中央财政累计拨付农业保险保费补贴资金 361 亿元，全国农业保险累计保费收入近 850 亿元，为 7.65 亿户次农户提供风险保障 2.68 万亿元，有数千万户的受灾农户获得农业保险的损失补偿。2013 年的保险费收入达到 306.6 亿元，比 2012 年增长 27.4%，承保的农作物面积也超过 10 亿亩，约为播种面积的 42%。向 3177 万受灾农户支付赔款 208.6 亿元，同比增长 41%。有的省，例如黑龙江，赔付率超过 100%，支付赔款 27 亿元。索赔数额最多的农户获得赔款 352 万元。尽管目前农业保险的损失补偿水平还不高，但是农业保险的分散风险和补偿损失的功能得到充分发挥，成为财政通过金融保险市场机制支农的重要抓手，对稳定我国农业发展和安定农民生活所起到的积极作用是显著的。②

此后，随着政府对"三农"问题的重视，尤其是 2004—2010 年，连续七年中央"一号文件"均为涉农文件，以及相关职能部门的推动，我国农业保险的试点全方位推进，使得农业保险取得了长足发展。2013 年，中国农业保险保费收入世界排名第二，实现主要农作物承保面积 11.06 亿亩、保险金额 1.39 万亿元、参保农户 2.14 亿户次、赔付金额 208.6 亿元、赔付农户 3367 万人次。此外，从 2013 年 3 月起，《农业保险条例》开始实施，我国农业保险进入了规范发展的新阶段。实践证明，在我国现代农业加快发展的条件下，政策性农业保险制度是我国管理农业风险的有效手段。加快政策性农业保险制度建设，促进农业保险更加广泛发展是众望所归。中共中央十八届三中全会的决定中，提出要"完善农业保险制度"。2014 年中

---

① 中国保监会网站，http://www.circ.gov.cn/。
② 庹国柱、朱俊生：《完善我国农业保险制度需要解决的几个重要问题》，《保险研究》2014 年第 2 期。

共中央国务院"一号文件",再次对完善农业保险制度和加快农业保险发展提出了一系列的重要指导意见。① 总体而言,自 2004 年以来,在政府的推动下,我国农业保险发展进入了新时期的制度创新阶段。

(二)农村社会救助制度的发展

1. 医疗救助制度的发展

在医疗救助制度的发展方面:2002 年,《中共中央关于进一步加强农村卫生工作的决定》颁布,提出对农村五保户和贫困农民家庭实行医疗救助,医疗救助的形式为对救助对象患大病给予一定的医疗费用补助或者资助其参加当地合作医疗。2003 年的《关于实施农村医疗救助的意见》,确定农村建立医疗救助制度,其覆盖范围为农村五保户、农村贫困户家庭成员以及政府规定的其他符合条件的贫困农民。2005 年的《关于加快推进农村医疗救助工作的通知》,提出农村医疗救助的目标是 2005 年在全国建立起完善的农村医疗救助制度。2009 年,民政部颁布《关于进一步完善城乡医疗救助制度的意见》,指出将其他经济困难家庭人员纳入医疗救助范围,其他经济困难家庭人员主要包括低收入家庭重病患者以及当地政府规定的其他特殊困难人员。到 2010 年年底,农村医疗救助直接救助农民 1019.2 万人次,人均救助水平 657.1 元;民政部分资助参加合作医疗 4615.4 万人次,人均资助参合水平 30.3 元;全年累计支出农村医疗救助资金 83.5 亿元。② 2012 年的《关于开展重特大疾病医疗救助试点工作的意见》,指出特大疾病医疗救助的覆盖人群为患重特大疾病的低保家庭成员、五保户、低收入老年人、重大残疾人以及其他因患重特大疾病难以自付医疗费用且家庭贫困人员。截至 2017 年年底,全国共实施医疗救助 9138.1 万次,共计支出医疗救助资金 340.1 亿元,城乡救助总人次和救助总金额稳中有升。

---

① 庹国柱、朱俊生:《完善我国农业保险制度需要解决的几个重要问题》,《保险研究》2014 年第 2 期。

② 民政部:《2010 年社会服务发展统计公报》。

2. 五保供养制度的进一步发展

实行家庭联产承包制以后，农村集体经济被削弱甚至瓦解也给农村五保供养工作带来了新问题，有些地方没有及时适应农村生产管理和分配形式的变化而采取措施，使五保对象的生活得不到应有的保障，生活水平大幅度降低。为了使五保户的生活得到可靠的保障，国家进行了一系列的改革措施，在新的形势与经济条件下，五保对象的条件、五保的内容和标准、资金来源、供养形式等都发生了变化。

体制改革以前，有关政策对五保对象没有严格的规定，只是笼统地指缺乏劳动力、生活没有依靠的老弱孤寡和残疾社员。针对农村社会经济体制的变化与五保供养中存在的问题，1979 年 9 月，十一届四中全会通过的《中共中央关于加快农业发展若干问题的决定》指出："随着集体经济的发展，要逐步办好集体福利事业，使老弱、孤寡、残疾社员、残废军人和烈军属的生活得到更好的保障。"[1]1980 年 9 月中共中央印发的《关于进一步加强和完善农业生产责任制的几个问题的通知》指出："在包产到户的社队，对军烈属、五保户和其他困难户，要有妥善的照顾办法。"[2]直到 1982 年，民政部在《关于开展农村五保户普查工作的通知》中才将五保对象明确为"农村基本上没有劳动能力、无依无靠、无生活来源的老人、残疾人和孤儿"。1982 年 1 月中共中央批转的《全国农村工作会议纪要》指出：要有一定的公共提留，统一安排烈军属、五保户、困难户的生活，要求各地做好五保工作，切实保障五保对象的生活。[3] 1994 年《农村五保供养工作条例》更加准确、科学地确定了五保对象，《农村五保供养工作条例》第六条规定：五保供养的对象是指村民中符合下列条件的老年人、残疾人和未成

---

[1] 《新时期农业和农村工作重要文献选编》，中央文献出版社 1992 年版，第 33 页。

[2] 《新时期农业和农村工作重要文献选编》，中央文献出版社 1992 年版，第 61 页。

[3] 《新时期农业和农村工作重要文献选编》，中央文献出版社 1992 年版，第 117 页。

年人：无法定扶养义务人，或者虽有法定扶养义务人，但是扶养义务人无扶养能力的；无劳动能力的；无生活来源的。也就是说，只有同时具备上述三个条件的老年人、残疾人和未成年人才有资格成为五保对象，三个条件缺一不可。

体制改革以前，五保供养工作主要是依靠村集体经济的力量保障五保对象的生活，五保的内容是保吃、保穿、保烧、保葬和保教，集体的分配水平决定了五保对象的生活水平。体制改革以后，原来保障的内容已不适应形势的发展，为了更好地保障五保对象的生活，完善五保供养制度，根据情况的变化，五保供养的内容逐步演变为保吃、保穿、保住、保医、保葬(未成年人保教)这五个方面。

体制改革以前，五保供养款物的提取，主要从公社、大队、生产队公益金中支出，来源于集体分配。体制改革以后，五保供养费用的筹集方式开始多样化，主要有村提留、乡镇统筹、亲属供养、代耕代养等多种供给形式。为了使五保户的生活得到可靠的资金保障，1985 年 10 月，中共中央、国务院《关于制止向农民乱派款、乱收费的通知》中明确规定："乡和村……供养五保户等事业的费用，原则上应当以税收或其他法定的收费办法来解决。在这一制度建立之前……实行收取公共事业统筹费的办法"。[1] 1991 年 12 月，国务院颁布的《农民承担费用和劳务管理条例》又规定："村提留包括公积金、公益金和管理费"，其中"公益金，用于五保户供养、特别困难户补助、合作医疗保健以及其他集体福利事业"，"乡统筹费可以用于五保户供养。五保户供养从乡统筹费中列支的，不得在村提留中重复列支"。[2] 其中，乡镇统筹五保费用是五保供养中较好的一种形式，费用比较有保证。因此，从 1985 年起，这种形式在全国得到了推广。同时，乡镇企业的发展也为五保供养费用的筹集注入了新的血液。

农村五保供养制度进入规范发展时期。1994 年 1 月，国务院颁布了

---

① 《新时期农业和农村工作重要文献选编》，中央文献出版社 1992 年版，第 355 页。

② 《人民日报》1991 年 12 月 13 日。

《农村五保供养工作条例》，该条例是我国第一部关于五保供养工作的专门法规，规定："五保供养所需经费和食物，应当从村提留或者乡统筹费中列支，不得重复列支；有集体经营项目的地方，可以从集体经营的收入、集体企业上交的利润中列支。"①

关于五保供养的形式，从生活方式上可分为集中供养和分散供养两种。《农村五保供养工作条例》规定："对五保对象可以根据当地的经济条件，实行集中供养或者分散供养。"集中供养就是办敬老院供养，且以乡镇办的敬老院为主体。实行分散供养的，由乡镇政府或者集体经济组织、受委托的抚养人和五保对象三方签订五保协议书，建立承包供养关系或相关服务关系。民政部于1997年3月颁布了《农村敬老院管理暂行办法》，规范了农村敬老院的建设、管理和供养服务，为做好农村敬老院的管理和促进其发展提供了政策依据。这一时期将五保对象纳入"乡统筹、村提留"的融资体系，对没有劳动能力的供养对象通过乡镇统筹的资金补助他们的生活，从而使这一具有中国特色的农村福利制度得以延续。②

1998年，中国开始在部分地区开展税费改革，并在2002年全部推开。2002年，国务院发布《关于进行农村税费改革试点工作的通知》，指出五保供养经费由原来的村提留或乡统筹改为从农业税附加中支出。2004年国家民政部、财政部和国家发展与改革委员会联合下发的《关于进一步做好农村五保供养工作的通知》规定："实行农村税费改革后，农村五保供养资金发生了变化，除保留原由集体经营收入开支的以外，从农业税附加收入中列支；村级开支确有困难的，乡镇财政给予适当补助。免征、减征农业税及其附加后，原从农业税附加中列支的五保供养资金，列入县乡财政预算。地方在安排使用农村税费改革转移支付资金时，应当确保五保供养资

---

① 王传富：《中国农村五保供养的历史变迁、现状及改善对策》，《郑州航空工业管理学院学报》2011年第3期。

② 宋士云：《1956—1983年集体经济时代农村五保供养制度初探》，《贵州社会科学》2007年第9期。

金的落实，不得截留、挪用。"①

在深化税费改革、取消农业税及附加后，为了适应税费改革后我国农村经济社会发展的新形势，国务院于 2006 年 1 月 21 日颁布了新的《农村五保供养工作条例》，该条例明确规定了五保供养经费的筹资渠道，即"农村五保供养资金，在地方人民政府财政预算中安排。有农村集体经营等收入的地方，可以从农村集体经营等收入中安排资金，用于补助和改善农村五保供养对象的生活。农村五保供养对象将承包土地交由他人代耕的，其收益归该农村五保供养对象所有"。至此，农村五保供养实现了从农民互助共济的集体福利事业向国家财政保障的现代社会保障事业的历史性变化。②
2010 年的《农村五保供养服务机构管理办法》和 2012 年的《农村五保供养服务机构等级评定暂行办法》，明确了五保供养机构的建设、服务对象、供养内容、管理、经费保障以及等级评定等内容。2013 年，民政部和国家档案局发布《农村五保供养档案管理办法》，确保了五保供养档案的范围和管理。

3. 农村最低生活保障制度的探索

农村最低生活保障制度是农村社会救助制度的核心内容，建立农村最低生活保障制度不仅可以保障农村贫困人口的基本生存权利，而且可以促进农村经济发展，实现农村社会稳定，同时也是衡量一个国家社会保障制度是否公平的最基本的标志。

农村最低生活保障制度开始探索。1994 年，第十次全国民政会议召开，提出到 20 世纪末要在农村初步建立与经济发展水平相适应的层次不同、标准有别的社会保障制度。山西、山东、浙江、河北、湖南、河南、广东等省被列入了开展农村社会保障体系建设首批试点省份，规定县、乡、村根据各自经济发展的不同状况确定基本保障线，对生活在基本保障线以下的贫困户，以家庭为单位建档，逐年核定，实行救济，使其生活水

① 《中国民政统计年鉴(2004)》，中国统计出版社 2004 年版，第 268 页。
② 《人民日报》2006 年 1 月 27 日。

平得到基本保障。1995 年 12 月 11 日，广西壮族自治区武鸣县颁布了《武鸣县农村最低生活保障线救济暂行办法》，并于 1996 年 1 月 1 日起正式实施，这是我国第一个县级农村最低生活保障制度实施办法。该办法规定：凡该县农村户口的孤老、孤残、孤幼或因病、因灾等特殊情况造成家庭经济收入达不到最低生活保障线标准的村民即列为保障对象，补助标准是每人每月 40 元。每年县、乡镇两级财政列支救济经费 120 万元，其中，县财政负担 65%，乡财政负担 35%，这个暂行办法已经显现了我国农村最低生活保障制度的雏形。

1996 年 1 月，民政部召开全国民政厅局长会议，明确提出要改革农村社会救济制度、在全国范围内积极探索建立农村最低生活保障制度的任务。同年年底，为了加强对农村最低生活保障制度的指导作用，民政部在总结最低生活保障试点地区经验的基础上，印发了《关于加快农村社会保障体系建设的意见》(民办发 71996828 号)，并制定了《农村社会保障制度建设指导方案》，意见指出："凡开展农村社会保障体系建设的地方，都应该把建立农村最低生活保障制度作为重点，即使标准低一点，也要把这项制度建立起来。"同时该方案也就农村最低生活保障制度建设提出了原则性的意见，农村最低生活保障的保障标准要根据当地农村居民最基本的生活需求、经济发展水平和财政承受能力来确定和调整；保障资金应由地方各级财政和村集体分担，分担比例根据各地实际情况确定；各地要根据实际情况，对保障对象在生产、生活、医疗、教育等方面给予适当的优惠政策。该意见和方案的发布推动了农村最低生活保障制度的试点工作，选定了山东烟台、河北平泉、四川彭州和甘肃永昌四个经济发展水平不同的地区进行试点。

东部发达地区的农村救助的主要形式已经转向了农村最低生活保障这种形式。其中北京、天津、上海、浙江、广东等经济发达城市已经基本全面建立了农村最低生活保障制度，而其他一些省份在部分地区实行了农村最低生活保障制度，但是还没有在全省范围内推开。

农村最低生活保障制度得以建立。2005 年 11 月，民政部要求在有条件的地区，建立农村居民最低生活保障制度，将家庭人均收入低于当地最低生活保障标准的农村居民全部纳入救助范围。① 2007 年 1 月，农业部出台了一系列具体措施贯彻落实当年的中央一号文件，其中包括推动在全国范围内建立农村最低生活保障制度。中央农村工作会议也首次明确提出积极探索建立覆盖城乡居民的社会保障体系，在全国范围建立农村最低生活保障制度，以消除城乡差别。2007 年 6 月 26 日，国务院召开全国建立农村最低生活保障制度工作会议，研究部署农村最低生活保障工作。2008 年 7 月 9 日，为配合全国基层最低生活保障规范化建设活动的开展，进一步规范城乡居民最低生活保障工作，民政部制定了《全国基层最低生活保障规范化建设暂行评估标准》，从制度设计、具体的操作、监督机制等方面进一步规范了我国农村最低生活保障工作。2008 年 10 月 19 日，中国共产党十七届三中全会在北京召开，提出要进一步完善我国农村最低生活保障制度，加大中央和省级财政补贴力度，做到应保尽保，不断提高保障标准和补助水平，同时强调实现农村最低生活保障制度和扶贫开发政策的有效衔接。全国农村最低生活保障对象规模在 2013 年达到峰值 5388万人后，持续下降到 2017 年的 4045.2 万人，说明随着最低生活保障制度法制化、规范化程度提高，家庭财产认定标准的引入和城乡经济状况核对机制的建立，有力提升了最低生活保障对象瞄准的精确性，同时在农村贫困地区开展"精准扶贫"促进了部分农村地区最低生活保障家庭摆脱贫困状态。

通过对以往农村最低生活保障制度变迁的梳理，可以得出从 1992 年最初的试点工作至今，我国农村最低生活保障制度变化有以下两方面：第一，制度建设层面的从无到有。随着多年农村最低生活保障制度试点工作的开展，我们不仅建立了农村最低生活保障制度，而且在制度运行和管理方面也逐渐积累了丰富的经验。第二，制度的深层次完善。该制度的逐步建立并不断完善，为我国农村社会经济的发展提供了稳定的外部环境。

---

① 数据来源：http://www.mca.gov.cn/mztj/gongbao06.htm。

（三）农村社会福利制度的发展

在社会福利制度方面，1978 年以来，老年津贴制度的出现、教育福利的发展成为农村社会福利制度内容体系发展的重要表现。农村社会保障制度的发展为我国农村社会经济的发展提供了稳定的外部环境。

1. 老年津贴制度的探索

随着人口老龄化和高龄化社会的到来，高龄津贴问题再次引起社会关注。纵观世界上各国的养老保障制度，政府解决养老问题的主要方式，不仅仅有社会保险，还有社会救济、老年津贴等。全国各地积极探索，多数省份也都相继制定了老年津贴制度。

2008 年 10 月，北京市老龄工作委员会办公室、北京市公安局、北京市民政局和北京市财政局联合印发《北京市高龄老年人津贴发放办法》，对 90 岁以上高龄老人发放高龄老年津贴。① 2009 年 5 月 7 日，宁夏回族自治区政府印发《自治区人民政府办公厅关于建立 80 岁以上低收入老年人基本生活津贴制度的通知》，决定在全区建立高龄老人津贴制度，对 80 岁以上农村老年人和城市低收入家庭中无固定收入的老年人，按月发放基本生活津贴，成为全国第一个建立高龄老人津贴制度的省区。此后，民政部要求各地学习借鉴宁夏的经验做法，结合当地实际，加快制定有关政策措施，尽快探索建立高龄老人津贴制度。② 2021 年高龄老人补贴标准跟各地政策有关，大部分地区规定超过 80 岁的老人可以领取，少数地区需年满 90 岁的老人才能领取，也有的地区年满 70 岁就可领取，标准一般为 50~200 元，年岁越大的获得的补贴越多。部分地区补贴标准如下：

（1）广东清远市高龄补贴标准：清远市清城区、福冈县、连山县 80~89 岁老人每人每月 50 元，清新区、英德市、阳山县 80~89 岁老人每人每月 30 元，连州市、连南县 80~89 岁老人每人每月 100 元。清城区、福冈

---

① 杨立雄：《高龄老年津贴制度研究》，《中州学刊》2012 年第 2 期。
② 《民政部办公厅关于转发宁夏建立高龄老人津贴制度有关政策的通知》（民办函［2009］151 号）。

县、连南县、连山县 90~99 岁老人每人每月 100 元, 清城区、清新区、英德市、连南县、连山县、阳山县 100 岁以上老人每人每月 300 元, 佛冈县、连州市 100 岁以上老人每人每月 500 元。

(2)安徽马鞍山市高龄老人补贴标准: 80~89 周岁高龄老人, 每人每月发放 50 元; 90~99 周岁高龄老人, 每人每月发放 100 元; 100 周岁及以上高龄老人, 每人每月发放 200 元, 同时另发百岁老人保健金每人每月 100 元。

(3)河南省孟津县高龄老人补贴标准 80~89 周岁老人每人每月补贴 50 元, 90~99 岁老人每人每月补贴 100 元。

(4)贵州遵义市高龄老人补贴标准: 80~89 周岁高龄老人每人每月补贴 50 元, 90~99 周岁高龄老人每人每月补贴 100 元, 100 周岁以上(含 100 周岁)高龄老人每人每月补贴 200 元。

(5)陕西汉中市高龄老人补贴标准: 70~79 周岁老年人每人每月补贴 50 元, 80~89 周岁老年人每人每月补贴 100 元, 90~99 周岁老年人每人每月补贴 200 元, 100 周岁及以上的老年人每人每月补贴 300 元。

2. 教育福利的发展

1986 年, 《中华人民共和国义务教育法》通过。1992 年, 《中华人民共和国义务教育法实施细则》颁布。2001 年, 国家出台了面向农村义务教育阶段家庭困难学生的"免费提供教科书, 免收杂费并逐步补助寄宿生的生活费"政策。2003 年的《关于进一步加强农村教育工作的决定》, 提出扶持家庭困难学生享受"两免一补"的政策, 保障农村适龄少年儿童接受义务教育的权利。2005 年的《关于深化农村义务教育经费保障机制改革的通知》提出全面免除义务教育阶段学生的学杂费。2007 年的《关于调整完善农村义务教育经费保障机制改革有关政策的通知》, 提出向全国农村义务教育阶段学生免费提供教科书。2003—2007 年, 国家在农村义务教育上的投入金额由 1365 亿元增加到 2992 亿元。① 另外, 部分地区积极探索农村儿童福利建设。如山东莱芜推行"校车村村通"工程, 为 23000 名农村学生提供校

---

① 数据来源: 教育部《2003 年以来农村义务教育经费发生明显变化》。

车接送，甘肃省开始实施义务教育阶段学生营养改善计划。

同时，我们也应看到，农村社会保障制度的内容体系还不完善。目前中国农村社会保障制度的内容体系主要是农村社会保险、农村社会救助和农村社会福利等，但是我国农村社会保障制度的内容体系仍不完善，另外当前农村社会救助制度、社会福利制度发展滞后且水平不高。农村社会保障制度内容体系的不完善必然不利于新时期农村社会问题的解决，因此，全面覆盖农村相关问题是农村社会保障制度完善的首要原则。农村社会保障制度内容体系的完善要求农村社会保障制度的子项目对农村问题的全面覆盖，并且加强各个子项目之间的有效衔接。

二、农村社会保障制度结构体系的变化

从农村社会保障制度的结构体系来看，农村社会保障制度已经形成了包括针对全体成员的社会保障制度和针对部分成员的社会保障制度，农村社会保障制度的覆盖面不断扩大。

(一)所有群体享受的农村社会保障制度的发展

在由老农合向新农合的发展过程中，合作医疗制度的覆盖人数发生了较大的变化。1978 年的《中华人民共和国宪法修正案》提出发展合作医疗。1979 年，《农村合作医疗章程(试行草案)》颁布。到 1980 年，约有 90%的行政村(生产大队)实行合作医疗，85%的农村人口受到合作医疗覆盖，但是到 1986 年仅剩下 5.5%了。1989 年的统计表明，继续坚持合作医疗的行政村仅占全国的 4.8%，很多地区的合作医疗处于完全瘫痪的状态，农村合作医疗的瓦解使自费医疗制度再次成为占农村主导地位的医疗制度。[1]

在这种背景下，国家颁布了一系列的法规完善合作医疗制度，各级政府也提出了恢复与重建合作医疗保障制度的任务。1991 年 1 月，国务院批

---

[1]　郑功成等:《中国社会保障制度变迁与评估》，中国人民大学出版社 2002 年版，第 246 页。

转了卫生部、农业部、人事部、国家教委、国家计委《关于改革和加强农村医疗卫生工作的请示》，指出要"稳步推行合作医疗保健制度，为实现'人人享有卫生保健'提供社会保障"。2003 年建立的新型农村合作医疗制度确定试点范围。2003 年起，各省级单位至少选择 2~3 个县(市)先行试点，在 2010 年实现新型农村合作医疗制度的基本覆盖。2006 年，政府计划新农合全国试点县(市、区)数量达到全国县(市、区)总数的 40%左右，2007 年扩大到 60%左右，2008 年在全国基本推行。新农合实施以来，其覆盖群体和受益群体的变化如表 4-3 所示。

表 4-3　2005—2013 年中国新农合发展概况

指标	2005	2006	2007	2008	2009	2010	2011	2012	2013
开展新农合县(个)	678	1451	2451	2729	2716	2678	2637	2566	2489
参加新农合人数(亿人)	1.79	4.10	7.26	8.15	8.33	8.36	8.32	8.05	8.02
参合率(%)	75.7	80.7	86.2	91.5	94.2	96.0	97.5	98.3	98.7
补偿受益人次(亿人次)	1.22	2.72	4.53	5.85	7.59	10.87	13.15	17.45	19.42

资料来源：中华人民共和国国家统计局编：《中国统计年鉴》(2014 年)

农村养老保险制度覆盖人数发生了较大变化。1982 年，中国有 11 个省市 3457 个生产队实行养老金制度。1986 年，全国农村基层社会保障工作座谈会上决定在经济比较发达的地区，开展养老保险。到 1989 年，全国已有 19 个省(自治区、直辖市)的 190 多个县(市、区、旗)进行了农村养老保险方面的探索，800 多个乡镇建立了乡(镇)或村本位的养老保障制度，参加人数达 90 多万人，积累资金 4100 万元，已有 21.6 万农民开始领取养老金。[1] 1992 年建立的农村养老保险制度，覆盖人群为非城镇户口、不由

———————————

[1]　劳动部课题组：《中国社会保障体系的建立与完善》，中国经济出版社 1994 年版，第 139 页。

国家供应商品粮的农村人口。截至 1992 年 12 月，全国已有 28 个省、自治区、直辖市的 1600 个县(市)开展了农村养老保险工作，共有 6000 多万农村人口参加，并积累基金达到 60 多亿元。① 1995 年的《关于进一步做好农村社会养老保险工作意见的通知》，提出根据不同地区经济发展情况建立农村养老保险制度。1995 年年底，农村养老保险参保人数为 5142.8 万人，领取养老金人数为 59.8 万人。② 1998 年政府机构改革，农村社会养老保险事务的管理由民政部移交到劳动和社会保障部，中国农村社会养老保险制度自此进入整顿时期。由于多种因素的影响，全国大部分地区农村社会养老保险工作出现了参保人数下降的趋势。1999 年，国务院指出农村尚不具备普遍实行社会保险的条件。在此背景下，农村养老保险参保人数由 1998 年的 8025 万人减少为 1999 年的 6460.8 万人。2009 年建立的新型农村养老保险制度的覆盖范围为年满 16 周岁(不含在校学生)、未参加城镇职工基本养老保险的农村居民。2011 年 3 月，十一届全国人大四次会议审议通过了《国民经济和社会发展第十二个五年规划纲要》，提出"实现新型农村社会养老保险制度全覆盖"。7 月 1 日，《中华人民共和国社会保险法》的颁布实施，为新型农村养老保险的健康发展提供了法律保障。截至 2018 年年底，全国城乡居民养老保险参保人数达 52392 万人。

(二)部分群体享受的农村社会保障制度的发展

第一，农村最低生活保障制度覆盖面逐渐扩大。2002 年年底，政府提出要在有条件的地方探索建立农村最低生活保障制度。全国有 27 个省份在有条件的地区初步建立了农村最低生活保障制度，404 万人享受了农村最低生活保障，占农业人口的 5%，保障资金支出达 13.6 亿元，各地保障标准从每年人均 60 元到 3216 元不等，人均月补助金额也从 10 元到 80 元不等。2005 年 11 月，民政部要求在有条件的地区，将家庭人均收入低于当

① 刘翠霄：《天大的事——中国农民社会保障制度研究》，法律出版社 2006 年版，第 27 页。
② 郑功成：《中国社会保障 30 年》，人民出版社 2008 年版，第 45 页。

地最低生活保障标准的农村居民全部纳入救助范围；到2005年年底，全国所有县(市)都已经建立了城市最低生活保障制度，而2030个县(市)当中，只有1308个县(市)建立了农村最低生活保障制度，占所有县(市)的64.4%。到2006年年底，全国有23个省份建立了农村最低生活保障制度，2133个县(市)开展了农村最低生活保障工作，占全国有农业人口县(市)的74%。有1593.1万人、777.2万户得到了农村最低生活保障制度的救助，分别比2005年增长93.1%和91.4%。

2007年6月26日，国务院召开全国建立农村最低生活保障制度工作会议，研究部署农村最低生活保障工作。2007年建立的农村最低生活保障制度覆盖范围为家庭年人均纯收入低于当地最低生活保障标准的农村居民，包括因病残、年老体弱、丧失劳动能力以及生存条件恶劣等原因造成生活常年困难的农村居民。截至2007年7月底，全国农村最低生活保障对象958万人，比2006年年底增加200多万人，最低生活保障补助水平逐步提高。2010年，农村低保的保障范围为家庭年人均纯收入低于当地低保标准的农村居民家庭。2011年，农村最低生活保障制度覆盖人数为5305.7万人。到2014年，农村最低生活保障制度覆盖人数为5207万人。

第二，五保供养制度覆盖范围不断扩大。1994年，五保供养制度的覆盖范围为无法定扶养义务人，或者虽有法定扶养义务人，但是扶养义务人无扶养能力的老年人、残疾人和未成年人；无劳动能力的老年人、残疾人和未成年人；无生活来源的老年人、残疾人和未成年人。2006年，修订后的五保供养制度的覆盖范围为无劳动能力、无生活来源又无法定赡养、抚养、扶养义务人的老年、残疾或者未满16周岁的村民，或者其法定赡养、抚养、扶养义务人无赡养、抚养、扶养能力的老年、残疾或者未满16周岁的村民。2011年，农村五保户制度覆盖500多万人。

第三，农村医疗救助制度覆盖人数增加。2002年，《中共中央、国务院关于进一步加强农村卫生工作的决定》颁布，提出对农村五保户和贫困农民家庭实行医疗救助。2003年，《关于实施农村医疗救助的意见》确定农村医疗救助的覆盖范围为农村五保户，农村贫困户家庭成员以及政府规定的其他符合条件的贫困农民。2005 年,《关于加快推进农村医疗救助工作的通知》,提出农村医疗救助的目标是 2005 年在全国建立起完善的农村医疗救助制度。2009 年,民政部颁布《关于进一步完善城乡医疗救助制度的意见》,确定将其他经济困难家庭人员纳入医疗救助范围,其他经济困难家庭人员主要包括低收入家庭重病患者以及当地政府规定的其他特殊困难人员。2012 年,《关于开展重特大疾病医疗救助试点工作的意见》提出对患重特大疾病的低保家庭成员、五保户、低收入老年人、重度残疾人以及其他因患重特大疾病难以自付医疗费用且家庭贫困的人员试点实施特大疾病医疗救助。

第四,高龄津贴制度的覆盖分数不断增加。全国目前已有北京、天津、吉林、黑龙江、上海、云南、宁夏等 15 个省市全面建立高龄津贴制度,更多地区以县为统筹单位建立了高龄老年津贴制度,惠及 900 万高龄老人,其他一些没有建立的省份也在一定范围内试行。

由于城乡二元化原因,我国建立了针对城市居民和农村居民的不同类型的社会保障制度,同时我国不同地区间农村社会保障制度的差异化明显,这些直接导致了我国社会保障制度结构体系的多元化和结构关系的复杂化。当前,我国农村社会保障制度机构体系的建设取得了一定的成就,针对农村居民建立了不同类型的社会保障制度。但是,我国社会保障制度结构体系的建设问题颇多:城乡居民社会保障制度发展不均衡、地区间农村社会保障制度发展水平参差不齐等,加上农业规模化经营的推进,农村剩余劳动力转移带来的大量农民工以及失地农民等问题会进一步加大对农民工社会保障制度全国性的制度安排的需求。此外,城乡之间已有制度的衔接、转移接续等灵活性结构体系建设也是迫切需要正视的问题。因此,合理统筹结构的核心原则要求农村社会保障制度建设要在农村社会保障制度内容体系完善的基础上以结构体系为重点,进一步提高农村社会保障制度对农村居民的覆盖面,保证农村居民享有公平的社会保障待遇。

三、农村社会保障制度层次体系的形成

(一)农村社会保障制度中的政府责任

1978 年以来，在农村贫困问题、疾病问题、养老问题的发展以及以人为本执政理念不断强化的背景下，政府在社会保障中的责任逐渐扩张，其主要依据为政府在合作医疗制度和农村社会养老保险制度供款来源的变化。1979 年，《农村合作医疗章程(试行草案)》指出，合作医疗基金由参加合作医疗的个人和集体筹集。1997 年，《国务院批转卫生部等部门关于发展和完善农村合作医疗若干意见的通知》指出，农村合作医疗筹资以个人投入为主，集体扶持，政府适当支持。这表明农民个人缴费是农村合作医疗基金的主要来源。其后，由于集体经济的衰退以及政府有限的财政责任，加上农村居民较低的经济支持，农民参加合作医疗的意愿并不高。2003 年，《国务院办公厅转发卫生部等部门关于建立新型农村合作医疗制度意见的通知》，确定地方财政每年对参加新农合的农民资助不低于人均10 元，从 2003 年起，中央财政每年通过专项转移支付对中西部地区除市区以外的参加新农合的农民按人均 10 元安排补助资金。2006 年的《关于加快推进新型农村合作医疗试点工作的通知》，将中央财政对中西部地区除市区以外的参加新农合的农民由每人每年补助 10 元提高到 20 元。2008 年的《关于做好 2008 年新型农村合作医疗工作的通知》，将财政对参合农民的补助标准提高到每人每年 80 元。2012 年的《国务院关于印发"十二五"期间深化医药卫生体制改革规划暨实施方案的通知》指出，到 2015 年将新农合政府补助标准提高到每人每年 360 元以上。2018 年，城乡居民医疗保险补贴从 450 元提高到了 490 元，医疗保险参保率稳定，同时提升保障绩效，将政策范围内门诊和住院费用报销比例分别稳定在 50%和 75%左右，逐步缩小政策报销比和实际报销比之间的差距。加快推进了新农合信息平台全国联网，完善异地就医信息系统建设、补偿政策和管理运行机制。可见，国家在新型农村合作医疗制度供款额的变化，体现了政府财政责任在该制

度上的扩张。

政府责任在农村社会保障制度的扩张还表现在农村养老保险制度上。1992 年的《县级农村社会养老保险基本方案（试行）》，确定农村社会养老保险资金筹集坚持以个人交纳为主，集体补助为辅，国家给予政策扶持。这表明政府在农村社会养老保险上的责任主要体现在政策支持上。2009 年的《国务院关于开展新型农村社会养老保险试点的指导意见》，指出政府对符合领取条件的参保人全额支付新农保基础养老金，其中中央财政对中西部地区按中央确定的基础养老金标准给予全额补助，对东部地区给予 50%的补助。地方政府应当对参保人缴费给予补贴，补贴标准不低于每人每年 30 元。与 1992 年的政策相比，2009 年的新农保政策凸显了政府责任的扩大。2018 年是第 14 次调整养老金，根据人力资源与社会保障部、财政部《关于 2018 年调整退休人员基本养老金的通知》，按照 2017 年退休人员月人均基本养老金 5%左右的总体调整水平提高基本养老金，决定自 2018 年 1 月 1 日起，全国城乡居民基本养老保险基础养老金最低标准提高至每人每月 88 元，即在原每人每月 70 元的基础上增加 18 元，提高标准所需资金由中央财政对中西部给予全额补助，对东部地区补贴 50%的补助。政府财政责任的提升是新农保制度得以顺利进行的核心因素。《社会保险法》颁布后更是明确了各主体间的责权关系，其中第二十条规定"新型农村社会养老保险实行个人缴费、集体补助和政府补贴相结合"；第二十一条规定"新型农村社会养老保险待遇由基础养老金和个人账户养老金组成"。

由于农业保险的准公共物品属性，政府在农业保险制度变迁中获益最大，进行制度变迁的动力最强。而进入市场经济体制改革以后，政府本着农业保险商业化经营的原则，对农业保险的经营主体几乎没有任何政策支持和财政补贴，也就是说，政府在这段时期的农业保险中并没有承担其相应的职责，而是放任农业保险自我发展、自主探索。然而，农业保险产品的准公共品属性决定了商业保险公司不可能提供有效供给，在没有政府财政补贴的情况下，农民不愿也无力支付较高的保险费。于是农险的经营主体不得不压缩原有的农险业务，使得农业保险市场进入了日益萎缩的恶性循环。由此看来，政府缺位是导致 1993—2003 年我国农业保险萎缩徘徊的根本原因。2004 年以来，政府逐渐重视农业保险，开始逐渐对农业保险制度进行调整与创新。在政府主体的推动下，我国农业保险开始进入迅速恢复阶段，各级政府在政策指导、财政补贴、法律监管等方面开始承担应尽职责。随着政府职责的归位，我国农业保险发展进入了新时期的制度创新阶段。①

社会保障的目标是为绝大多数公民提供最基本的生活保障，而威胁大多数人的最基本生活的风险除了个人必然面对的生老病死之外，主要是大的社会风险和自然灾害。对此，除了国家，没有任何人和任何组织有足够的社会经济条件提供全国性的社会保障制度。现阶段我国农村社会保障制度模式实际上是一种以农村居民家庭保障为主、国家提供制度化保障为重要补充的模式，制度化保障程度低，且不同制度间发展不平衡，农村社会保障制度覆盖面还有很大的拓展空间，待遇有很大的上升空间。因此，当前国家在理念上应由被动建立向主动投入转型，应加大对农村社会保障制度财力物力支持，弥补社会保障制度供给的不足，这才是确保农村社会保障制度良性变迁的关键。

（二）农村社会保障制度中的家庭责任

从 1984 年到现在，农村家庭保障+国家扶助+现代社会保障试点模式的主体就一直是家庭保障。家庭保障的主体地位，既源于我国经济的发展状况，又源于政府社会保障制度供给的不足。家庭保障与社会保障两者之间有一个"你进我退"的关系，家庭保障为主体说明社会保障处于辅助地位，社会保障的不足进一步强化了家庭保障的主体地位。对此，用新制度经济学解释，可以理解为与路径依赖有关，新的制度未建立，则只能依赖旧制度，但这并不表明旧制度具有存在和发扬光大的合理性。

---

　　①　黄英君：《中国农业保险发展机制研究：经验借鉴与框架设计》，中国金融出版社 2011 年版，第 62 页。

(三)农村社会保障制度中的个人责任

农村社会保障制度中的个人责任主要表现在新型农村合作医疗制度和新型农村社会养老保险制度上。在新型农村合作医疗制度的发展方面：2003 年的《关于建立新型农村合作医疗制度的意见》确定农民个人每年的缴费标准不应低于 10 元，经济条件好的地区可相应提高缴费标准。2008 年的《关于做好 2008 年新型农村合作医疗工作的通知》，将个人缴费标准提高到每人每年 20 元。在新型农村社会养老保险制度的发展方面，2009 年的《国务院关于开展新型农村社会养老保险试点的指导意见》，确定个人缴费档次包括每年 100 元、200 元、300 元、400 元、500 元 5 个档次，地方可以根据实际情况增设缴费档次。可见，在新农保和新农合制度的建立和运行中，个人责任设置有弹性，但新农保制度中个人缴费责任受国家财政激励影响表现出较小的特点。

合理的社会保障制度要求均衡的责权结构。福利多元主义认为，社会福利的建设应该充分发挥国家(政府)、市场(主要指企业)和社会等主体的作用，不同的自认主体在社会福利领域发挥作用的机制和承担的责任不尽相同。① 与此相对应，农村社会保障制度的层次体系主要反映政府、社会经济组织以及农村居民个人在农村社会保障制度建设中的责权关系。农村社会保障制度层次体系要理清制度责权关系，改革开放以后，农村社会保障制度建设较为突出的变化就是社会保障责任主体多元化格局形成，政府、集体、个人责任分摊机制替代了计划经济时期农村集体单一保障机制，社会保障制度责任分摊机制确立。

---

① 林闽钢：《福利多元主义的兴起及其政策实践》，《社会》2002 年第 7 期。

第五章 新型农业生产方式对农村社会保障制度的挑战

第一节 新型农业生产方式推进的政策轨迹

改革开放以来，我国家庭经营体制的早期激励效应显著、成就巨大，但家庭联产承包责任制带有明显的传统小农经济的分散小规模经营痕迹，大规模的农田水利基础设施建设、机械化耕作以及现代化农业科学技术无法实施，致使农业生产率低下，农产品产量较低，农业生产成本偏高，而且增加了市场运作成本和风险。以家庭联产承包责任制为主的小农生产方式已经不适应农业现代化发展的要求，积极推进农业生产经营方式变革已是当务之急。

1978 年 12 月，中央召开了十一届三中全会，邓小平提出，要走出一条适合我国国情的农业现代化道路，对农业现代化的内涵也进行了拓展，特别是提出了促进农业生产力发展，推进农业现代化的主要政策和措施。1998 年 10 月，江泽民在江苏昆山视察时，提出"两个率先"的要求，即沿海发达地区要高度重视农业生产力的发展，率先建设发达农业，率先实现农业现代化。2002 年，十六大报告明确提出，要建设现代农业。随后，十七大、十七届三中全会都明确了要走中国特色农业现代化道路。十八大报告也进一步提出，要坚持走中国特色新型农业现代化道路。2004 年以来，中央更是连续发布了 17 个以农村改革为主题的中央"一号文件"，对中国"三农"问题做出战略部署。因此，有必要对 2004 年以来中央"一号文件"进行梳理，考察中央"一号文件"的基本情况和延续脉络，明确当前农业现代化进程中的重点方向。

2004 年 2 月 8 日，中共中央发布了《中共中央、国务院关于促进农民增加收入若干政策的意见》，将进一步明确农民增收作为农业现代化建设的核心目标，同时开启了农业结构战略性调整的深化，提出农业发展要走精细化、集约化、产业化的道路，向农业的广度和深度进军。

为了保持农村发展的好势头，实现农村经济社会全面发展，2005 年 1 月 30 日，中共中央颁布了《关于进一步加强农村工作提高农业综合生产能力若干政策的意见》，强调要把加强农业基础设施建设、加快农业科技进步、提高农业综合生产能力，作为一项重大而紧迫的战略任务，切实抓紧抓好。继续推进农业经济结构调整，提高农业竞争力，加大对多种经营形式的农业产业化龙头企业的支持力度，发展农业产业化经营。

2006 年中央颁布了《中共中央、国务院关于推进社会主义新农村建设的若干意见》，文件针对我国现有的农业基础相对较差，城乡居民收入差距扩大的矛盾依然突出，解决好"三农"问题依然是工业化、城镇化进程中重大而艰巨的历史任务的形势等特点，要求进一步完善强化支农政策，并提出了社会主义新农村建设的重大历史任务，这是社会主义新时期农村工作调整的重要环节。建设社会主义新农村，主要是"生产发展、生活富裕、乡风文明、村容整洁、管理民主"。社会主义新农村建设的首要任务是大力改善农业生产条件，推动农业科技进步，加快建设现代农业，提高农业综合生产能力，① 同时提出推进现代农业建设，强化现代农业的产业支撑，培养推进现代农业的新型农民。

2007 年 1 月 29 日，《中共中央、国务院关于积极发展现代农业扎实推

---

① 邹玉杰、宋文官：《改革开放以来我党"三农"政策的演进及启示》，《哈尔滨市委党校学报》2011 年第 4 期。

进社会主义新农村建设的若干意见》颁布，文件强调发展现代农业是社会主义新农村建设的首要任务，建设现代农业的过程，就是改造传统农业、不断发展农村生产力的过程，就是转变农业增长方式、促进农业又好又快发展的过程。要用现代物质条件装备农业，用现代科学技术改造农业，用现代产业体系提升农业，用现代经营形式推进农业，用现代发展理念引领农业，用培养新型农民发展农业。该"一号文件"顺应了农业发展的现代化、规模化发展新要求，提出构建"五大支撑"和"三个保障"的现代农业发展保障体系。

2008 年中央"一号文件"《中共中央、国务院关于切实加强农业基础建设进一步促进农业发展农民增收的若干意见》，贯彻了党的十七大对"三农"工作的新要求，明确提出"要加强农业基础地位，走中国特色农业现代化道路，建立以工促农、以城带乡长效机制，形成城乡经济社会发展一体化新格局"。鉴于影响农产品生产的直接原因是农业基础设施薄弱，明确提出以切实加强农业基础建设为主题，构建现代农业产业体系，加快构建强化农业基础的长效机制。

2009 年中央"一号文件"出台前，席卷全球的国际金融危机持续蔓延、世界经济增长明显减速，对我国经济的负面影响日益加深，对农业农村发展的冲击不断显现。在这样的背景下，中央出台了《中共中央、国务院关于 2009 年促进农业稳定发展农民持续增收的若干意见》，围绕稳粮、增收、强基础、重民生，加大了对农业的支持保护力度，强化了现代农业物质支撑和服务体系，积极推进城乡经济社会发展一体化，确保了农业稳定发展和农村社会安定。

2010 年中央"一号文件"《中共中央、国务院关于加大统筹城乡发展力度进一步夯实农业农村发展基础的若干意见》，确定了"稳粮保供给、增收惠民生、改革促统筹、强基增后劲"的基本思路，要通过加大统筹城乡发展力度进一步夯实农业农村发展基础，进而完成破除城乡二元结构的任务。在保持政策连续性、稳定性的基础上，对"三农"投入首次强调"总量持续增加、比例稳步提高"，首次提出要在 3 年内消除基础金融服务空白乡镇等，拓宽了发展现代农业的战略视野。

2011 年中央"一号文件"《中共中央、国务院关于加快水利改革发展的决定》锁定了水利改革发展这个主题，这是中华人民共和国成立以来中央首个关于水利的综合性政策文件，从根本上扭转水利建设明显滞后的局面，这加速了防洪抗旱减灾体系等促进水利科学发展的制度体系建设进程。

2012 年中央"一号文件"《关于加快推进农业科技创新持续增强农产品供给保障能力的若干意见》突出强调农业科技创新的作用，文件指出：实现农业持续稳定发展、长期确保农产品有效供给，根本出路在科技。农业科技是确保国家粮食安全的基础支撑，是突破资源环境约束的必然选择，具有显著的公共性、基础性、社会性。必须紧紧抓住世界科技革命方兴未艾的历史机遇，坚持科教兴农战略，把农业科技摆在更加突出的位置，下决心突破体制机制障碍，大幅度增加农业科技投入，推动农业科技跨越发展，为农业增产、农民增收、农村繁荣注入强劲动力。将农业科技创新作为加快现代农业建设的决定力量，意味着农业发展方式的转变。

2013 年中央"一号文件"《关于加快发展现代农业进一步增强农村发展活力的若干意见》首次提出创新农业生产经营组织形式——现代家庭农场，现代家庭农场是市场化、规模化、集约化的现代农业经济组织。文件指出农业生产经营组织创新是推进现代农业建设的核心和基础，要尊重和保障农户生产经营的主体地位，培育和壮大新型农业生产经营组织，充分激发农村生产要素潜能。这说明我国农业发展到了从传统农业向现代农业转型跨越的新阶段，农业生产经营方式到了由传统小农生产向社会化大生产加快转变的新阶段，工农、城乡关系到了深度调整和互动融合的新阶段。

2014 年中央"一号文件"《关于全面深化农村改革加快推进农业现代化的若干意见》提出坚持家庭经营为基础与多种经营形式共同发展，努力走出一条生产技术先进、经营规模适度、市场竞争力强、生态环境可持续的中国特色新型农业现代化道路。

在中国经济走向新常态、改革全面启动的背景下，2015 年年初，党中央延续深化改革、加快转变农业生产方式的强农富农思路，再次以农业现代化为主题，发布《关于加大改革创新力度加快农业现代化建设的若干意见》，对在经济发展新常态背景下进一步深化农村改革、加快推进农业现代化作出重要部署。同时适应时代发展要求，对长期困扰中国农村发展的三农问题，提出了解决的新思路与新战略。这个新的思路，就是把解决"三农"问题上升为破解三大战略难题。这三大难题：一是如何在经济增速放缓背景下继续强化农业基础地位、促进农民持续增收；二是如何在环境资源约束下实现农业可持续发展；三是如何在城镇化深入发展背景下加快新农村建设步伐、实现城乡共同繁荣。中央"一号文件"正是从破解这三大难题出发，提出了推进中国特色现代化农业发展的新思路和新战略。①

2016年1月27日，《中共中央国务院关于落实发展新理念加快农业现代化实现全面小康目标的若干意见》发布，这是进入21世纪以来，党中央连续发出的第十三个指导"三农"工作的"一号文件"。文件指出：当前，我国农业农村发展环境发生重大变化，既面临诸多有利条件，又必须加快破解各种难题。一方面，加快补齐农业农村短板成为全党共识，为开创"三农"工作新局面汇聚强大推动力。另一方面，在经济发展新常态背景下，如何促进农民收入稳定较快增长，加快缩小城乡差距，确保如期实现全面小康，是必须完成的历史任务；在资源环境约束趋紧背景下，如何加快转变农业发展方式，确保粮食等重要农产品有效供给，实现绿色发展和资源永续利用，是必须破解的现实难题。文件围绕加快农业现代化建设、实现全面小康目标，特别是以发展新理念引领农业农村新发展，提出了一系列新观点、新政策、新举措，对做好今年"三农"工作具有十分重要的指导意义。

2017年的中央"一号文件"《关于深入推进农业供给侧结构性改革，加

---

① 张孝德：《中国农村改革发展的五个新战略思路》，《中国经济时报》2015年2月10日。

快培育农业农村发展新动能的若干意见》强调目前农业的主要矛盾由总量不足转变为结构性矛盾，突出表现为阶段性供过于求和供给不足并存，矛盾的主要方面在供给侧。必须协调推进农业现代化与新型城镇化，以推进农业供给侧结构性改革为主线，围绕农业增效、农民增收、农村增绿，加强科技创新引领，加快结构调整步伐，加大农村改革力度，提高农业综合效益和竞争力，力争农村全面小康建设迈出更大步伐。

改革开放以来第20个、21世纪以来第15个指导"三农"工作的中央"一号文件"《关于实施乡村振兴战略的意见》，对实施乡村振兴战略进行了全面部署。文件指出，实施乡村振兴战略，是解决人民日益增长的美好生活需要和不平衡不充分的发展之间矛盾的必然要求。文件从提升农业发展质量、构建乡村治理新体系、提高农村民生保障水平、打好精准脱贫攻坚战、强化乡村振兴制度性供给、坚持和完善党对"三农"工作的领导等方面进行安排部署。文件强调，在要素配置上优先满足，在资金投入上优先保障，在公共服务上优先安排，加快补齐农业农村短板。

2019年是中华人民共和国成立70周年，是全面建成小康社会关键之年，巩固发展农业农村好形势，具有特殊重要意义。2019年中央"一号文件"《关于坚持农业农村优先发展做好"三农"工作的若干意见》以实现农业农村现代化为总目标，以实施乡村振兴战略为总抓手，对标全面建成小康社会"三农"工作必须完成的硬任务，围绕"巩固、增强、提升、畅通"深化农业供给侧结构性改革，加大脱贫攻坚力度，提升农业发展质量，健全乡村治理体系，全面推进乡村振兴。

党的十九大以来，党中央围绕打赢脱贫攻坚战、实施乡村振兴战略作出一系列重大部署，出台一系列政策举措。2020年中央"一号文件"《关于抓好"三农"领域重点工作，确保如期实现全面小康的意见》指出要集中力量完成打赢脱贫攻坚战和补上全面小康"三农"领域突出短板两大重点任务，持续抓好农业稳产保供和农民增收，推进农业高质量发展，保持农村社会和谐稳定，确保农村同步全面建成小康社会。

"十四五"开局之年，针对全面推进乡村振兴，加快农业农村现代化，

2021年中央"一号文件"《关于全面推进乡村振兴加快农业农村现代化的意见》指出"十四五"时期，是乘势而上开启全面建设社会主义现代化国家新征程、向第二个百年奋斗目标进军的第一个五年。民族要复兴，乡村必振兴。要坚持把解决好"三农"问题作为全党工作重中之重，加快农业农村现代化，加快形成工农互促、城乡互补、协调发展、共同繁荣的新型工农城乡关系，促进农业高质高效。

梳理2004年以来的中央"一号文件"探索我国农业现代化政策的历史演进路径可以得出，"一号文件"都是中央基于我国农业现代化进程所处的历史方位和阶段的准确判断，都适时顺应了我国农业不同发展历史阶段发展条件变化的新诉求，从而增强了创新政策的针对性和实效性，起到了加速推进中国特色农业现代化进程的历史作用。

中央"一号文件"所具有的强大政策导向作用，其中，中央为推动我国农业现代化快速发展，明确了四个重点内容：第一，农业现代化必须坚定不移地稳定和完善农村基本经营制度。以家庭承包经营为基础，统分结合的双层经营体制是中国农村最基本的经济制度，是党的农村政策的基石。第二，土地不仅是农民最基本的生产资料，而且是农民最基本的生活保障。因此，完善双层经营体制和农村土地制，必须赋予农民对承包土地足够长的承包期，还要稳定农村的土地承包关系。第三，加速农村土地流转，扩大农地生产经营规模。虽然家庭承包经营制对我国农业发展和农村稳定作出了突出贡献，但是随着农业现代化的快速发展，我国农地过度细碎化和农户分散经营引发的问题开始显现，在这种背景下，农业生产方式发展方向必然会向规模化经营方向发展。近几年来，工业化的快速发展以及农村劳动力的转移，构建新型农业经营体系，实现农业规模化经营将是我国农业的发展方向。第四，培育新型经营主体，加快农业现代化进程。发展现代农业需要加快农业劳动力转移，但归根结底是要依靠农民自身素质的提高。因此，加快培育新型农业生产经营主体，培养新型农民是我国实现从传统农业向现代农业转型跨越的必然要求。

通过对2004年以来中央"一号文件"政策的创新进行梳理考察，中央

"一号文件"政策的创新发展过程实质上也是一个不断调整农业生产关系以适应生产力发展的过程。农业现代化也是我国农村经济与农业发展的基本趋势。自此，我国农业发展迈进了从传统农业向现代农业转型跨越的新阶段，农业生产方式开始了由传统小农生产向社会化大生产加快转变的新阶段。而农业产业化经营作为发展农业经济和农村经济的有效途径，其对农村社会保障制度的影响也同样值得研究。

第二节　新型农业生产方式下农村社会风险的发生机制

农业生产方式的变革提高了农业生产力水平，同时也改变了农村社会风险的发生机制和存在方式。农村社会所面临的社会风险更有其特殊性，是农业现代化进程中不可避免的社会问题。安东尼·吉登斯将现代社会的风险分为外部风险和人为制造的风险，外部风险是由传统和自然的不变性与固定性所带来的风险，人为制造的风险是由于我们不断增长的知识对这个世界的影响所造成的风险，是我们在没有多少历史经验的情况下产生的风险。[1] 如何识别现代社会风险，斯科特·拉什则认为，不能仅仅从自然风险来判断我们所面临的风险是否有所增加，而主要应该看社会结构所面临的风险从个人主义消长的意义上看、从国家所面临的威胁的意义上看，我们所面临的风险都大大增加了。[2] 显然，中国农村从小农生产方式为主的社会风险逐渐向以规模化经营为代表的农业现代化风险为主的转变冲击了农村现有的社会保护机制。

---

[1]　Anthony Giddens. Runaway World: How Globalization Is Reshaping Our Lives. London: Rout Ledge Press, 2000.

[2]　斯科特·拉什:《社会风险与风险文化》,《马克思主义与现实》2002 年第 4 期。

一、新型农业生产方式对农村劳动关系的影响

(一)新型农业生产方式的实现需要农村劳动力的有效转移

改革开放以来，农村社会结构的身份制作用在不断减弱，农村社会成员开始急剧分化和多向重组，促使农村社会成员结构由简单向复杂转变，农村流动人口向非农产业和城镇大量转移。农村社会成员结构的变迁既是中国城市化发展的结果，又是社会经济发展促使社会结构转型的一种重要表现形式。中国目前之所以还是发展中国家，一个关键原因就是农业从业者太多，农村人口规模庞大。世界上实现农业现代化的发达国家往往已经具备了现代化的人口结构：农业劳动者阶层只占全体劳动者的 10% 以下，农村人口占总人口的比例为 5%~25%。因此只有更多的农村人口从农业转移到非农产业，只有更多的农村人口城镇化，中国才能实现从农业大国向现代化农业强国的转变，而人口结构又影响农村社会保障制度的建构。

目前，家庭养老仍然是农村养老的主要方式，家庭保障在农民心中具有无可替代的地位，但是农村剩余劳动力的转移和规模的进一步扩大使得年轻劳动力留在农村的数量减少，农村老龄化程度严重，传统的以家庭为基础的保障体系的作用逐渐减弱，家庭养老因此受到冲击，农村老年人可获得的家庭保障服务支持减少，农村留守老人的生活照料和精神慰藉极为缺乏。在中国，农村传统养老保障模式得以延续有其合理的一面。可以肯定地说，这种模式曾经很好地解决了中国农村的养老问题。然而，农业生产方式的变迁正使得这种稳固的家庭养老模式失去其经济和社会基础，原有的养老模式前提正被抽去，家庭养老正面临制度性瓶颈和一系列外生因素的冲击，从而具有趋弱性。[①]

同时，农村社会养老保险供给不足。2009 年，国务院办公厅发布《关

---

① 周莹、梁鸿：《中国农村传统家庭养老保障模式不可持续性研究》，《经济体制改革》2006 年第 5 期。

于开展新型农村社会养老保险试点的指导意见》，提出在全国范围建立个人缴费、集体补助和政府补贴相结合的新农保制度，标志着我国农村养老保障事业发展进入到了一个新时期。新农保是对现有农村社会养老保险困境的重大突破，增加了政府的财政投入，强调了国家在农村社会养老保险制度建设中的重要责任。但是，我国新农保制度建设目前还处于起步探索阶段，制度供给还存在许多问题，有待进一步完善。首先，新农保试点扩面速度较慢，覆盖率较低。在实际过程中，由于试点推广速度较慢，目前还有很多地区农村老年人没有享受到新农保的保障。其次，新农保财政投入不足，保障水平偏低。我国逐渐增加对农村社会保障的财政投入，但是用于农村社会保障的财政支出，仅仅只占财政总支出的1%左右，用于新农保的财政投入更少。由于财政投入不足，新农保的养老保障待遇偏低，难以保障农村老年人的基本生活。在传统家庭养老功能日渐微缩，而老龄化所带来的社会问题又日益严峻的今天，农村养老问题不再是个别家庭的事情，而是一个具有重大影响的社会问题。

(二)新型农业生产方式与农村居民健康风险

健康既是人类福祉的重要组成部分，也是一切经济活动开展的基础。健康作为一种重要的人力资本对于农村居民的边际回报甚至高于城市居民。随着工业化和城镇化的快速推进，分散化的小规模土地经营已难以满足发展需求，为了追求和享有更好的医疗卫生服务、教育等社会福利，大量农民尤其是青壮年普遍"离农"和外出务工。然而，不可忽视的是，能够产生上述两方面现象的前提条件之一是农民必须具有良好的健康状况，当其遇到疾病时能够及时获得医疗服务并能承担疾病冲击对家庭收入的影响。然而，由于存在着农民的工作环境恶劣、长期面临农药和化学药剂的危害以及医疗可及性不足等问题，农业生产活动往往与较高的健康风险相关联。

新型农村合作医疗制度对新型农业生产方式的影响作用途径之一是劳动供给。土地是农户劳动作用的客体，具有劳动对象的作用。医疗保险对

157

居民的劳动供给具有负向作用，产生这一结果的主要原因是医疗救助计划有助于增加低收入家庭的医疗服务利用率并且降低医疗支出，使这一群体的收入增加，从而导致该群体的户主的劳动参与率降低。因此，首先新农合可能降低参合农户的劳动供给。这样，农户的土地转出意愿可能会增强，有助于促进农地向其他农户或农业专业合作经济组织有效流转和集中，实现农业规模经营。其次，新农合制度又具有改善农户健康状况的功能。新农合通过增进医疗可及性提高了农户的健康水平，从而使得农户的劳动供给增加和生产效率提高。在我国农户普遍兼业化、农业不断被副业化以及农村青壮年劳动力大量外流的条件下，农户健康水平的改善有利于提高其非农就业参与意愿和增加其农地流转的倾向。

(三)新型农业生产方式改变了农村居民的就业形式

生产力决定生产关系，生产关系作用于生产力。当前大力发展现代农业，积极推进水利化、机械化、科技化、产业化建设，不断提高劳动生产率，其实就是进一步解放和发展农村生产力。因此，当前农业生产方式发生了很大变化，必须建立与之相适应的生产关系。而农业规模化经营立足我国农业发展新阶段新情况，着重从变革生产关系入手，是更加适应农村生产力发展的新型农业生产关系。以农业规模化经营为代表的农村生产关系变革，将是继1950年土地改革、农业合作社、人民公社化运动、家庭联产承包责任制之后的第五次重大生产关系变革。不同的生产力决定不同的生产关系，不同的生产关系决定不同的劳动关系。当前，我国农村劳动关系的内部因素和外部环境正在发生深刻变化：

首先，农村土地流转后进城务工人员的劳动关系变化主要体现在农民工劳动权益保护问题。农民工本身的流动性特点使得工伤保险和失业保险制度对其适用方面存在相当的困难，农民工的权益也难以得到保护。因此，将农民工特别是新生代农民工培养成为稳定就业的新型产业工人，发展成为在城镇定居并平等享受市民权益的新市民，是加快转变经济发展方式的迫切需要。其次，以家庭农场为代表的农业规模化经营方式使资金和土地相结合，创造了新的就业形式——产业经济中农民成为具有正式雇佣劳动关系的正规就业的农业产业工人，主要特征是能够通过就业获得正常的工资性收入、具备保险缴费的能力。许多公司化生产和经营的企业，通过以土地使用权转让、入股等形式实现农民与生产资料的剥离，部分农村变成一个又一个大型的规模化、集约化的农业企业。农民作为企业的员工，通过土地入股分红和领取工资两种方式获利。这种情形目前虽然在全国不是很普遍，但随着农业经营方式创新的深入，必将成为农村劳动关系变化的趋势。①

(四)新型农业生产方式改变了农业生产风险的发生机制

从农村生产力发展水平来看，尽管抗拒自然灾害的技术和能力不断加强，但是随着农业产业化的进一步发展，农业生产更加专业化、区域化、规模化，随着生产要素投入的增加、集约化水平的提高，农业生产风险发生机制也会发生改变。

第一，农业现代化提升农业风险水平，扩大风险影响范围。农业现代化使得农业生产同时面临自然、市场、技术和政策等多种风险。农业现代化要求的农业适度规模和专业化经营导致农业增长方式由粗放型向集约型转变，而集约型增长方式使风险更为集中，农业生产经营者承担的风险水平更高，而且，由于农业发展模式趋于一体化，农业风险关联度增强，不但包括农业生产过程中研发与生产的风险，还增加了加工、储运及服务等部门风险，最终导致整个生产链均成为风险承担主体，从而使得这种风险范围更广、规模更大、危害更强。

第二，农业现代化增强农业生产经营主体的保险意识。在传统农业生产方式下，农业生产经营主体为分散的农户，生产和种植规模小、投入总量少、受灾损失也小，相应的保险意识也低，同时由于其理念、素质等诸

---

①　郑毅敏：《中国农业经营方式创新及其对农村就业结构的影响》，《西安财经学院学报》2004 年第 3 期。

方面的局限，缺乏农业风险分散意识。与之相反，在农业现代化生产方式下，农业生产经营主体大多采取市场化方式决策，固定资产投入多、生产规模大、市场风险放大，出于规避风险的权衡，现代化农业生产经营主体的保险意识更强。

第三，农业现代化推动农业风险管理的规范化。在传统的生产方式下，农业风险主要通过农户联合、专业农业组织互助合作以及公共救助等方式来解决，范围较小、水平较低而且非常态化，而这与农业现代化条件下现代农业发展极不适应。现代农业要求实行农业风险的社会化、常态化、专业化管理，尤其在当前我国农业已经深度融入国际大市场的格局下，更要求我们站在国家农业安全和粮食安全的战略高度，重视和加强农业风险的规范化管理。

第四，农业保险促进农业现代化组织利益机制的形成。形成农业企业、中介组织及单个农户之间利益共享、风险共担的利益机制，是农业现代化发展到一定阶段的客观要求和必然产物。农业保险制度促进这一利益机制的形成，并在保障这一机制的良性运行中发挥作用。具体而言，农业保险保费由农业企业、中介组织、农户共同承担，收益和成本由合同约定，这确保了利益机制中的各主体权责明确、关系清晰、风险降低、根本利益得到保障。当遭遇自然灾害或者市场冲击时，农业保险能发挥分散风险、挽回损失的功能，稳定农业生产主体的收入水平，成为这个利益机制的"稳压器"。而且，农业保险可使农业生产经营主体的再生产能力在发生风险时得到有效保护，农业生产经营各环节的恶性波动被"熨平"，农产品加工、销售、服务免于严重脱节，农业再生产得以顺利延续。

二、新型农业生产方式对农村社会结构的影响

(一)新型农业生产方式与农村社会阶层结构

社会阶层结构是社会结构中最重要的核心结构，同时也是整个社会结构的整体反映。改革开放后，在市场经济的冲击下，中国乡村社会结构也

在发生巨大变化。农村社会急剧分化，促使中国农村社会结构由简单、单一向复杂、多样转变。农村社会阶层分化既是中国社会非农化的结果，又是我国社会结构转型的一种重要表现形式。① 经过 20 多年的分化，原来均质性的农村社会成员，今天已经出现了角色和身份的多元化，地位和需求的差别化，从而形成了异常复杂、特殊的农村社会阶层结构，见表 5-1。

表 5-1　农村社会阶层的构成

农村社会阶层	职业	从业类型
农业劳动者阶层	从事农业生产经营	在农作物种植业、林业、牧业、渔业等部门从事生产和经营的全体农村社会成员
非农业劳动者阶层	第二或第三产业部门从业	独立经营或者从事服务业，也包括在城镇第二、第三产业部门从业或经营的农村社会成员
兼业型劳动者阶层	既从事农业又从事非农业的农村社会成员	其中有的以农业生产为主，同时兼营非农业行业；有的则主要从事非农产业，同时兼顾农业生产劳动

资料来源：卢福营：《中国特色的非农化与农村社会成员分化》，《天津社会科学》2007 年第 5 期。

根据是否从事农业生产，宏观地把当今农村社会成员分为农业劳动者、非农业劳动者、兼业型劳动者等阶层。农业劳动者阶层现在还是我国农村社会的主要构成，从发展趋势看，其相对规模和绝对人数将随着农业现代化的推进而逐渐减少，成为农村社会成员的少数。非农业劳动者阶层与农业生产经营相脱离，多数已经转移出农村，其社会关系和经济关系与城市紧密联系，这一阶层在当今中国社会发展中的地位和作用十分显要。

---

① 卢福营：《中国特色的非农化与农村社会成员分化》，《天津社会科学》2007 年第 5 期。

兼业型劳动者阶层在当前我国农村中较为普遍，他们的身份是农民，但是却不在农村就业，只是部分地从传统农业劳动者中转移出来，能够在城乡社会之间进行迅速的调整和转化。

农业规模化经营必然会对农村社会结构产生直接影响，农村社会结构演变与重构最重要的是新阶层的出现。非农业劳动者阶层大多在城市或城镇从事生产经营，与农业生产经营相脱离。兼业型劳动者阶层处于城乡社会之间，能够在城乡之间进行迅速的调整和转化，多数农村家庭属于此阶层。由于兼业型劳动者阶层能够从市场经济中获取资源，相对而言，在农村资源的分配中就可以给其他阶层留下较大的空间。

在农村专注于农业生产经营的农业劳动者阶层，国家提出的稳定农村基本经营制度使得他们能够产生足够的自信心，并且愿意长期留在农村。由于家庭承包经营是双层经营中的一个基础层次，对我国农村经济社会的稳定与发展起着决定性作用，从一定意义上讲，这个阶层将会成为中国农村稳定发展的主要力量。国内一些实证调研的成果认为，农村社会分化之后，出现的以农业劳动者为主体的阶层将会是乡村社会治理的阶层基础。但是农业经营方式与农民相脱离的行动，将大量的土地集中在少数人手中或者公司手中会间接破坏该阶层的形成机制，对基层治理、农村社会的秩序和稳定造成不利影响。① 政府在农业经营方式的选择等农村发展政策上就必须充分考虑这个阶层的存在，所以，当前农业经营方式选择家庭农场能与这个阶层有机地结合起来，避免公司资本对这部分人群的排挤，那么也就保护了农村已经演化出来的社会结构，同时也为将来农村社会发展保留了主体力量，也将解决谁来种地的问题。

（二）新型农业生产方式与农村利益结构市场化

所谓社会利益结构就是社会成员之间以及社会成员与社会之间的利益

---

① 王德福：《大规模土地流转的经济与社会后果分析》，《华南农业大学学报》2011 年第 2 期。

关系的一定模式，它是社会系统和政治系统的深层结构，它构成社会和政治运行的内在动力。一个社会的利益结构若发生重大的变化，社会系统和政治系统便会受到极大的冲击而引起震荡。① 改革开放特别是家庭联产承包责任制促进了农村社会的利益分化，而农村利益分化肯定了农民个体利益的存在及其合法性，也肯定了农民在利益分配和地位上的差距。这种肯定激活了人们追求自身利益的主动性、积极性和创造性，促进了经济和社会的发展，所以改革开放以来农村经济的巨大发展和社会的不断进步正是利益格局变化。

当前农业生产方式的转型势必会形成复杂的利益新格局和社会矛盾新体系，农村社会成员的利益主体和利益来源也将会多元化、复杂化，如若处理不当，有可能演变为社会冲突，危及社会稳定与发展。农业规模化经营对当前农村利益结构的影响体现在以下方面：

第一，由于我国农村工业化程度较低，商品经济与社会分工不发达，非农产业就业岗位不充分，农民从土地上、农业中分离出来并转化为非农产业的商品生产者与经营者时间较短，农村利益分化还没有达到一个比较稳定、比较成熟的程度，带有一定的过渡性，仍处于分化的初级阶段，许多新的社会角色尚未凝固，各种社会角色的多重性使利益分散于不同的阶层，而且每一个阶层都涉及其一部分利益，农村各阶层的利益关系缺乏整合。

第二，不论是创新农业经营体制还是有序推进市民化，实际上都构成了同一个目标：通过各种形式的创新和改革，将土地作为资源要素参与再分配，增加农民收入，缩小城乡差距，从而推动中国新型城镇化的发展。在某种意义上，这是中国又一次深刻的利益再分配：新市民和老市民的再分配、政府和农民的再分配、政府和企业的再分配以及企业和农民的再分配。在这几个群体中，农民依然处于最弱势，他们手中唯一可以变现的资

---

① 李景鹏：《当代中国社会利益结构的变化与政治发展》，《天津社会科学》1994年第 3 期。

源是已经承包了多年的土地。目前一些合作社利用免税等国家支持专业合作社政策，在农地征用过程中，一些农民失去生存保障的土地，却无法享受与城市居民同等的社会保障权利，成为边缘群体。这样的问题导致了农村社会内部的利益分化，而且集团性的利益分化越来越明显。

第三，农民专业合作组织与资本下乡的博弈。资本下乡即资本追逐自身利益的最大化，往往不惜牺牲其他相关者的利益。而农民互助社与合作社或者村民集体经济形式，既从根本上保证了土地集体所有的性质，也从根本上保护了农民的土地受益权及土地经营权，而不像其他的流转形式，将农民的"土地受益权"与"土地经营权"分离。再者说，农民互助组织或者合作组织直接将分散的农民集中起来，极大地增强了农民维护自身权益的力量。从某种意义上来讲，农民互助合作组织更像是一种加强了的"家庭联产承包责任制"，原来的"统"与"分"都得到了加强，"统"加强的是农业生产能力及市场竞争能力，"分"加强的是农民的土地权益与农民的经营收益。从组织形态来看，农民专业合作组织属于"农户、村集体、国家"之间的"中介"组织，是一种农民"委托"性质的组织，它可以将分散的农户组织为利益共同体的"法人"，增强农户在决策、谈判与分配上的权利。原来的"小农户"变成了"大组织"，通过合作组织专业化的运作，农民的利益可以得到充分的保障。从这个意义上说，农民专业互助合作组织及农民集体经济组织将在农业规模化经营的各方利益博弈中扮演重要角色。

第四，城乡二元结构与农民利益。当前的城乡二元结构并不限制农民进城，农民能否进城和在城市安居的根本主要是他们能否在城市体面安居的就业与收入条件。在当前中国经济发展阶段，9亿农民绝大多数不可能在城市体面安居，而对农民来讲，一旦他们失去农村住房，他们进城失败就不再能返乡，他们就失去了安身立命的根基。显然，可以容纳无法进城农民且可以让进城失败农民返乡的制度的存在，使中国城乡二元社会结构具有极大的弹性，可以缓冲各种危机冲击。农村成为中国现代化的稳定器和蓄水池。也就是说，正是农村的存在，正是土地在农民手上，农民通过以代际分工为基础的半工半耕结构，获得了在城乡之间进退往返的自由空间。甚至如果出现 2008 年一样的金融危机，有 2000 万农民工失业，这些农民工就可以顺利地返乡。若失业农民工无乡可返，国家就必须为他们提供失业保险，若国家不能提供如此庞大数量人群的失业保险，这些人就无法生存。

在这种大的背景之下，农业规模化经营所要面对的就不仅仅是减少生产成本、高效利用生产资源、提高农业产出效益的问题，还应该考虑到在农业规模化经营的过程中，坚持农村土地基本经营制度与实施农民土地流转政策如何平衡、政府与农业规模化经营主体及流转出土地农民之间的利益如何平衡、在农业规模化经营体内务工农民与经营主体的劳资分配关系如何平衡、农业规模化经营主体与流转出土地的外出务工农民的利益关系如何平衡等一系列问题。因此，需要构建一个多维度、多层次、多渠道的利益表达机制，保护好各阶层的利益。一是在经济利益方面，既要特别关注最大多数和困难农民的利益，维护好他们的合法利益，帮助农民提高实现自身利益的能力，又要区分农村各阶层的共同利益和不同利益。二是加强农村各阶层的利益关系整合，合理定位各阶层的政治地位以优化权利配置。[1] 需要说明的是，在农村社会阶层结构的变化引起的利益结构分化并不存在矛盾的、对立的阶级阶层关系，其突出问题是农村社会生活功能的间隔性缺位，即当人地分离后，家庭剩余劳动力转移，家庭保障的其他功能如教育、保障功能的缺失问题。

第三节　新型农业生产方式对农村社会保障制度的需求

社会问题并不单纯是对客观状况的反映，而是社会建构的产物。农业现代化过程中，农村居民所面临的风险呈现出很大的社会风险的特征，而

---

① 杜胜利：《论农村利益分化与农村社会稳定的相关性》，《农村经济》2008 年第 3 期。

且很多社会风险并非单纯是由于个人因素造成的，这些风险的化解并非靠农村居民个人或家庭就可以解决，也不应该全部由农村居民个人来承担这些社会风险。工业化社会中农村居民的养老、医疗、失业工伤和生育等社会风险需要社会保障制度的建立来化解，而农村社会保障制度的最初目标就是为了应对农村相关风险所带来的社会问题。

一、农村居民利益结构的优化需要农村社会保障制度"托底"

社会保障制度优化利益结构首先是通过"托底"来为农村居民提供基本的生存需求，促使农村社会保障制度内容体系不断完善。保障生存是农村社会保障制度的首要任务。但是当前农村社会救助制度还不完善。首先，农村五保供养制度还存在集中供养率较低以及供养水平不高的现象。尽管我国农村五保供养工作已经有了极大改善，但是集中供养率仍然较低，还有很大一部分五保老人需要进行必要的自养。在这种情况下，亟待加强敬老院建设，提高五保老人的集中供养率。从供养水平来看，五保供养还存在着水平较低的情况。其次，农村最低生活保障制度水平也不高，效果有限。随着经济的发展、物价水平的上涨，这一最低生活补助的效果非常有限，亟待提高。2014 年，农村人口总数为 61866 万人，农村最低生活保障制度的覆盖人数为 5207 万人，农村最低生活保障制度覆盖人数仅占农村人口总数的 8.4%。可见，农村最低生活保障制度覆盖面较小，反映社会保障制度对农村社会成员的受益面过窄，经济支持力度过小。农业生产方式的变迁需要一个与之相适应的社会结构，建立新的社会利益共享机制，才能实现农村社会的稳定。农业现代化过程中特别需要社会保障制度的完善来确保农村社会分配不至于失衡，各个阶级发展的空间得以保护，以达到社会稳定的结构状态。

二、"土地保障"的有限性与"社会保障"的迫切性

随着农村经济发展和农民收入的提高，从理论上来讲，农村土地的保障功能应该是不断强化的。而从中国的现实情况看，农民的收入大部分来

自非农业收入，农村土地的保障功能处于进一步弱化的趋势，直接导致土地的粗放经营，农村土地闲置抛荒现象一年比一年严重，不利于土地向种田能手集中。究其原因，主要有以下方面：第一，农业生产比较效益低。由于农业生产成本不断提高，农产品价格相对较低、农民种地要冒赔钱的风险等直接影响了农民生产积极性，耕地种田利润低已是一个不争的事实。随着经济的发展以及第一、第二、第三产业的比较利益的存在，农民在生产或从事相关经济行为时，大多会倾向于选择收益较好的第二、第三产业，这是目前农村土地闲置的主要原因。第二，农村劳动力紧缺。由于城乡收入差异大，农村大量青壮年劳动力放弃长久以来的耕田务农生活，无论男女全都外出务工，只留下部分老人和孩子；小规模的农业生产效益低，难以采用规模化的现代农业生产手段，但是播种、管理、收获等环节都还需要大量劳动力手工操作。目前农村新生人口减少，农村老龄化严重，部分老人已经无力耕作，致使大部分的田地处于荒置状态。农业生产的低效益也决定了农村在与城市竞争人力资源的过程中处于劣势地位。第三，我国农村广大地区还缺乏有效的土地流转机制，农民多持观望态度。土地不仅是最基本的农业生产要素，而且是农民最基本的生活资料来源，具有生存保障、就业保障和养老保障等多项保障功能。要让农民放弃土地的承包经营权，起码要保证农民得到的经济补偿不低于耕种土地的收益，而土地的收益不仅包括土地自身的产出，还应包括土地为农民提供的养老、失业保障的利益。所以，大多数农民在当前农村正式社会保障制度不健全的情况下不愿意放弃土地，大部分进城谋生的农民宁可使土地抛荒也不愿将土地流转。

土地作为大多数农民赖以生存的主要生产资料，在社会保障体系不完善的情况下，土地的生产资料功能直接成为中国农村社会保障的主要载体和保障基金的来源。但是土地保障机制必然导致小规模、平均化的分散经营，限制了农业生产的专业化发展，难以获得专业化和规模化的好处，直接导致农业生产率和土地利用效率的低下。这种粗放型、分散型的农业经营模式不仅导致土地保障功能不足，农民收入增加缓慢，而且使农村土地质量下降很快，进一步限制了土地的利用效率和农民增收。农民收入水平是目前农村社会保障制度发展的一个重要外生变量，农民收入水平的高低是影响农民参保的重要因素。以新型农村养老保险为例，在新农保制度试点过程中，许多低收入农民不愿意参加新农保。农民收入的增加必然增强农民参加新农保的能力，甚至还能促进有实力的农民参加商业养老保险，并最终体现为农户流转土地参加新型农村社会养老保险意愿的增强。

此外，新农合制度有助于减弱对"土地保障"的依赖程度。生命周期理论认为，根据不同的生理状况，农户个人在不同的生命阶段所做出的生产决策不同。由于农业劳动本身具有繁重的特征以及劳动者年龄逐渐老龄化，在健康状况随时间恶化的情况下，农户不得不面临劳动生产率的降低与医疗服务成本增加的现状。[1] 作为一种社会医疗保险，新农合制度增加了农户抵御疾病风险的能力，在一定程度上有利于改善农户的健康状况，从而能较长期地维持其劳动能力。因此，劳动能力的稳定或提高将会增加农户的劳动供给量，从而对土地依赖程度不同的农户具有不同的影响作用。对土地依赖较强的参合农户(如种粮大户、农业能手等)而言，通过获取其他农户承包地的经营权，可以扩大其农地量，实现土地的规模化经营，从而获得更高的农业收入。换言之，新农合增加了这部分农户的土地流转特别是转入农地的倾向性。对土地依赖性较弱的农户特别是非农就业者而言，一方面，流转土地可以获得一定的转让收入；另一方面，新农合在改善其健康状况的基础上增加了非农劳动的时间供给，为获得更多非农收入提供了可能性，因此，他们可能会增加其土地转出意愿。可见，健康状况对农户的农地流转意愿与参与行为具有显著的影响。倘若考虑不同年龄的参合农户的农地流转决策，则可以将参合农户分为老年和青壮年农户两类。对老年农户而言，新农合制度能够显著地改善其健康水平，从而使其劳动能力增加。这样，在既难以获得非农就业机会又希望落叶归根、不

---

① 张车伟：《营养、健康与效率——来自中国贫困农村的证据》，《经济研究》2003 年第 1 期。

愿离乡的条件下，由于参合具有改善劳动状况继而使劳动能力提高的作用，这部分农户可能不愿转出土地，占有土地是这一群体基于维持生存需要和抵御意外风险的理性考虑。对青壮年农户而言，特别是具有较强"离农"倾向的青壮年，新农合制度可能会增加其土地转出的倾向性，有助于农业规模化的实现。①

因此，土地向经营能手集中，发展农业适度规模经营，有利于提高土地的利用率和生产率，也有助于推动农村工业化和城镇化，是中国农业发展的方向。以土地为保障功能的农业是不健全的农业，必须依靠社会保障制度的建构来破除这种土地保障形态农业模式，逐步弱化乃至完全转化土地的保障功能，凸显其生产要素功能，最终实现以"社会保障"替代"土地保障"，从而推动土地流转，促进土地适度规模经营和农业产业化的发展，推动我国农业现代化的实现。

三、农村剩余劳动力转移需要农村社会保障制度的支持

（1）建立农村基本养老服务体系是农村劳动力转移的重要前提。随着我国农业生产方式的变化，传统的农村养老保障模式已经不能满足农民养老的需要，农民对农村社会养老保险的需求十分迫切。我国人口老龄化进程始于 20 世纪 80 年代中期，2010 年第六次全国人口普查数据显示，我国 60 周岁及以上的老年人口数量为 1.78 亿人，占总人口的比重达到 13.26%。② 在人口老龄化的趋势下，我国农村老年人口不断增加，农村人口的老龄化形势更为严峻。人口老龄化必将推动农村以养老服务和医疗服务等基本社会保障服务的发展，老年群体对社会保障的服务需求会促进农村社会保障内容体系的完善。从制度对养老问题的覆盖程度来说，农村主要养老保障制度已经初步建立，但是养老服务体系缺失。农村养老保障制度体系是一个系统，它不仅应包括养老保障制度，而且应包含农村基本养

---

① 罗必良等：《交易费用、农户认知与农地流转——来自广东省的农户问卷调查》，《农业技术经济》2012 年第 1 期。

② 数据来源：2010 年第六次全国人口普查数据。

老服务，养老保障制度是制度体系的基础，基本养老服务则是养老保障制度内涵的延伸和扩展。我国长期形成的城乡二元化社会结构，导致养老保障也呈现二元化的特点。目前我国城镇养老保障体系已基本建立起来了，但农村养老保障服务体系尚处在探索阶段。养老保障问题归根结底是一种实践活动，因此，从我国农村日趋严重的老龄化问题和城镇化进程等现实性因素出发，建立农村基本养老服务体系是促进农村居民的发展与幸福、实现社会可持续发展和提高农村居民生活质量的一种必需。

（2）剩余劳动力的转移使得流动人口社会保障问题突出。中国农村人口迁移主要是在1978年改革开放以后。随着农村家庭联产承包责任制的推行，农民解决了温饱问题，农村富余劳动力越来越多，大批农村剩余劳动力向城市转移。1982—1985年、1985—1900年、1900—1995年和1995—2000年四个时期，人口迁移规模分别达到了2053.3万、3412.8万、3642.6万和13122.37万。① 2000年以后，流动人口规模进一步加大。2002年中国流动人口达12107万人，占人口总数的9.56%。2007年，农民工总量达到22542万人。2011年，农民工人数达到25278万人。2013年农民工总量增长2.4%，达2.69亿人，但同比增幅回落了1.5个百分点。近年来，"民工潮"高峰已过，农民工总量增速逐渐回落，但农民工年龄结构趋向老龄化。数据显示，41岁以上农民工占比不断上升，截至2014年占比已高达43.5%，农民工群体年龄结构老龄化已成事实。调查发现，建筑、运输等"苦力"行业工作又苦又累，年轻人越来越少，活跃在这些行业的多是50岁以上的人。《2019年农民工监测调查报告》显示，2019年农民工总量达到29077万人，比2018年增加241万人。报告显示，农民工平均年龄为40.8岁，比上年提高0.6岁。50岁以上农民工所占比重为24.6%，比上年提高2.2个百分点，近五年来占比逐年提高。当前农民工年龄结构老龄化趋势已经十分明显，其养老问题也日渐紧迫。但是当前大量农民工未被养老保障制度所覆盖，这充分说明针对流动人口的农村养老保障制度

---

① 王德：《1900年以后的中国人口迁移研究综述》，《人口学刊》2004年第1期。

还不完善。

与此同时，在社会保障体系尚未完善的情况下，农民工问题使得社会保障制度碎片化现象严重。针对庞大的流动群体，许多地方出台了相应的法律法规解决农民工社会保障问题，而地区差异使得农民工社会保障制度实践碎片化。农村社会阶层的流动需要农村社会保障制度结构体系进行整合。由于城乡二元结构的影响，我国社会阶层流动主要是在不同职业间、地域间的大规模流动。在城市经济优先发展的情况下，我国建立了城镇养老保险制度、城镇医疗保险制度、失业保险制度、城市最低生活保障制度等。2003 年开始实施新型农村合作医疗制度，2007 年建立了农村最低生活保障制度，2009 年开始实施新型农村养老保险制度。随着城乡统筹速度的加快，农村社会保障制度的项目与城市社会保障制度的多数项目在内容上具有同质性，需要通过结构的整合来实现城乡统筹。

四、农村居民就业形式多样化导致社会保障制度需求复杂化

农业现代化一个显著的特点就是资本替代劳动、机械化的大规模投入使用，社会成员的主体逐步由依靠土地收入为生的农民转变为依靠工资收入为生的从事雇佣劳动的工人。工业社会中工人的劳动所得主要体现为工资的形式，与土地收入不同，工资收入一定程度而言具有相对稳定性，但也正是由于工业生产催生、集聚和放大了人们面临的工伤、失业、疾病等风险。可以说，工业化是社会发展的问题，但是工业化带来的疾病、失业风险问题不是个人问题，而是一个社会问题。农业工人迫切需要国家提供保护机制，但是目前农村还没有工伤保险、失业保险、生育保险等社会保障制度。当前，中国农村并没有建立工伤保险制度，这其中有历史原因。但是，随着城乡一体的推进以及农业产业化的推行，建立农村工伤保险制度已是迫在眉睫。依据《工伤保险条例》，中华人民共和国境内所有的企业、事业单位、社会团体、民办非企业单位、基金会、律师事务所、会计事务所等组织的职工和个体工商户的雇工，均有依照本条例的规定享受工伤保险待遇的权利。同时还应将小企业业主和雇主、非职工劳动者等群体

纳入工伤保险制度的覆盖范围内。我国正在实现从传统农业向现代化农业的转变，农业现代化的组织形式有大农场、农业合作社等，农业生产将主要依靠机械化等现代化农业生产工具，其所有者既雇佣工人从事农业生产，同时自己也参加一定的生产活动，也属于劳动者范畴，亦面临着农机安全事故风险等各种工伤风险的冲击，因此，建立农村工伤保险制度是很有必要的。同时，工业生产中劳动者与生产资料所有权相分离，当工人失业后，既没有土地保障作为依托，也没有从工资中积累下足够的剩余，因而进一步强化了他们对建立失业保险制度来保障其暂时失业的基本生存需求。此外，农村女性劳动力因生育而导致收入暂时中断急需生育保险制度的保障。

另外，我国新型农民的就业技能培训滞缓，第二、第三产业发展滞后，这与农村社会保障，尤其是与农村教育保障制度的缺失有必然联系。我国农村劳动力素质同农业现代化发达的国家相比差距明显，不论是教育水平，还是职业从业教育的分层化都有待进一步提升。现代人力资本理论对人口的素质的划分主要体现在受教育的程度和身体健康状况。马克思在小农生产理论中指出，现代农业是涉及许多学科领域的知识密集型产业，不仅需要物理学、数学，而且涉及化学、生物学、气象学等。正是由于现代农业科学技术的进步有赖于一系列更为复杂的理论科学和应用技术的发展，在这个意义上马克思指出，"农民的劳动，比受分工支配的制造业工人的劳动，具有更大程度的脑力性质"[1]。所以历年中央"一号文件"一再强调农业的发展，一靠政策，二靠科技。当前农民工的文化教育程度偏低，多数从事的是技术含量低、依靠体力劳动的低收入职业。农民在农村致不了富，进城务工得不到高收入，原因就在于教育程度太低、以农村教育救助为主的社会保障缺失。农业现代化关键在于提高农民素质，应该把农民职业技术培训作为解决"三农"问题的重要举措。农业规模化经营需要有形成规模化经营的土地数量，需要规模化经营所必需的生产技术与生产

---

[1]　《马克思恩格斯全集》第34卷，人民出版社2008年版，第259页。

工具，需要规模化经营所必需的专业生产人才和技术人才，需要有规模化经营配套的农业专业技术的教育和培训。因此，应大力发展农村教育，进一步发挥教育在深化农村改革、加快推进农业现代化中的积极作用；加快农村教育救助体系建设、推动农村职业技能培训是保障农民基本受教育权利，积极培育现代化农民的重要保证，这也是农业生产方式转型的关键。

五、新型农业生产方式的健康发展需要农业保险制度推动

农业现代化建设迫切需要农业保险制度提供保障，当前我国农业保险制度的保障水平较低、保障覆盖面较窄，商业性农业保险发展缓慢，这些制约着农业现代化的发展。农业产业化意味着相对集约化、规模化经营的同时，也使农业生产的风险强度和范围进一步扩大。农民一旦经营失败，将可能颗粒无收，甚至负债累累，较大的预期性风险在一定程度上制约了农业产业化的进程。而农业保险的潜在需求在转化为现实需求后，农民购买农业保险后则有助于保障其收入的稳定性；农业保险在灾害事故发生时可以使农民获得最低保障收入，从而起到收入稳定器的作用。

首先，农业现代化改变农业保险的需求主体。在传统农业生产方式下，作为自然人的单个农户是农业风险的承担主体。农户往往集农业生产、投资和经营等职能于一体，风险理念落后、专业素质低、生产经营活动相对盲目，与农业保险市场所要求的主体资质距离很大。形成对照的是，农业的现代化使得生产经营的主体由分散向集中、由自然人向企业法人转变，各种农业专业合作组织和农业投资发展公司承担着农业的生产、经营和投资等各项职能。这些组织和公司一般都配有经营、管理和财务的专业团队，风险管理意识和投保意识都较强，有投保的专业能力，成为全新的农业保险需求主体。而且，农业保险需求主体的转变使农业保险市场交易由不完全合约逐步走向完全合约，提高了交易效率。其次，农业现代化通过多种路径改善农业保险市场供给。农业现代化经营模式加强了农业生产经营主体之间的合作，在一个产权明晰的现代化组织内部，委托代理机制的存在使得信息的透明度和对称性提高，农业保险的"道德风险"下

降，解决了农业保险供给的一大难题。再次，农业生产经营主体实现形式（如"龙头企业+农户"）向现代产权制度的升级，使得这些农业保险的实施载体基本接近了现代企业的运行水平，这在一定意义上意味着保险成本的降低。

综上，一方面，农业保险通过化解农业风险、推动传统农业改造、稳定农业生产经营主体收益和改善农业现代化条件，促进农业现代化进程；另一方面，农业现代化通过改变农业生产的风险环境、增加农业保险的有效需求和改善农业保险的市场供给，推动农业保险的发展。[1] 农业保险和农业现代化之间客观存在着一种内在的互动机制。

六、新型农业生产方式需要遵循共享发展理念来发挥社会保障的有效治理作用

农业生产方式的发展需要遵循目前国家城乡融合发展战略目标，其过程需要城乡社会保障制度一体化发展来托底。社会发展变迁和制度变革应奉行理念优于制度、制度优于技术的基本原则。理念不仅决定着出发点与发展路线，而且制约着制度的运作与变革，理念一旦确定，就会形成强大的惯性力量。理念的转变为制度的发展和完善提供了有力的先导支撑，而制度运行则在实践中推进了理念的更新。党的十八届五中全会确立了"创新、协调、绿色、开放、共享"的五大发展理念，是新时期指导我国经济社会建设与改革的主导理念。其中，共享发展理念以实现社会公平发展为目标，坚持以人民为中心的取向，是我国公共治理的价值需求，是农村社会保障理性建设与发展进而发挥有效治理作用的重要依据。尽管现行社会保障制度初步具备了覆盖全民特性，城乡社会保障制度发展逐渐呈现并轨发展的态势，但是公平性不足也是客观存在的。

公平和公正是现代社会保障制度始终坚持的基本原则，城乡社会保障

---

① 曹卫芳：《农业保险与农业现代化的互动机制分析》，《宏观经济研究》2013 年第 3 期。

的非均衡性发展格局不利于新时期以公平、公正为核心内涵的共享发展理念的落实，成为当前国家治理现代化在农村的强大阻力。第一，在制度建设的时效性方面，农村相关制度的建立均落后于城市。如在养老保险方面，1997年中国建立了城镇职工基本养老制度，而农村地区则是以家庭保障为主，直到2009年开始进行新型农村社会养老保险试点，到2012年年底，近4.6亿农民参与了新农保，养老保险才补齐农村的短板。第二，在制度建设的规范性方面，城镇职工的职业特点与行业管制使相关社会保障制度的管理具有规范性和统一性的特点，而自给自足的耕种农民与进城务工的农民工则相对流动性较大，相关社会保障制度建立之初就没有明确的程序标准，使得现存制度管理混乱，程序复杂多样，在一定程度上限制了农民享受社会保障待遇的公平性。第三，在制度建设的系统性方面，城市拥有健全的社会保障制度，农村除基本的养老、医疗和低保等制度外，其他种类社会保障远不及城市居民社会保障项目丰富、全面。同时，城乡之间社会保障水平差距依然明显，城市社会保障财政支持力度依旧高于农村，农民的社会保障权益没有得到充分实现。第四，在制度建设的法制性方面，农村社会保障制度一般是以人力资源和社会保障部、卫计委和民政部等下发的规章条例形式出台，非制度化特征明显，立法层次低，缺乏系统性、规范性、可持续性和稳定性，致使违法违规现象时有发生，政策实施困难，尤其是制度规章不健全的偏远农村地区，更容易受违规操作的影响。各地在整合城乡社会保障制度进程中，法制化水平不高，由此导致部门之间、制度之间、上下级之间缺乏沟通、缺乏协调。因此，农村社会保障治理首先要在农村社会保障制度的建立和完善中贯彻共享发展的理念，扭转城乡有别的狭隘观念，实现城乡共同发展，让农村居民分享经济社会发展的成果，享受社会保障制度改革所带来的福利权益。

七、农业生产方式与农村社会保障发展目标的根本性转变

农业生产方式的转变造就了农村社会治理主体的多元化的发展，对农村社会保障制度发展目标的转变提出了新要求。党的十八届三中全会明确

提出了国家治理和社会治理的概念，从管理到治理，是对政府、社会与公众权利与合作规则的重新配置，进一步明确了多元治理的发展目标。在国家治理现代化语义下，社会组织和农村居民由被治理对象转变为农村社会保障治理的重要参与者，其目的既是为了发挥人们的积极性、创造性，又是为了发挥社会组织自我管理、自我服务的自治作用。各参与主体平等互动有利于提高公众对社会保障政策的认同度，降低政策执行成本，提高政策有效性。国家多元治理的发展目标改变了政府的社会保障管理主体地位和社会、公众的社会保障从属角色，社会和农村居民转变为国家治理的重要参与者，政府的管理行为也受到社会和农村居民的监督。

目前，我国农村社会保障是以政府为主体的公共管理模式，政府是社会保障制度运行的最终责任人。在社会组织和民众自主化程度不断提高的背景下，由政府管理社会保障的模式已经不符合农村社会发展需求。回顾改革开放后近三十年农村社会保障制度的发展历程，由于农村居民参与缺失，农村社会保障制度建设几乎是空白，处于停滞甚至倒退的局面。城乡二元社会结构导致城乡差异巨大，农村居民始终处于经济和社会发展的边缘地位，农村居民相对城市居民而言更加远离政府的咨询和决策范围，基本无法表达最基本的社会保障权益诉求，更不用说能否影响政府社会保障政策的制定。当然，农村社会保障制度发展缓慢的原因是多方面的，但是如果能够尊重农村居民的社会保障权益，回应农村居民正常的社会保障需求，鼓励农村居民积极参与社会保障制度建设，农村社会保障制度的这种停滞和倒退局面将会得到有效遏制。因此，应以当前国家治理现代化为契机，创新政府管理体制和监督机制，提升社会组织和农村居民的参与度，建立一套社会保障治理的规则体系，实现为合理性和科学性的农村社会保障治理提供有力保障。[①]

与此同时，我国农村社会保障制度的多头管理和制度碎片化问题较为

---

① 张尧：《国家治理现代化视域下农村社会保障治理的定位与建构路径》，《农村经济》2018 年第 3 期。

严重。我国农村社会保障制度的实施主体有以下几个部门：第一，民政部门管理的社会救助制度，主要管理农村五保供养、最低生活保障制度等社会救助项目。第二，卫生与健康部门管理的社会保险制度，主要负责新型农村合作医疗制度及农村部分计划生育家庭奖励扶助制度等。第三，人力资源和社会保障部门实施的社会保险制度，主要包括新型农村社会养老保险制度、农民工养老保险制度等。第四，中组部与民政部联合管理的制度，主要包括老党员生活补贴制度等。碎片化的管理机构致使农村社会保障政策的设计往往由不同部门根据自身需求和目标建立起来，使得某些保障人群重叠化、保障标准不统一，导致农村居民的社会保障权益受损，其公平性也会受到质疑，而且政策在执行中也是各自为政，较少考虑部门之间政策的协作性。多头管理的现状加剧了碎片化的程度，降低了管理效率，不利于统一调配农村社会保障资源，难以形成规模的管理效应。基于此，在国家治理现代化的背景下，有必要使农村社会保障从分项治理转变为综合治理，整合当前碎片化的实施主体，在尊重社会保障制度发展的基本规律和原则的前提下努力推进社会保障的政策衔接、制度整合与管理模式协调。

第六章　典型国家农业生产方式变革下农村社会保障制度的建构经验及启示

现代社会保障制度最早是在欧洲出现的，它是西方国家社会从传统向现代转型的产物，是和农业现代化、工业革命相伴而生的。18世纪末，欧洲传统的小农经济逐渐被农业规模化经营所取代，农村劳动力向城市流动，原来依靠土地作为生活保障的基础不复存在。在这种情况下，过去农业社会的家庭保障模式已经难以抵挡工业化时代的风险，必须由国家出台相关政策来确保转型的顺利进行，农村社会保障制度由此而生。基于此，本研究选取西方农业较发达的英国、法国和东方农业较发达的日本，研究其农业现代化进程中农村社会保障制度的构建。

第一节　英国农业生产方式变革下的农村社会保障制度

英国是世界上最早发展和确立资本主义大农业的国家，其资本主义农业理论及其实践在许多方面都具有典型意义，深刻地影响了世界上许多国家的农业发展。英国农业革命是英国由传统农业社会迈向工业社会的桥梁，正是农业革命推动了英国农业生产力发展，在其世界工厂地位确立的同时，农业也达到了前所未有的辉煌程度。

一、英国农业生产方式的变革

英国农业革命是以自给自足的家庭经营向以雇工为主的资本主义大农业转变的过程，并最终形成了资本主义大农业生产方式。

(一)土地产权的变革是农业革命的基础

英国的封建农奴制虽然瓦解，但是在中世纪英国土地制度仍然是封建主义性质。在英国资本主义生产方式产生前土地所有制形式主要有以下几种：第一，王室领地。马克思称为国有地，它遍布全国各地，王室成员有权世袭继承。第二，教会领地。罗马教会的寺院领地占全英土地面积的三分之一。第三，公有地。是一种在封建制度掩护下保存下来的未确定的土地小私有制，其面积也很广大。第四，封建贵族领地。此外还有中小乡绅的土地，这种土地在全国仅占很小的一部分。

按照马克思主义的观点，"资本主义生产方式产生时遇到的土地所有权形式，是同它不相适应的。同它相适应的形式，是它自己使农业从属于资本之后才创造出来的，因此，封建的土地所有权，克兰的所有权，或马尔克公社的小农所有权，不管它们的法律形式如何不同，都转化为同这种生产方式相适应的经济形式"①。从15世纪末农业革命开始以后，英国的土地所有权形式发生了重大变化，宗教土地改革以及圈地运动促成了英国土地私有产权的确立，得到这些土地的阶层大部分是资产阶级化了的新贵族。

第一，宗教和王室的土地改革。几百年来，寺院土地占有制一直是西欧封建土地制度的一个重要组成部分。据统计，罗马教会的寺院在英国占有其领土三分之一的面积。16世纪初，英国开展了自上而下的宗教改革，没收了修道院的大量地产。亨利八世在位时"共有645处寺院，90个神学院和110个教会医院的领地被没收了"②。"修道院的大量土地及其收入，

---

① 马克思：《资本论》第三卷，人民出版社1975年版，第898页。
② 波梁斯基：《外国经济史(资本主义时代)》，三联书店1963年版，第28页。

并没有长久保持在国王手中。……到 1547 年，整个修道院保有物约有一半以上或最多 2/3 被转让。"①这些地产中的一部分被国王赏赐给了亲信宠臣和贵族，部分教产被拍卖、出售，购买者主要是乡绅和工商业资产阶级。"到 1547 年为止，国王没收的修道院地产的 14% 授予贵族，18% 授予朝臣和王室官员，21% 授予各郡的乡绅。"②"教会地产的出售加速了圈地运动的发展，随着时间的推移这些土地逐渐落入乡绅之手，在 1558—1640 年，英国王室共拍卖了价值在 400 万英镑以上的地产，其中大部分被乡绅购去。到 1640 年时，在大约 3000 个庄园中，乡绅占有 80%，贵族占不到 7%，王室占 2%。"③因此出售教产造成的长期后果"与其说是使现存的贵族富裕，不如说是给下一个世纪将要兴起的一个新贵族打下了基础"④。教会土地所有权是封建土地所有制的宗教堡垒，没收教会地产对封建土地制是一次沉重打击，使得土地的流动加快，促进了土地市场的发展，土地资本化的发展趋势有利于促进农业资本主义的加速发展。

16 世纪和 17 世纪初，王室和旧贵族因缺少资金，不得不大量变卖土地，也造成土地所有权的重大转移。16 世纪下半叶，王室卖掉了剩余的寺院土地，一些绝后的贵族土地和没收的土地也被国王投入市场。据统计，在 1561 年和 1600 年间，2500 个庄园中有三分之一易手，在 1600 年到 1640 年间又有三分之一以上的庄园易手。英国资产阶级革命期间，政府于 1646 年 11 月颁布了拍卖没收来的主教土地的法令，1649 年 7 月 16 日，正式颁布拍卖王室土地的法令。1647 年 2 月，资产阶级政府颁布新的法令要求保王党等违法者要缴纳罚款，于是违法者私下出卖土地以筹集罚款，从违法者缴纳的 130 多万镑的罚金中可以看出私下出卖土地的数量之多。从 1651 年 7 月开始，政府颁布了三次拍卖违法者土地的法令。革命期间拍卖

---

① 蒋孟引：《英国史》，中国社会科学出版社 1988 年版，第 303 页。

② 沈汉：《英国土地制度史》，学林出版社 2005 年版，第 146 页。

③ 徐浩：《英国农村封建生产关系向资本主义的转变》，《历史研究》1991 年第 5 期，第 158~174 页。

④ 蒋孟引：《英国史》，中国社会科学出版社 1988 年版，第 304 页。

土地的总数难以确定，但"仅拍卖教会和王室土地一项收入约为 350 万镑。就中拍卖主教土地所得为 662600 镑，拍卖教长和教士会土地所得为 1483962 镑，拍卖王室土地所得为 1314825 镑。因此，所得总额为 3461387 镑"①。这些土地的购买者大部分是资产阶级和新贵族。资产阶级和新贵族为了摆脱封建义务自由支配土地，资产阶级政府于 1646 年 2 月颁布了废除"骑士领地制"和取消"庇护制"的法令，1656 年又颁布了取消封建税务的法令。这些法令的颁布废除了封建义务，否定了封建土地所有制的合法性，资产阶级和新贵族所获得的土地成为带有资本主义性质的私有财产，并且在法律上确立了资产阶级和新贵族对土地的私有权。

第二，圈地运动。马克思在《资本论》中指出："为资本主义生产方式奠定基础的变革的序幕，是在 15 世纪最后 30 多年和 16 世纪最初几十年演出的。"②因此，在英国从传统社会向近代社会转型的过程中，圈地运动将传统的小农生产转换为现代的资本主义大农业，实现了农业生产方式的革命，成为英国工业革命的先导。

圈地现象早在 12 世纪就已出现，1235 年英王颁布了关于圈地的立法性文件《默顿条例》，在以后几个世纪里由于圈地规模小，并没有造成深刻影响。15 世纪末，随着养羊业的发展英国掀起了圈地运动的狂潮，圈地运动可分 15、16 世纪的早期圈地运动和 18、19 世纪的议会圈地运动两个时期。"在全英格兰，在 17 世纪有 24% 的土地被圈占，而 16 世纪只有 2% 的土地被圈占，18 世纪圈占的土地占 13%，19 世纪圈占的土地占 11%"。③

早期圈地运动只发生在局部地区，其中三分之二是在英格兰中部各郡发生的。"据盖伊统计，从 1455—1607 年，英国 24 个郡共圈地 516676 英亩，相当于这些郡土地总面积的 2.76%。"④为了发展养羊业有不少耕地变

---

① 叶·阿·科斯明斯基雅·亚·列维茨基:《十七世纪英国资产阶级革命（上）》，商务印书馆 1990 年版，第 530 页。
② 马克思:《资本论》第一卷，人民出版社 2004 年版，第 825 页。
③ 沈汉:《英国土地制度史》，学林出版社 2005 年版，第 786 页。
④ 王乃耀:《英国都铎时期经济研究——英国都铎时期乡镇经济的发展与资本主义的兴起》，首都师范大学出版社 1997 年版，第 90 页。

为牧场，"1485—1517 年，英格兰 23 个郡圈地 101290 英亩，其中可耕种地 13421 英亩，占 13.2%；转化为牧场的各种土地 56883 英亩，占 56.2%；本来就是牧场而被加以圈围的 36986 英亩，占 30.6%"。①"但在整个英国，1500—1650 年，被圈的耕地只占全国土地的 10%。而且这 10% 的大部分是在 17 世纪的早期被圈的。"②早期圈地运动冲击了封建土地所有制，资本主义生产关系悄然渗入农村。由于圈地运动影响国计民生，减少了税源和兵源，使社会动荡不安，因此，15 世纪以来国王多次颁布法令限制和禁止圈地，使农民占有和使用土地的权利受到法律保护，但是这些政策法令并未发挥实效。

随着社会生产力的进一步发展，英国社会迫切需要变革传统的农村土地产权制度、实现土地的规模化经营，以适应生产社会化发展的要求。在此背景下，人们开始呼吁支持领主圈地，主张废除反圈地法的呼声日益高涨。1624 年，议会废除了部分限制圈地的法律。与此同时，许多地主开始采取与庄园公簿持有人协商的方式进行圈地，但这种圈地协议必须经大法官法院专门指派的法官审核，并在被确认合法后予以登记造册。从 17 世纪 60 年代起，当事人开始将圈地协议直接提交议会审议，而议会则以司法案的形式予以审核，若获通过，便成为具有正式法律效力的"圈地法案"，"议会圈地运动"由此开始。圈地法案为地主"从容而不断地圈地"提供了强有力的法律支持和保障，到 18 世纪时，议会审议圈地协议成为常规性的做法。从 1760 年起，议会通过了 5000 多个圈地法案，圈占的土地占到英格兰土地面积的 20.9%。在法律的推动和保障下，圈地运动摧毁了英国中世纪以来以小农生产为基础的庄园经济制度，实现了土地的规模化经营，彻底改变了农村的生产面貌。

可以看出，圈地运动的变迁经历了一个从自发性的诱致性制度变迁到

---

①　刘淑兰：《主要资本主义国家近现代经济史》，中国人民大学出版社 1987 年版，第 37 页。

②　罗伯特·杜普莱西斯：《早期欧洲现代资本主义的形成过程》，辽宁教育出版社 2001 年版，第 87 页。

强制性的政府主导的制度变迁的转换过程，同时经历了一个从非正式制度变迁到正式制度变迁的转换过程，这也符合一般制度变迁的方式。圈地运动是一场土地所有制的深刻变革，在这一系列变革过程中，大地产不断增加，被剥夺土地的无地农民大量增加。维多利亚王朝中期，英国100英亩以上的大农场占有耕地总面积的75%，大农业生产效率比较高，单位面积所需劳动力比小农经济少。19世纪中期结束的议会圈地中，英国许多小农都失去了土地，英国的农业劳动力也多为无地劳工。另外，圈地运动使土地变为资本，这种资本集中在了少数人手中，得到了最大限度的利用，提高了劳动生产率，使得资本主义生产方式的普遍建立。因此，圈地运动从一定意义上是一个提高产权效率的制度变迁。正如诺斯指出的那样："所有权的演进，从历史上看包括了两个步骤，先是把局外人排除在利用资源的强度以外，而后发明规章，限制局内人利用资源的强度。"①

（二）农业生产技术的变革使得农业劳动生产率得以大幅度提高

资本主义大农业的确立、新的耕作制度的采用和新作物的广泛种植、农业机械和农业化肥的推广，极大地推动了农业生产的发展，使农业单位面积产量大幅度提高。

从15世纪末到17世纪40年代，英国农业生产方式和生产技术的进步，使粮食的单位面积产量提高，"经营谷物业也成为比较有利可图的事情了。从1466年到1612年，每英亩的平均小麦产量增加为11蒲式耳，而最高产量则从14.6蒲式耳增加为35.4蒲式耳。黑麦、大麦、燕麦的单位面积产量也提高了"②。"从大约1660年至18世纪40年代，英国的农业生产也有明显的增长。同过去一样，一些产量只是从扩大耕种面积或牧场使用面积取得的。但是质的改善更重要，如粮食产量增长三分之一到一半所

---

① 诺斯：《经济史上的结构和变革》，商务印书馆1992年版，第85页。
② 波梁斯基：《外国经济史（资本主义时代）》，三联书店1963年版，第40页。

表明的那样。"①"据统计，十八世纪时，每英亩小麦的平均产量已由十五蒲式耳增加到二十五蒲式耳，大麦从每英亩二十四蒲式耳增加到四十蒲式耳。"②"谷物产量在 18 世纪上半期不仅能养活日益增多的城市人口，还有盈余供出口。1740—1750 年，每年出口将近 40 万夸特小麦，1750 年达到顶峰，几乎达 100 万夸特。""在 17 和 18 世纪里，英国农业成为欧洲生产力最高的农业。"③从 18 世纪 60 年代到 19 世纪中期，英国农业生产率有了更大提高，"在 1700 年，一个从事农业的人能够养活 1.7 人，但是到 1800 年，一个人能够养活 2.5 人，同比增长 47%"④。"农业总生产率在 16 世纪 20 年代到 19 世纪 60 年代之间的 340 年间大约只增长了 56%。在著名的农业革命时期，农业增长率从 18 世纪 60 年代到 19 世纪 60 年代之间是一个适度的 31%。"⑤农业产量也在不断提高，"由于农业改良，1760—1815 年英国农业产量增长 50%"⑥，"十九世纪初在不列颠的某些地区，小麦、燕麦和大麦增产的幅度接近了近代的水平"。英国的农业产值从 1760 年到 1815 年增长了 61%。⑦

19 世纪 60 年代，当英国实现工业化的时候，英国的农业也达到了它在近代时期内发展的高峰。马克思指出：当时英国的农业"耕地面积不断扩大，耕作更加集约化，投在土地及其耕作上的资本有了空前的积累，农

---

① 罗伯特·杜普莱西斯：《早期欧洲现代资本主义的形成过程》，辽宁教育出版社 2001 年版，第 233 页。

② 许永璋：《世界近代工业革命》，辽宁人民出版社 1986 年版，第 106 页。

③ 罗伯特·杜普莱西斯：《早期欧洲现代资本主义的形成过程》，辽宁教育出版社 2001 年版，第 232 页。

④ Trevor, May. An Economic and Social History of Britain, 1760-1970. Longman, 1987: 15.

⑤ Gregory, Clark. The Agricultural Revolution and the Industrial Revolution: England, 1500—1912. University of California, 2002: 10。

⑥ 王觉非：《英国政治经济和社会现代化》，南京大学出版社 1989 年版，第 382 页。

⑦ W. H. B. 考特：《简明英国经济史（1750 年至 1939 年）》，商务印书馆 1992 年版，第 31 页。

产品获得了英格兰农业史上空前未有的增长，土地所有者的地租大大增加，资本主义租地农场主的财富日益膨胀"①。

二、英国早期农村社会保障制度的建立

农业革命可以说是 16 世纪英国经济迅速发展和社会变革的重要开端，是英国资本主义原始积累的开始。资本主义大农场的建立和农业的技术革新，极大地提高了英国的农业生产力，改变了英国农业的面貌，为英国工业革命的开展打下了坚实的基础。英国对农村旧的经济结构破坏较为彻底，农业革命期间，农民很少从土地再分配中获得土地，其中土地立法也使得自耕农趋于消失，加速了英国小农经济的消亡，同时也对英国农村社会产生了深刻影响。但是，农业生产方式变迁、流民大军和贫困问题交织在一起，互为因果，快速加剧了英国社会的矛盾。圈地运动使大量人口失去土地，从而失去生活来源，加剧了英国农村社会的贫困状况，贫困又使得流民规模不断壮大，这不仅对社会治安带来严重影响，而且使许多人失去稳定的、尽管少得可怜的收入，从而更加贫困。这样的状况不得不引起英国政府的关注，从而促使英国政府采取有效的手段解决流民问题，进而缓解贫困状况。② 贫困不仅仅是一种个人问题，更是一种社会现象，政府必须及时采取适当的社会政策加以应对，帮助那些无以为生的人们，于是，英国早期的社会救济制度开始出现，济贫法制度在 17 世纪逐步实施起来。可见，英国早期社会保障的发展是与英国农业生产方式转型和工业革命所引起的贫困和流民问题紧紧联系在一起的。

(一)内容体系的发展

在封建社会，土地对于农民来说是生存的根本，失去土地就意味着生存失去保障。英国农村社会变迁过程中，圈地运动加剧了英国原本就很严

---

① 马克思：《资本论》第一卷，人民出版社 2004 年版，第 781 页。
② 丁建定：《英国济贫法制度史》，人民出版社 2014 年版，第 13 页。

重的流民问题。亨廷顿认为："一般而言，经济进步总是以社会混乱为代价的。在自发调节的市场体系所固有的威胁面前，社会奋起保护自己。"①在整个 16 世纪英国发生过三次较大规模的农民起义。此外，在局部地区暴乱和骚动时有发生，或有一触即发之势。尤其是在 16 世纪 90 年代情况最严重。1594—1598 年连续 5 年闹灾荒，农业歉收，当时流民问题严重。16 世纪英国流民的主要成分是农民，是那些失去生产资料无所依托的农民。② 可见，16 世纪对下层农民是一个残酷的世纪。这种状况在进入 17 世纪后又延续了几十年。失业、破产、饥饿、贫困、流浪现象从 16 世纪之初起便有增无减。③

　　因此，英国早期社会保障内容体系的建设需要首先关注贫民救济，英国政府也实施了一系列的社会救济措施。英国早期的社会救济以贫民救济法为主，同时也实施了一些在劳动、教育、卫生等方面的政策。④ 1536 年，英国颁布了《亨利济贫法》，它标志着英国政府开始为解决社会贫困问题承担一定的责任。1572 年，英国国会颁布一项法令，规定不论城市还是乡村，每个公民都要缴纳为了济贫而专门设立的基金，还要求设立教区贫民救济委员会，专门负责为贫民提供救济。该法令确认了政府为实施各种救济而征税的权力，从而为英国政府建立起社会救济制度奠定财政基础。1601 年，英国政府颁布了《伊丽莎白济贫法》，史称《旧济贫法》。《旧济贫法》汇集了都铎政府针对贫困、流浪、失业等社会问题的相关立法，首次以法律形式规范了国家在救灾济贫问题上的职责。⑤ 在《伊丽莎白济贫法》的基础上，英国政府不断颁布相关社会救济立法，使得《伊丽莎白济贫法》开始进入实施阶段。韦伯夫妇在其《英国济贫法史》中对济贫法做出了如下概括性描述，这一阶段是"作为国家化的济贫法制度被确立前的准备阶

---

① 塞缪尔·P. 亨廷顿：《变化社会中的政治秩序》，三联书店 1989 年版，第 65 页。

② 尹虹：《16 世纪和 17 世纪前期英国的流民问题》，《世界历史》2001 年第 4 期。

③ 尹虹：《16 世纪和 17 世纪前期英国的流民问题》，《世界历史》2001 年第 4 期。

④ R. C. Birch. The Shaping of the Welfare State. Longman，1974：7-8.

⑤ 丁建定、杨凤娟：《英国社会保障制度的发展》，中国劳动社会保障出版社 2004 年版，第 5 页。

段"，在这一阶段，"几乎所有的公文、指令与命令源源不断地从一个以中央政府部分的名义机构发出，这一部门就是枢密院或其一些成员，这些指令发向巡回法官、首席长官、各郡郡长或者直接发给季法庭的治安法官，这些指令与命令强调那些涉及贫民救济、伤病救济、耕地保护以及镇压流民的法律必须有效实施"①。《伊丽莎白济贫法》颁布伊始就已经覆盖了贫困和流民问题，《旧济贫法》所建立的救济制度在英国从封建社会向资本主义社会转变这一过程当中发挥了重要作用。

旧济贫法制度还具有促进英国农业经济发展的功能。14 世纪的黑死病使得大量英国农村人口离开家园成为流动人口，16 世纪开始的圈地运动更使得大量人口离开土地成为流民。在工业革命开始以前，英国经济主要以农业经济为主，显然当时大量的人口流动不利于农业经济的正常发展。于是，如何为农业提供足够的劳动力，便成为包括济贫法制度在内的早期英国社会政策的主要目标，旧济贫法制度的重要经济功能之一，便是保障足够数量的从事农业生产的劳动力。②

1795 年，因战争和农业歉收所导致的食品供应短缺及通货膨胀使贫困的范围从流浪的无业者扩大到有人就业的家庭。各地不得不采取一些应急措施，其中最为著名的是《斯宾汉姆兰法》的出台。其基本内容是：根据食品价格决定基本工资标准，对不能达到这一基本工资标准者，由政府给予救济补贴。救济对象包括劳动者及其家庭成员。《斯宾汉姆兰法》是作为应急方案非正式地提出的，然而它很快成为涵盖几乎所有乡村的法令。《斯宾汉姆兰法》的积极意义在于建立了一种广泛的济贫院外救济制度，工资补助的引入，以及外加的对妻子和孩子的补贴——所有这些项目都与面包挂钩，它要求保证每个人的生存权——个人什么工作都不做就可以生存。③由于《斯宾汉姆兰法》规定不需要接受救济的人必须向教区交纳一定数额的

---

① H. E. Raynes. Social Security in Britain, A History. London, 1960：64.

② 丁建定：《英国济贫法制度史》，人民出版社 2014 年版，第 339 页。

③ 波兰尼：《大转型：我们时代的政治与经济起源》，浙江人民出版社 2007 年版，第 67~69 页。

济贫税,这种"以穷人养活穷人"的济贫政策很快遭到来自各方的攻击。"边沁认为这种制度造成了被救济者的道德堕落;马尔萨斯认为这样的救济会导致人口数量的激增;李嘉图认为它会降低工人的工资收入,从而使贫困问题进一步恶化。但是比这些学术争论更为重要的现实是,这一制度确实增加了济贫的费用。"①

波兰尼在《大转型:我们时代的政治与经济起源》中曾有精彩的论述,他认为,《斯宾汉姆兰法》的实质不仅是英国通过"济贫法"缓解了社会的贫困问题,而且是资本主义以特殊方式让市场和社会紧密结合的一次尝试:一方面,把土地和劳动力变成可以买卖的商品,需要大范围剥夺人民权利,这是第一重运动;另一方面,第二重运动则是来自社会的反应,它力求治疗市场自我调控带来的创伤。② 换而言之,让市场发挥作用的前提是,社会需要建立某种制度安排,将劳动力、土地等资源变成可以在经济体内进行"市场交易"的商品,从而具备产权(所有权)和市场定价的资格,以便市场原则通行于经济和经济以外的所有领域。③

1834 年,英国政府颁布了《新济贫法》,规定贫困者必须进入济贫院才能得到救济。此外,英国还存在多种非政府性救济组织和救济行为。英国是一个具有悠久互助传统的国家,英国历史上的互助主要采取友谊会等形式。友谊会组织出现于 18 世纪初,其种类繁多,规模大小不一,其中主要组织形式是丧葬会、共济会、募捐会等。友谊会的会员定期缴纳规定的会费,在其生病时可以得到补助,年老时可以得到年金,死亡时可以得到安葬费或其家属可以得到一部分津贴等。④

在现代社会保障制度出现以前,英国社会已经存在着各种各样的社会

---

① 尼古拉斯·巴尔:《福利国家经济学》,中国劳动社会保障出版社 2003 年版,第 17 页。

② 波兰尼:《大转型:我们时代的政治与经济起源》,浙江人民出版社 2007 年版,第 71 页。

③ 沈原:《社会转型与工人阶级的再形成》,《社会学研究》2006 年第 2 期。

④ 丁建定、杨凤娟:《英国社会保障制度的发展》,中国劳动社会保障出版社 2004 年版,第 9 页。

救济措施。这些社会救济措施基本上可以分为两种类型，即政府性救济措施和非政府性救济行为。政府性救济措施以济贫法制度为主，这一制度经历了一个从《旧济贫法》到《新济贫法》转变的过程。非政府性救济行为主要包括慈善组织提供的救济和各种互助性组织所提供的救济。① 英国这一时期的济贫制度适应社会转型和工业化阶段社会问题突出的需要，为部分贫穷群体提供生活保障，以维护社会稳定和秩序。

(二)结构体系的发展

英国进入资本主义大农业轨道后，农业也产生了相对过剩人口。1688年农业革命时，英国75%的劳动人口从事农业生产。农业革命极大地提高了农业生产效率，而生产率的提高使得从事农业生产的人口不断减少。同时，农业革命使得大批农民和手工业者破产，他们失去了维持生活所需的生产资料，大规模地向城市迁移。作为剩余劳动力只能到城市成为产业工人，使英国城乡人口的比重发生了极大变化。1811年英国农村人口占总人口的35%，城镇人口占65%，到1870年，农村人口只占总人口的14.2%，而城镇人口则增至85.8%。19世纪大批脱离土地的农村劳动力补充了英国工业发展对劳动力的强烈需求。② 正如卡尔·波兰尼所言："城市制造业的发展与乡下穷人数量之间是有必然联系的。"③城乡人口的巨大差异，使得英国政府在推行社会救济措施时并没有针对农村居民设计独立的制度，而是呈现出采用同一制度覆盖各种社会群体的统一道路选择。

此外，英国公民享有救济权利也逐步扩大。中世纪晚期，英国民众中享有救济权利的比例极为有限，最初的贫民法以惩罚为主，毫无公民权利而言，随后的济贫法制度表现出一个以惩罚为主逐步转变为惩罚为主、救

---

① 丁建定、杨凤娟：《英国社会保障制度的发展》，中国劳动社会保障出版社2004年版，第10页。

② 周沛：《农村社会发展论》，南京大学出版社1998年版，第51页。

③ 波兰尼：《大转型：我们时代的政治与经济起源》，浙江人民出版社2007年版，第79页。

济为辅的变化过程。济贫法将贫困群体划分为"值得救济者"和"不值得救济者"两种群体，享有救济权利者仅仅为那部分所谓的"值得救济者"，且受到家庭收入、个人品行、居住地点等方面的严格限制，"不值得救济者"不可能得到救济，而必须接受相关强制性劳动，否则将受到严厉惩罚。显然，早期英国济贫法制度是一种救穷不救贫性质的社会政策，但对所谓的"值得救济者"提供有限的救济，应该说是对英国公民享有救济权利的一种认可，这种认可随着英国社会的变化和济贫法制度的变化而逐步发展变化。

18 世纪末 19 世纪初，英国公民享有救济权利的扩大成为济贫法制度改革的重要内容之一。1834 年新济贫法的主要功能是部分扩大了英国公民享有救济的权利范围。虽然新济贫法制度确立了严格的院内救济原则，实行歧视性的贫民权利理念，推行带有侮辱性的以公民权利为代价换取有限救济的做法，但是，从公民享有救济权利的角度来看，新济贫法制度在一定程度上有所进步。新济贫法制度最为突出的变化是不再将贫民划分为"值得救济者"和"不值得救济者"，只要是贫民都可以申请救济，英国济贫法制度开始从救穷转变为既救穷也救贫。特别需要指出的是，除了济贫院内救济之外，济贫院外救济的实施也存在不断扩大的趋势，在一定程度上弥补了院内救济对部分贫民的排斥，使得一部分贫民不必进入济贫院内就可以获得一定的救济，从而使得更多的英国公民或在济贫院内或在济贫院外获得济贫法制度所提供的相关救济，英国公民享有的救济权利逐步扩大。①

(三)层次体系的发展

中世纪晚英国济贫法制度的出现，不仅是英国社会转型的需要和近代社会政策的起源，也是实现英国民族国家及政府权力合法性的需要。英国早期社会救济制度层次体系存在一个显著的变化过程，表现在英国对贫民

---

① 丁建定：《论英国济贫法制度的政治功能》，《东岳论丛》2012 年第 8 期。

和救济逐渐从依靠建立在宗教基础上的教会救济，转变为依靠建立在国家
责任理念基础上的政府救济。

英国早期传统社会慈善救济措施可以分为官方社会救济和非官方社会
救济。英国早期社会救济措施中非官方的社会慈善救济具有重要地位，教
会救济尤其具有重要地位和影响。正如斯莱克所指出的那样：宗教改革与
解散修道院"意味着 16 世纪英国的济贫改革，不像法国、意大利和西班牙
那样只是对现存规定的重组或增补，它需要世俗政府和单个捐助者的介入
去取代教士的职责，因此，它看起来好像就是从头重新建立一个社会福利
体系"①。斯莱克进一步指出："1500 年以前，对贫民的救济与帮助表现为
各种方法的混合，如宗教性机构——修道院、兄弟会以及基尔特、城镇的
劳动介绍所、济贫院以及教堂捐助等，除了有关要求活动、惩罚乞丐和流
民的法令外，国家对济贫几乎没有参与和行动。"②

济贫法制度经过不断发展，成为社会保险制度实施以前英国政府救助
制度的一项最为重要的措施，也是以官方的社会救济制度为主体的时代。
这一时期，以济贫法制度为代表的官方救济制度发展成为英国社会救济制
度的核心和主题。18 世纪，英国的济贫支出不断增加。1748 年，济贫支出
约为 69 万英镑，1776 年约为 153 万英镑，1783—1785 年年均约 200 万英
镑，1803 年为 423 万英镑，1813 年为 507 万英镑。③ 17 世纪末，英国政府
每年用于济贫的费用约占国民总收入的 1%，18 世纪末，每年用于济贫的
费用约占国民总收入的比例上升到 2%。④ 整个 18 世纪，英格兰和威尔士
每年的济贫总支出、人均支出、接受救济的人口比例以及济贫支出占国民
收入的比例等都出现显著增长趋势，尤其是 18 世纪后半期的增长更为显

---

① P. Slack. Poverty and Policy in Tudor and Stuart England. Longman，1988：13.

② P. Slack. The English Poor Law，1531-1782. Cambridge，1955：6.

③ 巴顿：《论影响社会上劳动阶级状况的环境》，商务印书馆 1990 年版，第 52～
53 页。

④ P. M. Solar. "Poor Relief and English Economic Development before the Industrial
Revolution". The Economic History Review，1995(1).

著。1748—1760 年，英格兰和威尔士的济贫总支出年均增长为 1.79%，人均济贫支出年均增长 1.19%，1776—1785 年，两者分别为 3.04% 和2.22%，1785—1803 年，两者分别为 2.21% 和 1.12%，见表 6-1。①

表 6-1　1696—1803 年英格兰和威尔士的济贫支出

时间 （年）	总支出 （英镑）	总支出年 增长率(%)	人均支出 （先令）	人均支出 年增长率 (%)	接受救济 人口比例 (%)	济贫支出 占国民收 入比重(%)
1696	400000		1.5		3.6	0.8
1748—1750	689971		2.3		7.9	1.0
1776	1529780	1.79	4.4	1.19	9.8	1.6
1783—1785	2004238	3.04	5.3	2.22	10.9	2.0
1802—1803	4267968	2.21	9.5	1.12	14.7	1.9

资料来源：P. Slack. The English Poor Law. 1531-1782. Cambridge, 1955：22；G. R. Boyer. An Economic History of the English Poor Law 1750-1850. Cambridge, 1990：29.

　　但是在该时期，英国其他非官方社会救济方式也有很大发展，特别是英国慈善救济的发展最为明显，慈善组织建立了全国性的组织，救济范围不断扩大，救济原则逐步确立，收入来源快速增长。与此同时，英国的互助性救济方式也得到快速发展，友谊会、丧葬会、互助会以及其他互助性组织纷纷建立，工会组织也开始在英国出现。这些非官方的社会救济团体及其所提供的各种救济弥补了官方的济贫法制度的不足。②

　　英国是世界上最早进行农业革命和工业革命的国家，同样其最早面对农业生产方式和资本主义生产方式所产生的严峻的社会问题，英国也是世

---

　　①　G. R. Boyer. "An Economic Model of the English Poor Law, Circa 1780-1834". Explorations in Economic History, 1985(22).

　　②　丁建定：《英国济贫法制度史》，人民出版社 2014 年版，第 345 页。

界上最早将社会保障作为一种社会制度进行思考的国家。在英国早期的社会救济措施中，国家逐渐意识到社会转型所带来的社会风险需要政府来承担责任，贫民救济制度是主要官方措施。二战后，英国的经济得到迅速发展，面对新型工业化所带来的社会问题，传统社会救济措施变得无力应付。1942 年，牛津大学经济学教授威廉·贝弗里奇向英国内阁提出《关于社会保险和社会服务的报告》，即著名的《贝弗里奇报告——社会保险和相关服务》，《贝弗里奇报告——社会保险和相关服务》是福利国家理论和实践产生的重要基础，对英国乃至世界社会保障制度发展产生极为深远的影响。《贝弗里奇报告——社会保险和相关服务》对以往的福利政策进行了反思，确定了必须由国家和个人共同合作实现国家福利的方针，认为英国社会福利政策应以解决五大社会问题，即贫困、疾病、愚昧、肮脏、懒散为目标，建立"从摇篮到坟墓"的一整套社会福利措施，包括失业、老年、职业伤害、遗属等保险项目和家庭津贴等。①《贝弗里奇报告——社会保险和相关服务》为英国战后社会福利制度的改革提供了依据，旨在覆盖所有民众以及所有风险。1946 年英国政府通过了一系列有关社会保障立法，并将国家福利计划分为社会保险、社会救济和自愿保险三个方面的内容，体现了《贝弗里奇报告——社会保险和相关服务》全面覆盖的原则。英国政府依据《贝弗里奇报告——社会保险和相关服务》建立更加有效的、覆盖全面的社会保险制度。从 16 世纪《伊丽莎白济贫法》开始直至 1948 年福利国家的建立，英国颁布了一系列针对社会风险的法律和法规，其社会保障制度也实现了从最初的解决因社会转型和农业生产方式变迁所带来的社会风险的救济型制度向为全体社会成员提供社会福利的社会保障制度的转变。

---

①　贝弗里奇：《贝弗里奇报告——社会保险和相关服务》，中国劳动社会保障出版社 2004 年版，第 3~16 页。

第二节　法国农业生产方式变革下的农业社会保障制度

一、法国农业生产方式的变革

法国农业生产方式的变革是法国大革命爆发后发生的持续的、渐进的农业现代化进程，主要表现为两个阶段，第一阶段是整个 19 世纪直到第一次世界大战，第二阶段是第一次世界大战后直到第二次世界大战以后。

第一阶段：从 19 世纪中叶到 20 世纪初是法国从传统农业向资本主义大农业转型的关键时期。同时，法国农业内部的商品化生产的经济力量也日益强大，要求冲破传统农业的束缚。生产率在提高意味着法国农业可以挖掘出巨大潜能，而农村中资本主义生产关系的迅速发展也表明法国农业已经处于必然变革的历史关头。这一变革主要体现在三个方面：

第一，农业生产者更多地从事商品生产。由于商业机会增加、农业生产效率提高，农民向商品生产转化的趋势越来越明显，农业为工业生产、为城市生产的程度越来越高。它从一个方面表明法国农业缓慢地进入了传统农业向现代农业转型的新阶段。第二，资本主义经营方式的扩展。农业商品化的发展，必将带动土地经营方式的转变。从事专门化生产，即单一耕作的资本主义大农场的出现，是农业生产方式变化的显著标志。资本主义大农场是进行专门化农业生产的最佳方式。"到 19 世纪 60 年代，全国已有 15 万个资本主义农场，占全部耕地面积的 40%，雇佣农业工人在 90 万以上。"①据法国政府调查，1906 年全国"有 130 万个农场雇佣 5 名工人，4.5 万个农场雇工人数为 6~50 名，此外还有 250 个农场雇佣工人超过 150 名"。第三，农业革命的进一步展开。从 19 世纪初开始，法国农业生产量增长很快。在该阶段，法国农村首先消除了以休耕来恢复地力的传统耕作

---

① 余开祥：《西欧各国经济》，复旦大学出版社 1987 年版，第 52 页。

制度，继而改良土壤，推广使用化肥，使得农业技术的进步出现新的高涨。其次，农业机械化的进程也于19世纪中叶开始，打谷是最早实现机械化的生产活动。耕作方法和生产工具的改进，生产技术的进步直接带动了农业生产的发展。

19世纪下半叶至20世纪初，法国农业向资本主义大农业的转型普遍发生，但是与英国相比，法国的土地结构变化过程明显过于缓慢，一战以前并没有相应地在土地占有总体结构上出现根本性的变化。大量存在的小土地占有制以及与之相适应的小农经营仍然使法国以小农经济为主，见表6-2。

表 6-2 法国 1862—1882 年农场数量表

公顷	1862	1882	变化	1882 年占 1862 年的百分比
1~5	1815558	1865878	50320	103
5~10	619842	769152	149309	124
10~20	363769	421335	67556	119
20~30	176744	178041	21297	112
30~40	95796	97828	2032	102
40 以上	154167	142088	12979	92

资料来源：罗杰·普赖斯：《19世纪法国社会史》，伦敦出版社1987年版，第18页。

表6-2显示，大农场的数量在减少，小面积的土地单位在增加。就整体而言，在法国，直至19世纪80年代初，大革命以后延续下来的土地分割趋势并没有因为整个农业开始向资本主义方向转变而得到遏制，反而欣欣向荣。从1860年到1914年，小农经济始终保持着农业经济中的主导地位，农业生产专业化程度比较低。然而法国农业毕竟在发展，尽管很缓慢。

第二阶段：二战以后，法国政府加强了对农业的宏观指导与扶持，采取了一系列有力措施，推进土地集中规模化经营，大力推广农业机械化、专业化和产业化、提高农业从业者素质等，在短短的二十多年就实现了从传统农业向现代化农业的转变。其主要措施如下：

第一，推进土地集中规模化经营。首先，减少农业从业人口，转移农村富余劳动力。法国政府规定：年龄在 55 岁以上的农民，国家负责养起来，一次性发放"离农终身补贴"；对想到城市务工的农村年轻人，鼓励其进入城市，到企业务工，对想留在农村务农的青年，由政府出钱进行农业技术和农业机械使用的培训，然后再参与农业生产。其次，推动土地集中，以实现农业规模经营。法国政府规定农场主的合法继承人只有一个，以防止土地进一步分散；以税收、财政补贴等优惠政策，对购进土地的大农户给予免税登记、无息或低息贷款，鼓励单个家庭农场以股份制的形式结合起来组成较大的农场，开展联合经营；各级政府分别组建了以土地整治为主要工作的非盈利组织，它们拥有土地的优先购买权，把买入的土地连接成片并进行整治，之后再以低价保本出售给专业经营公司。1955 年，法国拥有 230 万农户，1977 年下降至 110 万户，目前已降到 59 万户。1955 年平均每个农户经营 14 公顷土地，到 1997 年增至 41.7 公顷。在 20 世纪 80 年代的十年中，拥有 50 公顷以上土地的大农户比例由 8% 上升到 13%。到 90 年代中期，每个农场平均拥有土地 35 公顷、劳动力 1.9 人。这为农业现代化和机械化铺平了道路，生产率随之显著提高。谷物生产由 1949 年的每公顷平均产量 1802 公斤，提高到 1999 年的 7248 公斤，居全球谷物单产水平之首，高于美国。

第二，大力推广农业机械，提高农业生产率。农场经营规模的扩大促进农业机械得到广泛而充分的运用，加速了农业现代化的发展。1947 年开始实施的第一个经济发展计划中，法国政府设置了农业机械指导委员会，农业机械化作为法国政府国民经济计划重要内容被摆到了突出位置。同时，法国政府还不惜举借外债，对农民购买农机具，不仅给予价格补贴，而且提供 5 年以上低息贷款，总贷款金额占到农民自筹资金的一半以上。同时免除农用内燃机和燃料的税费，降低农业用电的价格。为了保证农机质量及其方便使用，政府为符合资质的专门企业颁发"特许权证"，鼓励其在全国各地建立销售、服务网点，为农机使用提供保障服务。与此同时，法国电力和工业的迅速发展也促进了农业的电气化。1955—1970 年，全国农场拖拉机占有量从 3 万台增加到 170 万台，联合收割机从 4900 部增至 10 万部，其他现代化农用机械也很快得到普及。法国只用了 15 年时间，就实现了农业机械化。

第三，大力发展农业经济合作组织，实现农业专业化经营。农业合作经济组织把家庭规模生产联结起来形成社会化大生产，把家庭小范围经营和整个社会大市场联系起来，推动了农业现代化进程。任何一个发达国家，在进行农业现代化建设的过程中，都不同程度地采用各种各样的农业合作社的组织方式。农业合作社的出现成为农业发展的必然选择。① 法国农业专业化也可以概括为三种类型，即区域专业化、农场专业化和作业专业化。在区域专业化方面，为了充分利用自然条件和农业资源，法国将不同的农作物和畜牧生产合理布局，形成专业化的商品产区。在农场专业化方面，按照经营内容大体可分为畜牧农场、谷物农场、葡萄农场、水果农场、蔬菜农场等，专业农场大部分经营一种产品。作业专业化农场是将过去由一个农场完成的全部工作，如耕种、田间管理、收获、运输、储藏、营销等，均由农场以外的企业来承担，使农场由原来的自给性生产转变为商品化生产。

第四，建立和完善农业科技研究，努力提高经营者素质。首先，法国建立了数量众多且类型各异的农业科研机构，拥有庞大的农业科技人员队伍。全国有直属农业部的法国农业科学院和国家农业研究院，有 6 所农业大学和 38 所高等农校，有近千所中等农业技校。其中国家农业研究院现有工作人员近 1 万人，年度预算达 30 多亿法郎。其主要任务是为法国农业现代化提供基础研究和应用研究，内容涉及从国土调查到各种高科技在农业

---

① 陈新田：《从法国农业发展看我国中部地区农业现代化的途径选择》，《理论月刊》2005 年第 4 期。

中的应用。该研究院每花费 1 法郎，可给农业部门增加 100 法郎的效益。其次，法国政府对农业经营者也提出一定的资格要求。法国政府规定：农民必须接受职业教育，取得合格证书，才能享受国家补贴和优惠贷款，取得经营农业的资格。相当于高中一年或二年的"农业职业能力证书"和"农业职业文凭"持有者，只能在农场或农业企业中当雇工；具有高中二年以上学历的"农业技师证书"持有者，或通过农业职业和技术会考的学生，才有资格独立经营农场。法国有的农场继承人在接受基础教育之后，还要再上 5 年农校，再经过 3 年学徒期，考试合格并取得绿色证书才有从事农业经营的资格，否则即使拥有土地，也须雇佣具有资格证书的人来经营。而高级农业技师则必须是 5 年大学本科毕业生。农业经营者每年还须接受两周的专业培训。法国农业现代化打造的农民已经不再是传统意义上的农民，而是具备科学管理的现代化农业经营者。

二、法国农业从业者的社会保障制度

法国工农业资本主义的发展使得法国传统农业实现了向资本主义现代化农业的转变，农业生产方式的转变也迫使法国农村社会的转型。这一社会转型涉及农村社会的各个领域：在经济领域，农业和手工业发生分离，自然经济解体；在社会生活方面，农村公社瓦解；在人口生态方面，农业剩余人口的增多，农村剩余人口向城市迁移，所有这些变化都给法国社会以深刻的影响。[1]

农业劳动力的转移是历史进步的标志。科学技术的进步、农业机械的使用、经营结构和经营方式的改变使农业劳动生产率大幅提高，农业生产领域对劳动力的需求下降，农业现代化的程度提高，农业生产中的劳动力日益减少。19 世纪上半叶法国就开始有农村劳动力转移，这个进程延续了约一个半世纪，二战以前的转移速度十分缓慢，二战后速度加快，见

---

[1] 许平：《法国农村社会转型研究》，北京大学出版社 2001 年版，第 101、104 页。

表6-3~表6-5。

表 6-3　法国 1831—1911 年农村移民人口的变化

年代	移民数量(万)	年代	移民数量(万)
1831—1841	47.3	1872—1881	105.3
1841—1851	84.9	1881—1891	85.2
1851—1861	126.5	1891—1901	104
1861—1871	86.7	1901—1911	109.2

资料来源：弗朗索瓦·卡隆：《19—20 世纪法国经济史》，巴黎出版社 1981 年法文版，第 110 页。

表 6-4　法国 1806—1982 年城乡人口变化状况

调查年份	农村人口(万人)	城市人口(万人)
1806	2450	515
1851	2722	925
1901	2390	1678
1931	2040	2110
1975	1420	3840
1982	1450	3990

资料来源：王章辉、黄柯可主编：《欧美农村劳动力的转移与城市化》，社会科学文献出版社 1999 年版，第 137 页。

由表 6-3 可知，1841—1851 年法国农村的移民数量比前十年增加了近一倍。但是这一时期的人口流动主要是无地的穷人和农村的家庭手工业者，至于农业现代化的因素从 19 世纪下半叶才起到作用。1850 年开始，法国农业生产量增长很快，1851—1861 年比 1831—1841 年移民人数也增加了近两倍，达到最高值。继而，城乡人口的比例开始发生变化，法国农村人口开始减少。

表6-5 法国1866—1987年三个产业的劳动力占总劳动力比例

年份	农业(%)	工业(%)	第三产业(%)
1866	49	29.6	21.4
1896	46.2	30.7	23.1
1906	43.8	31.6	24.6
1913	37.4	33.8	28.8
1938	31.4	32.3	36.3
1954	27.3	35.4	37.3
1975	10.1	38.5	51.4
1987	7.5	30.6	61.9

资料来源：根据王章辉、黄柯可主编：《欧美农村劳动力的转移与城市化》，社会科学文献出版社1999年版，第121、129页整理而来。

但是，法国的城市化道路却是曲折的，原因正是农业资产主义发展缓慢。1815—1881年农业就业人数不降反增，从730万增至790万。直到二战前夕农村人口有史以来首次低于城市人口。农业劳动力的比例也首次低于第二产业和第三产业的劳动力比例。① 法国农业生产方式转型历程的时间跨度大，因此农村人口向城市迁移规模小、速度慢、持续时间长，这些特点影响了农村社会的分化程度和分化速度。

然后，从农业劳动力在全国劳动力中的比例来看，二战以前，中小规模的农业经营单位占上风是当时法国农业的特点。继而农村劳动力转移的规模很小，不足以构成引起农村社会人口结构的剧变。

法国人口迁移的速度缓慢必然影响了农村社会的分化。农民与土地分离的过程在法国持续很久，大革命所确立的小农土地所有制在法国持续了

① 王章辉、黄柯可主编：《欧美农村劳动力的转移与城市化》，社会科学文献出版社1999年版，第121页。

近一个世纪之久，随后是缓慢分化。农业现代化的缓慢进程影响了整个社会结构的变化。资本主义工业的发展受到落后的农业经济的制约，资本主义社会的中间力量——工业资产阶级因此成长缓慢。由于小农阶层在农村社会中的大量存在，构成了以小农为主导的社会关系的基础，阻碍了生产力的提高和生产关系的变革。正是由于法国农村资本主义分化缓慢，才使得法国社会在各个方面都显示出旧与新、传统与现在长期二元并存的局面。农村中的小农经济和城市里的资本主义工业经济并存。这种二元格局是 19 世纪法国政治现代化进程的特点。直至二战后在政府的干预下小农破产，建立起了资本主义现代化农业生产体系，旧结构的分化和新结构的整合才最终完成，社会结构的变化对法国农业社会保障制度发展影响深远。

（一）内容体系的发展

法国社会保险主要按照行业不同来划分，其中农业保险制度主要为农民及农业部门雇员提供社会保险。法国农业社会保障制度的建立始于 19 世纪末 20 世纪初，其内容体系的特点表现为不同社会保障项目的建立。1910 年，法国颁布工人和农业劳动者退休金法，向停止务农的老农发放终身年金。政府鼓励老农停止务农，给予他们终身年金。政府的这项措施是为了降低农场主的平均年龄，因为年轻化有利于现代农业的发展，也为了扩大其他农场规模，利于改善农场效益。

法国的农业保险起步比较早，1840 年，一些农民为保障自己的经济安全自发成立了农业互助保险社以应付农业生产经营风险。1900 年，法国政府颁布了《农业互助保险法》，肯定了农业互助保险的作用，政府负责对商业保险所无法承保的巨灾风险（如农业自然灾害）进行必要的干预，农业互助保险得到蓬勃发展。二战后，法国政府加大了干预和支持力度，强化了对农业互助保险社的统一管理，组建了国家中央保险机构。许多保险集团在政府的扶持下迅速发展，并且根据农业现代化进程中的不同发展阶段推出了相应的保险服务。

1921 年，法国社会保障计划委员会提出社会保险法草案，1930 年，法国议会通过社会保险法，规定社会保险制度参加者为工商业中工资低于一定数额的从业者，农业领域领薪劳动者建立农业社会保险。1944 年，法国发布《全国抵抗委员会纲领》，通过保险制度防止农业自然灾害。1958 年，法国颁布法令，实行失业保险制度。其后，法国政府对失业保险制度不断进行改革。1967 年的失业保险法对 1958 年失业保险法作出修改。1974 年的失业保险法又把失业保险制度适用范围扩大到农业工人。法国疾病和生育保险的适用范围开始扩大。1961 年的法令为农场主建立了疾病和生育保险制度。工伤事故保险制度的适用范围逐步扩大。1966 年的法令将工伤事故保险制度扩大到农场主，1972 年的法令将工作中的事故伤害保险制度扩大到农业雇佣人员，1976 年的法律强化了非农业雇佣者的工伤事故预防措施。通过几十年的发展，法国建立了适用于所有农业经营者和农业工资劳动者的农业社会保障制度，具有覆盖面广、保障内容多和待遇水平高等特征。

（二）结构体系的发展

英国的农业革命导致小农的消失和资本主义大农业的发展，而法国则造就了一支人数众多的小农队伍，留下了一个强有力的农民阶级。这样一支小农阶级直到二战前一直被法国统治者看作一种社会稳定的保障，这是法国社会所特有的现象。小农阶级在农村的大量存在直接影响了法国社会保障制度结构模式的选择，基于城乡人口数量的比重和从业特征，法国的社会保障制度在建设伊始就考虑到农民群体的庞大数量，单独为其设立社会保障制度。因此，法国社会保障制度形成了混合型特征，呈现明显的行业性，即每个人参保，首先要看他属于哪个行业，这也就意味着法国选择了针对不同社会群体采用不同社会保障制度安排的差别型道路，也就存在适用于所有农业经营者和农业工资劳动者的农业社会保障制度。其农业社会保障制度结构体系的发展过程如下：1898 年的工伤补偿制度最初只适用于工业企业工人。1899 年，工伤保险制度扩大到因使用机械而导致工伤事故的农业工人，1914 年又扩大到林业从业人员。1910 年，法国通过了工人和农业劳动者养老金法。1930 年的社会保险法规定，社会保险制度的参加者为工商行业中工资低于一定限额的从业者，同时为农业领域领薪劳动者建立农业社会保险，社会保险津贴主要包括疾病、生育、残疾、老年和死亡津贴，法国社会保障制度结构的差别性初现端倪。

二战以后，在法国社会保障制度结构变化的过程中，农业社会保障制度得以保持，逐渐形成了差别性社会保障制度发展道路的基本特征。1945年的社会保险法将社会保险确定为整个社会保障制度的组成部分。1946年的社会保险法将社会保险的使用范围扩大到居住在法国领土的所有公民，法令再次列举了农业社会保障制度可以保持独立的特种社会保障制度的职业类别，使得这些特殊群体的独立的特种社会保障制度得以保持。1946年的家庭补贴法将家庭补贴制度的使用范围扩大到全体人口，将工伤事故保险归并到整个社会保障制度之中。1947年，养老金制度扩大到全体经济活动人口。1948年的法令为自我雇佣者建立起自治性养老保险制度，其他社会群体纷起效尤，法国很快建立起针对工商业工人、手工业工人、自由职业者以及农业从业者的四种不同的自治性养老保险制度。

20世纪60年代以后，法国又颁布一系列法令，推动农业从业者、自我雇佣者及农场主等群体的社会保障制度建设，法国社会保障制度的差别性逐步形成。1961年的法令为农场主建立了疾病和生育保险制度，作为该项法令受益者的农场主、在农场工作的家庭成员、农场工作的参与者、农业养老金制度的参加者、配偶及其抚养的孩子等必须选择参加一个组织，或者是农业社会补贴机构，或者是农业互助保险机构，或者是互助会，或者是其他为此目的而特别建立的社会保险机构。1966年的法令将工伤事故保险制度扩大到农场主，农场主必须参加工伤事故保险制度，或者与某个工伤保险机构订立契约，或者加入某个工伤事故保险机构，工伤事故保险包括工伤与职业病两个方面。1972年的法令将工作中的事故伤害保险制度扩大到农业雇佣人员，除了一些特殊的被认定的职业病与特殊预防措施外，农业雇佣人员享有综合性社会保险制度的全部待遇。[1]

---

[1]　丁建定、杨泽：《论西欧社会保障制度的三个体系》，《社会保障研究》2013年第1卷。

（三）层次体系的发展

19世纪中叶以前，法国的农村人口大部分生活在以农村公社为主的传统农村社会结构中，受一定的自然地理环境和文化背景的影响。这些农村公社有着悠久的互助传统，在政府未曾解决社会所面临的工业化风险时，非政府组织承担分散风险的职能就在所难免。互助救济会在19世纪中叶之后得到了迅速发展，一些慈善企业家建立了疾病或老年互助救济基金，劳动者自己也组织起来，成立了许多互助救济会，这些救济会具有预防和抵御双重作用，这一互助传统一直延续至今。

随着农业生产方式的转型，延续数千年的原本构成坚固的农村公社社会共同体也发生了深刻的变化。农民新的经济活动的增长使得公社内部社会结构变得复杂起来。农业向资本主义方向转化，法国农民越来越多地转向市场。虽然农村中只有四分之一的农民可以算是完全意义上的商品生产者，但市场却越来越成为农民生产和生活的依托。农民懂得了自身劳动的价值，以及实现劳动价值的途径——建立以雇佣为主的劳动关系。因此，农场主和农业工人和佃农之间的关系也就更加雇佣化和商品化。这些变化使得农村公社共同体失去了赖以存在的经济基础，农村公社的社会调节作用也失灵，农村公社解体，社会人员在更宽泛的范围内融合，构成了法国农村社会关系的基础。

之后，面对农业生产方式的转型带来的社会问题，法国政府开始思考农村社会保障制度的建设。法国农民的社会保险内容最早出现在1930年法国政府颁布的《社会保障法》里，规定把农民和社会上的工人一般对待，规定农民缴纳的社会保险税为其收入的2%，剩余部分由国家进行财政补贴。虽然补贴水平较低，但是明确了政府有责任和义务为农村居民提供社会保障。1945年10月，法国出台了"社会保险计划"。它的任务是确保全体公民有能力抵御任何性质的、可能会减弱其收入或使其丧失收入能力的社会风险。

但是，当时法国的大部分农民还是依赖建立在互助基础之上的社会保障。二战后，农村开始有了农民自发组织的互助会进行互助养老。农业互助会由农业工作者创立，主要由两个部门组成：农业互助险和农业互助会。农业互助险依照 1900 年法律运转，为会员覆盖农业风险（工伤、冰雹风险、牲畜死亡及火灾等）和人员风险（民享责任以及追踪等），管理所有农业人口的社会保障制度（疾病、家庭补贴、退休等）从事农业活动的人，无论他是经营者还是家庭帮手、农场或农业组织的职工都必须加入。农业互助会由农业渔业部控制。农业互助会的资金管理机构积极参与丰富和改善乡村生活条件的活动，它还负责卫生活动和社会活动，农业互助保险和农业互助工作由经过选举产生的负责人管理。在法国，大部分的农业社会保险是通过"农业社会互助金"来实现的，它由"农业互助金管理处"来管理。政府对农业保险实行了低费率和高补贴的政策，法国农民缴纳的社会保险税主要汇集成农业保险金，只占农业社会互助金的 1/4，其余部分由政府承担。

法国农业社会保障制度具有重要地位，主要在于：一是保障农业劳动者的基本权益，使他们在遇到风险时能够获得经济支持和社会援助。二是促使年老的农民将土地经营权转让给年轻一代，以提高农业的现代化经营水平和国际竞争能力。三是高额的农业互助金以及健全的缴纳机制和灵活的管理体制为法国农民应付养老、工伤、疾病等问题提供了可靠的保障。四是形成了国家、互助金和农民个人缴费的三方分摊机制，明确了责任主体。此外，法国发达的农业保障制度还具有相对完善的农业保险制度。

第三节　日本农业生产方式变革下的农村社会保障制度

一、日本农业生产方式的变革

日本是一个典型的人多地少的国家，其农业现代化是建立在小农经济基础上的。二战后，日本政府走出了一条适应本国国情的农业现代化发展道路，短短二十几年，日本不仅实现了农业现代化，而且农业的整体生产达到了世界先进水平。

（一）土地适度规模集中，推进农业科技化

土地制度改革。二战后，日本政府在美国占领当局的监督下，进行了农地改革。这次改革对出租土地 1 公顷以上的经营地主及寄生地主的出租土地进行强制收购，以极为低廉的价格转卖给佃农，绝大多数农民拥有了自己的土地，建立了以农户小规模家庭经营为主的土地制度，为日本的农业现代化铺平了道路。日本农户经营规模受人多地少、地貌、农业政策、农业技术特长等影响，与美国等国不能类比。日本调查表明，靠扩大规模来压缩成本是有限度的，大体上 10 公顷左右规模的效果最好，可以确保最大限度地将农户耕地经营规模扩大到有效使用现代生产要素最低临界规模以上，而超过这一规模就难以起到降低成本的作用，其主要原因是经营的土地过于分散。日本农地流动的主要形式不是买卖所有权，而是采用租赁形式（买卖使用权）。由于土地升值预期和保护家业的价值观念的作用，日本农户不愿彻底放弃土地；又由于租地比买地便宜，一次性投资小，又进退自如，风险就小。日本专业农户走规模经营的路子，其耕种的土地主要靠租赁，农地租赁促进了土地的流转，是农业规模经营的有效实现形式。

首先，日本农业科技化的开端是土地改良。日本通过对旱田、水田和草地实施改良，并在较短时期内基本完成了土地改良的工作。日本还大量使用农药，使农作物病虫害被控制在最小的程度。日本的农药使用量是世界上最多的国家之一，这对稳定农业生产有很大的贡献。其次，日本农业现代化过程中始终把优良改造品种放在重要地位。水稻生产一直是日本农业生产的主体，长期以来，日本都把水稻改良放在农业改良的第一位。日本水稻品种改良在世界上堪称之最，单是通过品种改良一项，水稻产量就提高了 10%～25%。日本通过嫁接剪枝、品种更新、恢复地力等技术使日本的蔬菜、水果等经济作物的发展同样处于世界前列。再次，机械化是日本农业工业化和现代化的重要标志。1945—1965 年是日本农业机械化全面

普及和改良时期，也是日本农业机械化发展的最重要时期，在该阶段小型拖拉机的研发与普及有了明显的进展，形成了以小型机械为主的播种收割体系。1965年至20世纪70年代中期，在这一时期，国产小、中型拖拉机、小型收割机的研发与改良得到发展。第三阶段是20世纪70年代中期以后，插秧机和联合收割机的研发与改良得到发展，普及了拖拉机，形成了以这三种机械为主的机械化体系。

(二) 充分发挥农协的作用

为恢复农业生产和农村经济秩序，在日本政府建立了作为落实政府农业经济政策的官方代理机构——农协组织(日本农业协同组合)。日本有全国统一的、遍布乡村的、庞大的农协组织体系，全国99%以上的农户参加了农协。随着农协综合性业务经营在全国范围内的展开，组织规模也迅速扩大，并成为日本规模最大的经济组织。日本农协具有强大的社会化服务功能，对会员的生产经营、生活等服务几乎无所不包。日本农协不以盈利为目的，全心全意为农民服务，有效解决了单家独户所解决不了和解决不好的生产经营和生活问题；在分散的农户与大市场之间架起了桥梁，克服了家庭小规模经营的局限性，极大地提高了农业的经营效率。另外，日本政府以政策和法律对农协实行强有力的保护，从财政、税收、信贷、保险等多方面支持农协的运行和发展；同时，通过农协贯彻落实政府的农业政策。[1]

(三) 以雄厚的财政实力对农业实行高补贴

日本政府拥有雄厚的财政实力，同时也是世界上少数几个对农业实行高补贴的国家之一，主要的农业生产补贴项目有：第一，农田水利建设补贴制度。土地改良、农田扩并与整形、农用地开发、水田改作等可享受国

---

[1] 刘淑云：《日本农协制度的经验与启示》，《内蒙古民族大学学报》(社会科学版) 2005年第2期。

家补贴。大型水利工程一般由国家直接投资建设，小型水利工程由地方政府承担建设，国家给予补贴，补贴额度高达80%～90%。第二，农业现代化设备补贴制度。农户购置拖拉机、插秧机、联合收割机等可分别从中央政府获得50%、地方政府获得25%的补贴。农户每建造一栋大棚或温室，可从国家获得50%的、地方政府获得30%的补助，农户只需出资20%，即可拥有全部产权。第三，农贷利息补贴制度。为了鼓励农民向农业增加投入，日本政府通过比市场利率低1/3～2/3的低息贷款的形式给农民以支持。第四，农产品价格补贴。日本70%以上的农产品在价格上受到政府不同程度的支持和管理，主要通过三种制度来施行：一是稳定价格制度。政府规定价格浮动幅度，当某种农产品价格下降至规定的下限时，政府予以收购；当价格上涨超过规定的上限时，政府则抛售商品以稳定价格。二是最低价格保证制度。政府规定最低市场价格，若市场价格低于最低价格，政府就按最低价格予以收购。三是差价补贴制度。当农副产品的市场价格低于政府规定的价格水平时，低于部分由政府财政和生产者的积累基金来进行弥补。[①]

1986年，世界各国政府发放的农产品价格补贴总额约为1100亿美元，其中日本一个国家就高达400亿美元，占30%以上。1990年，日本中央财政的农业预算支出为23784.7亿日元，其中用于各类农业补贴的支出竟占近70%。另据经合组织调查，2000年日本农业的补贴占GDP总额的1.4%，而当年的农业总产值才占1.1%，即农业补贴超过农业总产值。从农户的年收入来看，日本农户年收入的60%来自政府的各种补贴。日本政府财政对农业的补贴包括农田水利设施建设、购置农业现代化设备、农业贷款、农产品价格和保险五大类，其中农田水利设施建设和农户农业现代化装备的购置等支出，绝大部分由政府财政承担，需要农户支付的比重很小。[②]

---

① 张珂垒、蒋和平：《日本构建发展现代农业政策体系及其对我国启示》，《科技与经济》2008年第6期。

② 周建华、贺正楚：《日本农业补贴政策的调整及启示》，《农村经济》2005年第10期。

（四）完善的农业法律体系

日本农业现代化的快速平稳发展离不开完善的农业法律体系建设，日本政府根据农业发展各个时期的需要，通过立法把政策目标和经济措施法律化，强化了对农业现代化的支持。如早期的《蚕种检查法》《肥料管理法》《奉井地整理法》等法律分别对选种、耕地、整理肥料、农具的改进等进行了规范，极大地推动了优良品种和先进耕作方法的推广和应用。日本是世界上较早实行农业保险的国家之一，1938年就颁布实施了《农业保险法》。1947年，日本政府又制定并颁布了《农业协同组合法》，规定了农协的性质、地位、服务范围等，为小农经济的组织化运行提供了法律保障；1948年颁布了《农业改良助长法》，加速农机技术进步。

20世纪50年代又颁布了一系列政策法规，如《主要农作物种子法》《农村渔业重建完善法》和《农林渔业组合联合会完善促进法》；1961年，日本政府颁布实施了有农业宪法之称的《农业基本法》，确立了日本农业的基本方针、政策和基本经济制度；1961年还制定了《农业现代化资金助成法》，通过利息补贴来促进农户在农业机械等方面的固定资产投资。20世纪70年代，日本开始推行"综合农业政策"，还专门设置了农业劳动者的养老金制度，以保证离开农业的农民有相对稳定的生活保障。1980年制定了《农地利用促进法》，允许农民之间自由签订和解除土地短期租借合同。这些法律化措施较好地保证了农业政策的稳定性和连续性，是日本实现农业现代化的有效手段。

二、日本的农村社会保障制度

二战后的日本正值百业凋敝、经济萧条之际，新增人口主要是战后复员返乡者，农村人口由1940年的4504.6万人猛增到1947年的5224.3万人，而与此同时农村耕地面积却由9041.6571万亩减少到7455.8712万亩，人均耕地面积由2亩减少到1.43亩，加上农业劳动生产率有了很大程度的提高，造成了农村中存在着大量剩余劳动力。① 鉴于此，日本政府在战后高度重视并较早地在农村建立起了系统完善、覆盖面巨大的（全体农村劳动者和农村人口）农村社会保障体系，对发展农村经济、维护农民利益、实现农业现代化作出了极为突出的贡献。

二战结束后初期，日本农村社会保障制度处于社会救济阶段。二战以前，在天皇制绝对主义和寄生地主制的统治之下，日本农民与社会保障无缘。农民的生活是依靠家庭和村落共同体来维系的。在家庭财产继承方面，原则上只由长子继承。老年后生活也自然依靠长子扶养（赡养）、照顾。因此，传统的日本农户多为直系家庭，它具有保障家庭成员基本生活的作用。日本传统的家族制度深深地影响了日本社会保障制度的制定和运营。② 二战后，农业现代化催生的农地改革和农业保护政策给农民的家庭结构和生活带来了巨大变化。传统的以家庭为主体的生活保障体系已经无法满足家庭成员的所有需求，农民对社会保障的需求日益强烈。

日本农村社会保障制度内容体系的发展与英国相仿，但是历史因素扮演着重要的角色。二战以后，日本作为战败国，国民的生活陷入极度困难中，全国几乎 1/3 的国民难以为继，将近一半的国民需要靠救济度日。为此，日本政府于 1946 年颁布了《生活保护法》，建立起了覆盖全体国民的"最低生活费"保障体系。具体涉及的补助种类包括：生活、住宅、教育、医疗、分娩、生产、丧葬救助等。《生活保护法》的标准除了根据需要被保护者的年龄、性别、家庭结构以外还要根据被保护者所在地区的级别来核定。生活保护的实施主体为各都道府县及市町村，业务实施机构为当地的"福祉（保健）事务所"，其经费来源由国库补助 3/4，都道府县与市町村负担其余的 1/4。1950 年日本政府先后通过了《儿童福利法》《残疾者福利法》。此三法被称为二战后的"福利三法"，它标志着公共救助制度在日本的建立。③

---

① 周沛：《农村社会发展论》，南京大学出版社 1998 年版，第 55 页。

② 钟家新：《社会保障制度的建构与中日传统文化的走向》，《社会保障研究》2005 年第 2 期。

③ 杨黔云：《战后日本社会保障制度的发展及其特点》，《曲靖师范学院学报》2003 年第 9 期。

　　为了恢复农业生产，日本政府制定了一系列涉农政策。共济年金是由日本农协负责，主要用来保障日本农民的日常生活和生产。日本农协的全称是"农业协同组合"，现代日本农协是日本农村一个不可缺少的合作经济组织，它的事业范围非常广。其中，它所负责的共济事业，即共济年金，是日本农村社会保障体系中最重要的组成部分。共济年金包括农户社会保险和自然灾害保险。第一，农户社会保险。共济年金中的农户社会保险是指：农户平时生活水平的保障、老年农民的养老护理、看病时的医药费给付以及生命结束时对家人的补偿等保障，是专门为保障农户生活设立的保险项目，弥补了日本社会保障对特殊职业没有保障政策的不足。农户社会保险主要包括：死亡保险、养老保险、伤害保险等生命保险项目，建筑物保险、机动车保险、火灾保险等财产损失的保险项目。在生命保险方面，共济年金所持有的保险金额在全国位于第二，仅次于日本生命保险公司。2006 年度，农协生命共济保险共有 1822 万件，居全国第一。第二，自然灾害保险。日本农业自然灾害保险是日本农村社会保障体系中特殊而重要的组成部分，是根据 1947 年制定的《农业灾害补偿法》建立的，其目的在于对农业劳动者在日常生产中所蒙受意外事故损失时给予补偿，这里所指的意外事故包括干旱、雨涝等气象灾害以及地震、泥石流、火山爆发等地理灾害，自然灾害保险在谋求农业经营稳定，促进农业生产力发展方面给予了一定的支持。该保险主要以农作物保险为主，即投保农户在遭受保险范围内的损失时，由保险公司给予其损失补偿。农业保险基金由农民投保保费和政府补贴各占 50%组成，即政府以农民投保保费总额为基础，投入相同规模的资金，共同形成农业保险基金。农业保险基金由农协相关部门"农业保险合作社"负责运营管理，农户直接与当地的基层农业保险合作社联系，办理投保、索赔等事项。

　　随着经济的恢复，农村兼业化对日本农村社会保障制度的影响越来越大。日本人口从农业向非农业部门转移，同国家工业化和农业机械化大致是同时发生的。日本实现了农业机械化，从而节省了大量劳动力，也加速了农村劳动力的转移步伐。与其他完成劳动力转移的发达国家相比较，日本农村剩余劳动力转移的速度是最快的。法国农业就业人口从 51.7% 降到 10.0% 大约用了 120 年的时间，然而日本农业就业人口从 1946 年的 53.3% 降到了 1980 年的 10.9% 却只用了 30 多年的时间。但是，日本农业劳动力转移有其独特之处：农村剩余劳动力从农业生产中转移出去了，但农村土地的经营规模却没有相应地扩大。

日本的农村存在大量小农阶级，这点与法国的农业革命有相同之处。小农的土地私有制使许多农民将土地视为命根子，许多人认为土地可以带来一部分稳定的收益和最后的保障，所以不愿彻底放弃土地和农业。虽然 20 世纪 60 年代后日本政府积极促进土地能够集中到专业农户，并一再鼓励土地流转和规模经营，但收效甚微。从 1955 年到 2000 年，日本农户数从 600 万户下降到了 227 万户，但其中经营 1 公顷以下土地的农户一直占总农户数的半数以上。1960—1985 年，农户户均农地面积仅从 1 公顷上升到了 1.22 公顷。从总体上来看，日本农村零散小农农业的基本状况并未发生变化。日本农村剩余劳动力的转移主要是通过兼业方式实现的，这是日本农业劳动力转移的最明显特征。在日本，以农业为主，兼顾他业的农户称为第一兼业农户，以他业为主、农业为副的农户被称为第二兼业农户。1955—1975 年日本专业、兼业农户数量变化见表 6-6。

表 6-6　1955—1975 年日本专业、兼业农户数量变化表

（单位：万户）

年份	农户总数	专业农户	兼业农户	第一兼业农户	第二兼业农户
1955	604.3	210.6(34.9%)	393.7(65.1%)	227.49(37.6%)	166.3(27.5%)
1960	605.7	207.8(34.3%)	397.9(65.7%)	203.6(33.6%)	194.3(32.1%)
1965	566.2	1219.9(21.5%)	444.6(78.5%)	208.1(36.7%)	236.5(41.6%)
1970	540.2	84.5(15.6%)	455.7(84.4%)	191.4(33.6%)	274.3(50.8%)
1975	495.3	61.6(12.4%)	433.7(87.6%)	125.9(25.4)	307.8(62.2%)

资料来源：万峰：《日本资本主义研究》，湖南人民出版社 1984 年版，第 315 页。

由于大量农民选择了以兼业方式来提高收入，而不是彻底离开农村卖掉自己的土地，因此农村劳动力转移速度很快。农村劳动力虽然外出工作却不放弃土地，而是以兼业的形式广泛地滞留于土地之上。众多农户将土地视为缓冲地，失业、退休时农村的土地可作为自己的最后依托。兼业的转移方式不但为农村剩余劳动力的加速转移提供了物质保障，而且在缩小城乡收入差距方面起到了十分重要的作用。然而，其负面影响也是显而易见的——农户难以扩大生产规模。

1946—1990 年日本农户中耕地拥有面积不满 0.5 町的比例一直最高，而 1.5 町以上农户所占的比例却始终是最低的，平均比例不到 10%。虽然日本农地集中化程度和劳动生产率因为农地分散所有而受到较大的制约，但是由于日本农户数量整体呈下降趋势，从某种程度上讲，日本农业还是实现了适度规模经营。从 1965 年到 1990 年，日本全国农户的数量由 605 万户下降到 383 万户，农业就业人口由 1454 万人下降到 565 万人，每一农户经营的平均耕地面积也因此而由 0.99 公顷上升到了 1.33 公顷，农业劳动生产率也上升了近 70 个百分点。

日本的兼业农户规模很小，日本机械也适合小农生产，所以兼业生产并不困难。此外，战后日本政府对农业的扶植和保护，使日本农户可从农业中获得较有保障的收入。战后，日本农业现代化是在政府主导下完成的，政府的组织性大大克服了小农体制与农业现代化要求不适应之处。在这个过程中政府努力采取措施保障农民的农业收入，其中就包括农村社会保障制度。社会保障本身就是一种收入再分配的体制，是调节一个国家各个地区以及从事各种职业的人员之间收入差距的一个重要手段。而农业，尤其是传统农业，劳动力投入大、生产周期长、收益小，通常情况下农业从业人员的收入较低，因此仅仅依靠市场作用往往会造成城乡收入差距的扩大，从而将会有更多的农业从业人员向边际生产率较高的其他产业转移，这将产生很严重的后果。而通过农村社会保障给予农业从业人员的补贴能够缩小这种差距，促进农业健康高速发展。数据显示，1960 年日本农业从业人员的人均收入为 55.6 万日元，在没有农村社会保障支持的情况下该数据为 51 万日元，农村社会保障对农业从业人员收入的提高占农业从业人员整体收入的 9.1%。可以看出，农村社会保障对农业从业人员收入的提高起到了十分重要的作用，且作用越来越明显。日本农业人均社会保障支出与农业从业人员的人均收入有较明显的线性相关性，农业人均社会保障支出每增加 1000 日元，其农业从业人员的人均收入增加 6617.8 日元，因此农村社会保障的支出对农业从业人员的收入有很重要的促进作用。①

农业兼业化对日本农村最重要的影响在于农村老龄化严重。二战后，日本农村剩余劳动力的转移基本上以年轻劳动力为主，而在农村继续从事农业生产的大部分是中老年群体，所以日本很快就进入了老龄化社会。在全国老龄化的趋势下，日本农村的老年人口比例也在快速增加，且远高于全国老年人口比例，在 1990 年农村的老年人口比例就高达 16.848%，比同期全国老年人口比例高出 5 个百分点，更是提前城市 20 年步入了超老龄化时代。

日本政府为此采取了一系列的措施，其中最主要的是通过制定相关的社会保障制度，鼓励年轻劳动力留在农村务农。如 1970 年颁布的《农业者年金法》。制定该法的主要目的就是为了调整农村人口结构，抑制农业人口老龄化。该年金从 1971 年 1 月开始实施。年金围绕土地经营权转让及老龄化两个因素运行，即加入农业者年金的农民为 60~65 岁时如果进行土地经营权转移的话能够获得 1.5 万日元的补贴，旨在鼓励农民年老后通过转移土地经营权获得高额的社会保障补助。养老保险作为日本农村社会保障制度最核心的部分，主要是针对不同群体的老人实施不同的养老金制，总体上覆盖面较大、受益面较宽，主要有四种：

基础养老金。日本的国民养老金制度，最初主要面向农民和个体经营者等无固定职业和收入者，1985 年国家对养老金保险制度实行了重要改革，其中最主要的是将国民养老金作为全体国民共同加入的基础养老金。

---

① 黄镜伊：《日本农村社会保障制度对农业的影响研究》，辽宁工程技术大学硕士学位论文，2011 年。

具有参保资格的人员分为三类：20 岁至 60 岁的农民、个体经营者等（第一号被保险者）；厚生养老金制度的加入者（第二号被保险者）和第二号参保者的配偶（第三号被保险者）。这种多元一体化的养老金制度，目的在于缓解各种养老金保险者之间原来事实上存在的负担不均等、国民养老金财政负担沉重等问题。基础养老金的缴费办法：基础养老金保险的加入者按不同参保对象实行分类缴纳保险费。其中，第一号被保险者实行每月定额交纳保险费（每月为 1.33 万日元）。凡加入期间在 25 年以上、年龄 65 岁以上的参保者均可领取基础养老金（即"国民养老金"）。加入该养老金 40 年的参保者，退休后每月可领取 6.7 万日元的养老金。基础养老金的财源构成为国库负担 1/3，其余 2/3 来自第一号和第二号被保险者缴纳的保险费。①

农民养老金。该制度作为农民参加国民养老保险制度的重要补充，具有以下主要特点：一是自愿性，农民除了必须强制加入国民养老保险外，是否加入农民养老金，则完全尊重农民的个人意愿；二是资格条件，凡申请加入者必须具备一定的资格条件，主要包括：年龄未满 60 岁，属国民养老金的第一类被保险者（不含保险费豁免者），每年从事农业生产经营时间达 60 天以上者；三是享受性，凡未满足必要条件者，个人又自愿缴纳一定的普通保险费，年满 65 岁后每月除了领取"基础养老金"外，可再领取一定数额的"农民老龄养老金"。凡满足加入上述保险金 20 年或年农业所得 900 万日元以下或 1947 年 1 月 2 日以后出生的，还可享受保险费的国家补助。财政补助的比例依据参保者的年龄及参保年限而规定不同的补助标准。凡符合条件缴纳特殊保险费者，其年满 65 岁后，除可获得"农民老龄养老金"外，还可获得"特别附加养老金"。②

农村老年人福利，特别是老人的医疗保健在农村社会保障中占有特殊地位。涉及老人保健的政策最突出的有两方面：第一，老人在家保健对

---

① 崔万有：《日本社会保障制度及其发展演变》，《东北财经大学学报》2007 年第 1 期。

② 刘锋：《日本的社会保障制度——以国民养老金为中心》，《国外理论动态》2008 年第 1 期。

策，包括老人在家服务、老人短期进入养老院、老人日常服务等方面的政策规定。如制定实施《过疏法》，作为解决人口过疏和高龄化问题的指导法律；再如实行以发展家庭护理的老年福利事业为核心的"黄金计划"。第二，老人保健设施对策，包括建设特别养老院、一般养老院、廉价养老院等不同类型的老人保健设施。老人保健的实施主体是各都道府县市町村的福祉（保健）事务所。20 世纪 80 年代以来，日本农村老人的社会保健得到普遍重视，大部分农村基本普及设施完备、条件优越的养老院，边远农村的养老保健设施也有较大改善。从 2001 年开始，70 岁以上老人的医疗费用，由"定额制"改为"定率制"，即医疗费用个人负担 10%、社会 6 种公共医疗保险机构负担 66%、都道府县与市町村各负担 5.5%，其余由国家财政支付。截至 2002 年年底，日本有养老院 2.86 万所，在院人数 48.2 万人，其中加入国民健康保险的 75 岁以上老人 1.18 万人。①

护理保险制度于 2000 年 4 月正式颁布实施，是日本为顺应社会老龄化的发展趋势而建立的新的保险制度，护理者为卧床不起或患有痴呆症等疾病而丧失生活自理能力的患者，该制度同样也适用于广大农村的农业生产经营者。其中第一号被保险者限于 65 岁以上需要保护者；患者是否接受护理服务，需经个人提出申请经当地专家严格审查；实施主体为各市町村地方自治体，负责征收护理保险费并具体管理护理事务。护理保险的财源，国家负担 25%，都道府县和市町村各负担 12.5%，其余 50% 来自护理保险费。护理保险费的缴纳依收入多少而定，护理服务的费用标准按服务的类型及患者的身体病患程度，分为 5 种类型。患者接受护理服务时，个人只负担所需服务费用的 10%，政府财政负担 50%，65 岁以上的第一号被保险者负担 17%，其余由 40 岁至 64 岁的第二号被保险者共同负担。这一新型的社会保险，将老龄人口的生活护理负担由过去的单一政府行为转变为包括 40 周岁以上绝大部分参保者的社会行为，减轻了政府的财政压力，也为

---

① 王振锁：《日本高龄化问题及其对策》，上海财经大学出版社 1997 年版，第 121 页。

包括广大无固定职业和收入者年老之后可能出现的护理服务需求提供了更可靠的社会保障。

实际上，农业从业人员年龄超过 60 岁以后就基本丧失了劳动力，土地的作用也仅仅变成保障其晚年生活的一个手段，而很难给其带来实际的收入增加，因此老年人很愿意通过转移土地经营权来获得年金保障，改变依靠土地养老的现状，从而推动日本农业人口的年轻化。数据显示，1980 年参加经营转移年金的人数达到 50 万人次，因此农业者年金在实施之初对缓解农业人口的老龄化起到了重要的作用。继而制定了养老保障相关社会保障保险制度和养老服务内容，1973 年制定了《老人医疗费支付制度》，规定凡年满 70 周岁以上或卧床不起的 65 岁以上老人，享受免费医疗。1982 年颁布了《老人保健法》，此后经过 1986 年、1991 年两次修改，最终确立了 70 岁以上老人享受免费医疗的制度。1985 年修改了《国民养老金法》，规定工薪阶层及其配偶必须加入国民养老保险，使得国民养老保险成为全体国民共同的"基础养老保险"。为应对 21 世纪的高龄化社会，解决病卧不起、痴呆等老人的看护、照顾问题，1989 年制定了《高龄者保健福祉推进十年战略》，要求全国各地方政府在 21 世纪到来之前，积极建设与完善供高龄者使用的各种设施，从 1993 年起在全国所有市町村制定了自己的"地域保健福祉计划"。为了克服过去对老人公共护理制度的缺陷，1997 年年底又颁布了《护理保险法》，规定 40 周岁以上的公民均须参加护理保险。

基于此，通过梳理日本农业生产方式转变过程中农村社会保障制度的建设可以得出，日本政府在战后高度重视并较早地在农村建立起了系统完善的、覆盖面巨大的(全体农村劳动者和农村人口)农村社会保障体系，对发展农村经济、维护农民利益、实现农业现代化作出了极为突出的贡献。到 20 世纪末，日本已经建立起了完善的覆盖农村、由广大农村居民加入的公共医疗、养老、护理、公共福祉、老人保健等在内的农村社会保障体系，呈现出如下特点：

(1)内容体系：由以社会救济为主到以社会保险为主。二战以后，日本作为战败国，国民的生活陷入极度困难中，将近一半的国民需要靠救济度日。为此，1945 年，日本政府建立了公共救助制度。20 世纪 50 年代以后，随着日本经济的快速增长，日本政府不断调整农村社会保障目标，由救贫转向防贫。至此，以农村公共医疗和养老保险为支柱的农村社会保障制度初步建立并开始得到迅速普及，从而进入了全体国民皆保险、全体国民均享有养老金的时代。20 世纪 70 年代以后，虽然日本农村社会保障制度进入补充、完善时期，但以社会保险为主导的格局不仅没有改变，反而比重不断提高。① 可见，日本农村社会保障制度的发展经历了一个从社会救济到社会保险的转变，经过几十年的发展和完善，日本在农村建立起了制度完善、覆盖面巨大的农村社会保障体系。日本农村社会保障体系是由日本政府制定并监督执行，主要包括共济年金、社会保险、公共援助、社会福利四个方面(如图 6-1 所示)，其中共济年金和社会保险中的农业者年金制度是专门针对农业而制定的，这对维护农民利益、发展农村经济、实现农业现代化起到了非常重要的作用。

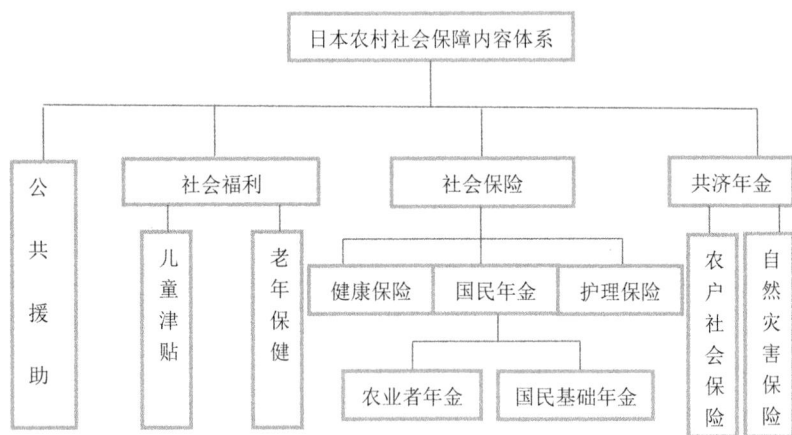

图 6-1　日本农村社会保障制度内容体系

---

① 　沈洁：《日本社会保障制度的发展》，劳动和社会保障出版社 2004 年版，第 23 页。

（2）结构体系：覆盖全体农村劳动者和农村人口。日本战后高度重视并较早建立起了覆盖全体农村劳动者和农村人口的、在许多方面享有与城市居民同等待遇的农村社会保障体系。日本农村社会保障体系的保障对象如表6-7所示：

表6-7　日本农村社会保障制度项目与保障对象

农村社会保障制度内容		保障对象
年金保险制度	国民年金	第一号被保险者：自行从事工商业农林渔业的个体经营者及其妻子、学生等；第二号被保险者：已加入厚生年金及共济年金等受雇佣者年金制度的保险者；第三号被保险者：第二号被保险者的妻子
	农民年金制度	分为当然加入者和任意加入者。国民年金的第一号被保险者（包括农民）属于当然加入者
国民健康保障		农民、个体经营者、无业者，不能享受"雇员健康保障"的退休人员及上述人员直系亲属
护理保险		年满40周岁以上的公民，也适用于广大农村的农业生产经营者
农村公共援助（生活保护）		全体国民，凡是家庭劳动所得扣除国家最低支出标准而收不抵支者
农村社会福祉	老人保健	70岁以上老人
	儿童津贴	家庭收入低于规定标准的，生育第一、第二、第三个孩子者以及单亲家庭

资料来源：林德明等：《日本农村社会保障体系的发展历程及现状》，《世界农业》2004年第5期。

由表6-7可以看出，日本农村社会保障项目具有多样性，从广义上看目前日本的农村社会保障项目基本覆盖了农村居民所面临的各种风险，满足了不同群体的不同需求。

（3）层次体系：由政府主导到社会化、产业化经营。第一，在日本农村社会保障发展过程中，政府始终承担着主要责任，保障了农村社会保障的正常有序的运作。农业是天然的弱质产业，农民是天生的弱势群体。因此，与城镇社会保障体系相比，政府应提供更多的政策资源，尤其是财务支持。首先，在政府强制性的保险中政府是第一保险人，它既参与农民医疗保险的组织、经营和管理，又为农村医疗保险提供财政补贴。其次，日本在建设农村社会保障体系过程中充分强调了政府的供款责任，在国民健康保险中，国库补助保险费50%。在基础养老金的财源构成中，国库负担1/3。在护理保险中，国家负担25%，都道府县和市町村各承担12.5%，但同时也不免除个人的缴费责任，根据不同的地区、年龄、险种及其他情况，个人负担不同比例的保险费。[1] 此外，面对日本的人口老龄化问题突出的现状，日本政府通过立法对原有的农村养老保险制度进行改革，同时延长退休年龄，推迟支付养老金期限。

第二，日本的农村社会保障金由最初的主要靠财政支持逐渐调整到加大社会化、产业化经营倾向。进入20世纪80年代以后，一方面由于日本财政面临严重危机，另一方面日本政府意识到，财政主导的国家福利社会保障体系牺牲了社会福利保障制度的效率，难以满足国民追求个人发展的多样化需求，于是日本政府适时转变社会保障经营方式，确立了社会保障的产业化经营方向。日本政府为了扩大福利保障制度的覆盖面，鼓励民间团体积极参与社会福利事业，建立多元化的社会保障制度，实现社会保障的社会化。[2] 可见，多层次的社会保障制度有利于兼顾公平和效率。从国际经验来看，建立多层次的社会保障体系是各国改革的共同趋势和一般规律，日本农村社会保障体系亦不例外。

---

[1] 林德明：《日本农村社会保障体系的发展历程及现状》，《世界农业》2004年第5期。

[2] 杨栋梁、沈士仓：《日本社会保障体系的特点及现存问题探析》，《日本研究》2002年第3期。

第四节　典型国家农村社会保障实践的启示

一、比较分析：典型国家农村社会保障制度的特点

(1)从典型国家农村社会保障制度的具体实施来看，主要有两种途径：一种是单独建立农村社会保障制度，一种是实施城乡一体化的社会保障制度。这两种途径的共同特点是：第一，从保障范围来看，有一个从从事土地作业的农场主到从事渔业、林业、牧业、采矿业等农民的扩展过程；从保障对象本人到包括家庭成员，最终实现广覆盖的渐进过程。第二，从内容建设上来看，典型国家都建立了农业保险制度。通过上文对国外农业保险制度的分析可以看出，成功开展农业保险的各个国家在法律或者制度上都对农业保险的开办给予大力支持，包括从立法保护方面到财政税务优惠方面的一系列支持。首先，典型国家都强调了农业保险的强制性。如日本通过法律明确规定，对具有一定经营规模的农民实行强制保险。其次，国家立法支持农业保险的发展。完善的法律体系是推动农业保险发展的基础和保障。各国都在20世纪中后期制定了单独的农业保险法，用法律的形式来强化农业保险。再次，普遍实行低费率高补贴的政策。成功运行农业保险的国家，特别是法国和日本等发达国家的农业保险制度都以低保费吸引农户，以高补贴维持运营。最后，各国对农业保险都采用行政保护。从农业保险的经营方式来看，建立政府支持的农业保险制度是农业保险发展的重要推动力。

(2)从保障机构来看，多数国家建立了专门由农民参与管理的农保管理机构。系统独立的组织机构管理模式是农村社会保障制度成功运行的国家经验。如法国的农村社会保险由农村社会互助会(MSA)负责经办，MSA是一个承担公共服务使命的民营组织，受政府委托对农业经营者和农业劳动者的社会风险进行管理(包括养老、医疗和各种家庭补助等)。日本经营

农民年金的机构是农业协作组织。日本有全国统一的、遍布乡村的、庞大的农协组织体系，全国 99% 以上的农户参加了农协。从国家经验来看，在这些专门的管理机构中有了农民代表进入管理层，这使得这些国家的农村社会保障管理机构具有自治权，更能直接反映和维护农民的利益。

二、制度建构：农业生产方式变革的内在要求

通过横向比较研究可以发现，发达国家农村社会保障制度的形成可以简要概括为如下过程：资本主义农业社会是以农耕为主要生产方式的，家族血缘、亲缘乃至地缘关系维系着农村社会的基本结构，土地和生产工具等基本生产资料成为农村社会成员的生计来源。随着农业社会开始向工业社会过渡，资本原始积累中大量农民与土地分离，国民面临的风险和不确定性增加，大规模的流浪人口混杂着工业社会的贫困与剧增的犯罪，最终形成普遍贫困威胁统治者利益时，统治阶级不得不做出反应，以英国新旧《济贫法》为代表的、国家主导的社会救济成为必然，传统农业劳动力向工业劳动力的大量转换，被卷入工业化进程的人们尤其是雇佣工人对改善生活状况、保障经济安全的强烈要求在带来劳工社会问题的同时，也使得以国家主导的劳资合作的社会保险成为另一个必然。可见，社会保障制度的产生是面对生产方式变革的内在要求而出台的对策。

随着中国农业生产方式的变迁，农村原有的社会保障制度需要进一步完善，这既是一个挑战，又是一个现实的机遇：它成为农民提高自身素质、增强抗风险能力的必需，也是缩小城乡差别、减少社会矛盾、增进社会和谐发展的有效方式。在这个过程中，我们有必要借鉴发达国家社会保障的经验。因为，发达国家社会保障制度的演进历程告诉我们一个重要结论是，在市场经济条件下，没有健全的社会保障制度维系，便不可能有持续的社会稳定与经济繁荣，更不可能实现长久的、和谐的发展。[1]

---

[1]　哈斯其其格：《中国转型期农村社会风险管理机制研究》，西南财经大学博士学位论文，2009 年。

三、发展前提：具备相应的经济社会基础

典型国家农村社会保障制度的建立不是偶然，而是具备了相应的经济社会前提条件的。首先，典型国家已经实现工业化与城市化，社会结构已经由传统的农业社会过渡到工业社会。英国 1951 年城市人口的比重已达 79%，法国也相继实现了城市化，就业结构已从过去的以农业为主转向以第二、三产业为主，农业从业人口比例不断下降。英国工业化起步早，其农村剩余劳动力转移亦完成得早。1811 年英国从业人员比例为 35%，1901 年已降到 8.9%，1975 年进一步降至 4.2%，近年已经不到 3%。日本在明治维新发生时还是一个落后的农业国，1878—1882 年，第一产业从业人口的比例高达 82.3%，随着工业化推进，1920 年降为 55.5%。二战以后经过一段困难时期以后，伴随着 1955—1965 年工业化的加速推进，至 1965 年，农业从业人口比例降为 24.6%，1975 年进一步降为 13.9%。① 其次，发达国家非常重视把城市工业向农村扩散和在农村发展非农产业就地吸收农业劳动力，社会产业的发展过程逐渐从以农业剩余弥补工业发展转化到以工补农、工农业共同发展的阶段，已经有了把农民和农村覆盖到统一的社会保障之下的经济实力。发达国家农村社会保障制度之所以在全国范围得到迅速发展，主要是由于这些国家工业化基础好，经济发展水平较高，农业人口比重较低，并利用工业的剩余通过财政转移支付等途径反哺农业、发展农村社会保障事业和推动社会保障制度的城乡整合。

基于此，深入分析典型国家的农村社会保障制度的演进可以总结出：从农村社会保障制度建立的时间上看，英国、法国和日本三个发达国家，其农村社会保障制度建设一般都晚于城镇社会保障制度 30~50 年，甚至更长时间。各个国家基本上是首先有针对城市雇佣工人的社会保障制度，随着工业化的推进，社会保障制度逐渐向乡村延伸，最终基本实现了城乡统

---

① 周沛：《农村社会发展论》，南京大学出版社 1998 年版，第 48~58、127~136 页。

一或衔接。从发达国家早期社会保护经验来看，社会保障是社会经济发展的产物，社会经济发展一方面提高了居民的社会保障需求，使建立社会保障成为社会经济发展的一种客观要求，另一方面也为社会保障制度建立提供了必要的物质条件，使社会保障建立成为可能。在社会保障制度比较完善、城乡社会保障制度衔接性比较好的国家，农业与工业的市场差异变得越来越模糊，农业工人也和工商业的从业人员一样需要把最基本的生活保障从家庭转移到社会。

四、内容选择：从社会救济到社会保险

典型国家为化解农业生产方式向以机械化为代表的现代化农业生产方式转变中农村产生的各种社会风险，都出台了相关社会保护政策，其内容经历一个由社会救济到社会保险的过程。各国早期的社会保障制度都侧重于济贫，重点保障农民的生存权。农业生产方式变迁会给农村带来了一系列的贫困、失业、工伤和疾病等社会问题，而劳动者对这些社会问题的产生是无能为力的。社会问题原因与性质的变化决定了典型国家社会保障制度根本性质与目标的变化，传统的社会救济与措施无法有效解决全面出现的问题。于是，一种新型社会保障制度即社会保险制度应运而生，[①] 社会保险制度的重点是要满足多样化需求。社会保障制度也实现了从最初的解决因社会转型和农业生产方式变迁所带来的社会风险的救济型制度向为农村全体社会成员提供社会保险制度的转变，具有鲜明的由生存权向发展权演化的趋势。

当前，我国农村经济发展迅速，农村居民生活水平已经基本实现了小康，同时还建立了以农村五保供养制度和农村最低生活保障制度为代表的农村社会救助制度，农民的生存权有了保障。新时期，农村人口老龄化、土地保障和家庭保障的进一步弱化对现阶段农村社会保障制度提出了新的

---

① 丁建定：《从济贫到社会保险——英国现代社会保障制度的建立》，中国社会科学出版社 2000 年版，第 254 页。

要求。而农业生产方式的变迁既是建立健全农村社会保障制度的一个挑战，又是一个现实的机遇。首先，农业生产方式的转变要求完善农村工伤保险、失业保险等农村社会保险制度，满足农村居民对社会保障制度的多样化需求。其次，上述典型国家在农业现代化过程中都强调发展性功能，尤其是对农村居民农业技能培训和教育，努力提升农村劳动力素质，以应对农业生产方式转变的挑战。因此我国农村社会保障制度的建构应以保障农民发展权为重点。

五、发展模式：依据发展环境选择农村社会保障模式

与其他社会制度的发展变化相似，社会保障制度发展道路是选择统一还是有差别的道路是基于一定的发展环境，尤其是经济、社会、政治和文化环境。不同的社会、经济、政治和文化因素在很大程度上影响社会保障模式的制度选择。只有选择适合本国国情的社会保障制度发展道路，才能够在促进社会保障制度发展的同时，更好地发挥社会保障制度对维护社会公平与民生幸福的积极功能。[①]　具体到以上典型国家而言，任何一项社会制度对人群的覆盖都存在一个从部分到全体的过程，这个过程既可能是用同一种社会保障制度覆盖全体人群的统一道路[②]（如英国），也可能是用不同社会保障制度为不用人群提供社会保障的方式（如法国、日本）。英国社会保障制度结构体系的特点是采用统一社会保障制度覆盖各种社会群体的统一道路选择，所以没有专门的农村社会保障制度。法国拥有独立的农业社会保障制度，针对不同群体采取不同社会保障制度的安排，实现了对农村居民的全面覆盖。日本社会保障制度选择了整体差别与部分统一的道路，在差别道路的基础上逐步建立针对农村居民的社会保障制度，然后通过国民基础年金计划为农村居民提供统一标准的国民基础年金。可见，典型国家因受各国政治、经济、文化以及社会发展状况的不同影响，其社会

---

① 丁建定：《完善中国社会保障制度的几个问题的理论思考》，《学习与实践》2009 年第 11 期。

② 丁建定：《英国社会保障制度史》，人民出版社 2015 年版，第 416 页。

保障制度发展的道路也存在显著的差别。但是，上述国家的社会保障项目都有一个显著的特点：作为核心项目的社会保险不断扩大其覆盖对象，尽管制度形式不同，但待遇已经没有实质性差别。

中国社会保障制度的发展仍然面临着统一与差别的选择。当前，城乡二元化的社会保障制度是一种差别性的发展道路，在一定程度上适应了当前的城乡二元社会结构，促进了社会的稳定与发展。但是，这种差别性有违社会保障的公平性，已经成为影响社会保障制度建设以及和谐社会的重要影响因素之一。中国的基本国情决定了社会保障制度发展道路不可能很快走向全国统一，我国现阶段农村社会保障制度的发展道路应该选择一种以差别道路为主、在差别道路的基础上推进部分社会保障项目的统一，进而逐步实现社会保障制度更大范围和更深层次的统一的发展道路，只有这样，我国社会保障制度才能够在适应中国基本社会结构的基础上合理、稳定地发展，其所应该发挥的积极作用才能够更好地得以发挥。仅仅强调我国基本国情决定下的农村社会保障制度发展道路的差别性，有可能加剧不同社会成员之间社会保障权益的不公平；相反，过分强调中国农村社会保障制度的统一性道路选择，也不利于我国社会保障制度在现实国情下的顺利发展。统一的社会保障制度应该成为我国社会保障制度发展道路的基本选择和未来目标，差别性的社会保障制度既应是我国现阶段社会保障制度的基本发展道路选择，更应是实现我国社会保障制度未来发展目标的重要途径和准备阶段。①

六、法律保障：农村社会保障制度发展建立在立法基础上

完善的法律法规是建设社会保障制度的关键，典型国家的社会保障制度在建立、调整和改革等发展过程中都是首先制定相关法律制度，通过提高农村社会保障的立法层次，强化法律对农村社会保障制度的指导和约束

---

① 丁建定：《和谐社会需要构建合理的社会保障制度》，《人口与经济》2009 年第3 期。

作用。

在英国，社会保障制度和其他事业一样，通过国家立法建立起来，依靠法律推行，不管是最早颁布的新旧《济贫法》还是战后英国制定并颁布了大量社会保障立法，如 1945 年颁布《家庭补助法》，1946 年颁布《国民保险法》《国民健康保健法》《工业伤害保险法》等，1948 年颁布《国民救济法》等，这些法律构筑起英国社会保障制度的基本框架。法国农民的社会保险内容最早出现在 1930 年法国的政府颁布的《社会保障法》里。法国拥有相对完善的社会保障法律，其在 19 世纪中期就制定通过了《公共救济与预防法》，1898 年通过了《工伤保险法》。一战后法国在社会保障制度方面也取得了不少成就，法国农民的社会保险内容最早出现在 1930 年法国的政府颁布的《社会保障法》里。二战后，政府在 1945 年通过了《社会福利法》，这意味着法国社会保障体制正式建立，后来还建立了一系列比较完善的社会保障法律制度，逐步实现了法国的社会保障制度系统化和公民社会保障权利的真正保障。日本的农村社会保障制度从一开始就比较注重法制化建设，1938 年首次制定了面向农村居民为主的《国民健康保险法》，标志着农村居民公共医疗保险的起步。二战结束初期，日本政府于 1946 年颁布了《生活保护法》，提出了提供最低生活保障的规定。此为战后日本社会保障之始，1959 年颁布了《国民养老金法》，将原来未纳入公共养老保险制度的广大农民、个体经营者，强制纳入社会养老保险的体系中。1982 年颁布了《老人保健法》，最终确立了 70 岁以上老人免费医疗的制度。为了克服过去对老人公共护理制度的缺陷，1997 年年底又颁布了《护理保险法》，规定40 周岁以上的公民均须参加护理保险。到 20 世纪末，日本已经建立起了完善的农村社会保障法律体系。

由于我国农村法治传统相对匮乏，现行的农村社会保障主要是依靠各级政府的政策和文件进行引导，强调农民自愿参加。首先，应当承认政策在推进农村社会保障制度建设方面的积极作用。政策的灵活性等优点可以调控和自上而下地层层推进农村社会保障制度的建设，而法律的滞后性与政策的灵活性相比在处理我国农村的差异性方面具有明显弊端。但是，政策毕竟不具备法律效力，政策之治实质是一种人治，并且很容易受到政治、经济等变化的影响，如果农村社会保障无法可依、无章可循，那么会存在很大的风险。当前我国农村缺乏社会保障相应的法律法规，这给农村社会保障政策实施造成了保障标准不一致、保障对象不明确、保障资金来源不稳定、保障管理方面的随意性和盲目性等不良影响。因此应抓紧建立健全农村社会保障法律体系，通过走法制化之路，确保农村社会保障的规范性和稳定性，使其在新农村建设中发挥积极作用。同时要加强政策与法律的相互协调，充分发挥两者的优势。

七、责权关系：强调多主体共同参与

社会保障制度层次体系贯穿一个国家社会保障制度建设和发展的始终。从各国的经验来看，上述国家社会保障制度层次体系是一个显著的国家、社会和个人共同承担责任，强调多主体共同参与的保护框架。但是针对农村社会保障而言，各国政府都承担起了构建农村社会风险管理机制的责任主体的角色，这种主导性体现在农村社会保障制度的建构、农村社会保障资金的分担以及农村社会保障制度的管理中。例如，实行普遍保障的英国，其农村社会养老保险资金全部来源于国家的财政补贴。日本政府在农村养老保障制度的建设中就担负着重要的角色，通过对农村养老保险制度建设过程中不仅在政策上进行支持，在经费上予以资助，而且通过分权式的管理体制对养老金进行管理、监督。

同时，现代社会的风险发生机制具有多样性和复杂性，任何单一主体化解风险的能力都是有限的，需要多主体共同参与来抵御社会风险。如法国农民(农场主或农业经营者)及其家属的社会保险的经费来源的比例分别为：国家补贴占8%，全国辅助基金占12%，农产品附加税占22%，其他公共社会保障部门的转移支付占30%，农民自己缴纳的仅占28%。① 国外

---

① 庹国柱、朱俊生等：《制度建设与政府责任——中国农村社会保障问题研究》，首都经济贸易大学出版社 2009 年版，第 168 页。

的经验教训表明,农村社会保障制度的建立和完善都是与政府的支持密不可分的。虽然从长远来看,多主体共同参与是一个趋势,但是也应根据农村社会保障的发展阶段和发展水平来平衡责权关系。因此,在农业生产方式变迁这一契机上必须强调国家在解决农村居民社会保护问题上的重大责任,就目前的阶段而言,政府应在农村社会风险管理机制设计和必要的财政投入方面,采取更加积极的态度和措施。

第七章 农业生产方式变革下农村社会保障制度体系的完善

农业生产方式作为农业生产的具体形式，是农村社会保障制度演变的基础，也影响了农村社会保障制度产生与覆盖的广度和深度。个体经济时期和集体经济时期农村是以社会救助为主的以保障生存为目的的社会保障，家庭联产承包责任制时期是以社会保险为主的现代社会保障制度，而新型农业生产方式要求农村社会保障制度的建设应更加注重农村居民的发展权，发达国家的经验启示也印证了这一规律。鉴于此，为适应农业生产方式的变迁，我国现阶段农村发展战略的一个重要方面就是要构建一个完善的三支柱农村社会保障制度体系，其中，兜底型农村社会救助制度是第一层次，重点是建立综合性社会救助；基本型农村社会保险制度是第二层次，重点在于农村两个基本保险待遇和责权关系的调整以及建立农村工伤保险、失业保险、生育保险制度等内容；服务型社会福利制度是第三层次，重点在于提高待遇和扩大覆盖面。

第一节 农村兜底型社会救助制度的完善

该层次的农村社会保障制度是以生存保障为前提，目的是保障农村居民的基本生存需求，是农村最低层次的社会保障，包括目前五保供养制度、最低生活保障制度等社会救助制度，主要针对贫困人口中完全或部分丧失劳动能力的人，通过社会救助"兜底"的作用来保障农村居民的生存权。

2014年2月，国务院颁布《社会救助暂行办法》，第一次以行政法规形式规定了最低生活保障、特困人员供养、受灾人员救助、医疗救助、教育救助、住房救助、就业救助、临时救助等八项社会救助制度和社会力量参与，构建了一个分工负责、相互衔接、协调实施，政府救助和社会力量参与相结合的中国特色社会救助制度体系，标志着我国社会救助事业进入制度定型和规范发展的新阶段。因此，在农村社会救助制度建设的顶层设计上，要破解社会救助"碎片化"困局，按照整体规划、全面推进的思路，综合构建包括最低生活保障、特困人员供养、受灾人员救助、医疗救助、教育救助、住房救助、就业救助、临时救助，以及社会力量参与在内的社会救助制度体系，实现各项制度之间的有效衔接和协调发展。

一、构建内容体系综合化的农村社会救助制度

农村社会救助制度建立的目的在于满足农村特殊群体的最基本物质生活需求，这一层次的农村社会救助制度主要包括以五保供养制度和最低生活保障制度为核心的生活救助制度，以教育救助、住房救助和医疗救助为基础的专项救助，以农村临时救济、农村自然灾害救助、农村精准扶贫制度等为补充的特殊救助。目前农村社会救助制度体系还不完善，需要构建内容体系综合化的农村社会救助制度来最大程度上为农村居民提供全面、系统的生存保障。

（一）农村生活救助制度的构建需要完善农村居民最低生活保障制度和五保供养制度

2012年9月，国务院下发的《关于进一步加强和改进最低生活保障工作的意见》对城乡低保的对象认定、标准制定、规范管理、能力建设等提出了明确要求。低保标准是最低生活保障制度的基本内容，现阶段农村低保平均标准虽然在逐渐提高，但是随着经济的发展、物价水平的上涨，这一最低生活补助的效果非常有限，亟待提高。当前，低保标准应该不再是

保障居民的生存需要，而是逐渐保障居民的基本生活需要。无论是基本生活费用支出法、恩格尔系数法还是消费支出比例法，农村低保标准的制定都注重居民基本生活必需品的权重，基本覆盖农村基本生活需求必需品。农村低保标准应该从农村贫困居民的角度出发，以保障农村居民基本生活需求为依据。现行各地农村最低生活保障标准线基本上是根据当地基本财政状况，确保低保总体补助标准，然后以农民的收入水平为准进行差额补助，在制定低保标准时是站在执行者——政府的角度考虑问题，没有很好地体现低保的直接受益者——贫困农民对于低保的资金需求状况。① 农村低保标准应该尽可能地涵盖一些居民基本生活必需品的种类和范围，以此来反映农村低保对贫困农村居民基本生活需要的覆盖程度。

尽快建立农村居民最低生活保障标准的动态调整机制。低保标准不应该是一个静态的标准，而应该是一个动态的标准。② 农村低保标准应根据经济发展、社会变化、物价水平以及相关社会保障津贴等因素的变化而做出调整。同时，农村低保管理部门应从现实状况出发，及时根据农村贫困居民基本生活必需品物价水平的变化做出及时调整。同时，在完善农村最低生活保障制度的基础上还应该重视农村低保与其他社会保障制度内容的整合。2010 年，民政部《关于进一步规范农村最低生活保障工作的指导意见》指出，要搞好农村低保与其他社会救助制度的有效衔接，分别采取相关救助政策来有效解决困难群众多方面、多层次的困难需求。

五保供养制度是一项有中国特色的农村社会救助制度，主要是提供基本生活资料来保障五保供养对象的基本生存需求。农村五保对象多是各种疾病的高发人群，医疗费用花费较高，在一些地区五保户就医看病难问题比较突出。加上五保供养经费紧张，无论集中供养还是分散供养，五保户

---

① 肖云：《现行农村低保标准实施中的难点及对策研究》，《人口与经济》2009 年第 2 期。

② 丁建定：《构建我国新型城市社会救助制度的原则与途径》，《东岳论丛》2009 年第 2 期。

的医疗需求问题都很突出，几乎所有的五保老人都对医疗费用非常担忧。①同时，随着老龄化的加剧，五保对象的养老需求也日益显著。加强五保供养制度的服务保障才能满足五保供养对象的养老需求。所谓服务保障，就是保障五保供养对象在生活资料、人际交往、情感沟通和精神抚慰等方面的生活需要，是物质保障的延伸和拓展。② 2010 年民政部修订颁布《农村五保供养服务机构管理办法》，第十四条规定：农村五保供养服务机构为五保对象提供下列服务：提供符合食品卫生要求、适合供养服务对象要求的膳食；提供服装、被褥等用品，按季节添置、更换衣被等生活用品；发给适量的零用钱；提供符合居住条件的住房；提供日常诊疗服务，对生活不能自理者给予护理照料；按照国家政策规定和当地的丧葬习俗，妥善办理五保对象的丧葬事宜。开展各种有益于五保对象身心健康的文化娱乐、体育健身活动。此外，还需保障五保供养对象中未成年人的教育需求。《农村五保供养服务机构管理办法》规定：集中供养的农村五保供养对象未满 16 周岁或者已经年满 16 周岁扔在接受义务教育的，应当依法保证其接受并完成义务教育，保障所需费用。

五保供养制度的完善还应该注意与其他相关制度的协调。首先，应重视五保供养制度和农村居民最低生活保障制度之间的整合与协调。针对基本生活需求内容可合并实施或者与新农保制度合并实施。其次，农村五保供养制度与新农保的整合。当前，我国农村一部分老年人不但享有五保待遇，而且可以领取新农保的基础养老金。农村五保对象的待遇水平明显超过该地区农村的一般生活水平，这样不利于农村养老资源的公平合理分配。因此，一方面，应大力发展农村社会服务事业，将农村五保制度为其覆盖对象所提供的服务整合到农村社会服务体系；另一方面，应该规定参加新农保制度的老年人仅享受新农保制度所提供的养老金，而不再享受农

---

① 童星：《中国农村社会保障制度》，人民出版社 2011 年版，第 263 页。
② 罗平飞：《贯彻落实党的十七届五中全会精神，加快推动农村五保供养工作科学发展》，《中国民政》2011 年第 1 期。

村五保的待遇。这样既可以为无依无靠的老年人提供适度的基础养老金，保障基本生活，又可以为其提供专业化的社会服务。① 最后，还应重视五保户医疗保障与新型农村合作医疗制度之间的协调与衔接。2006 年《农村五保供养工作条例》规定，农村五保供养对象的疾病治疗，应当与当地农村合作医疗和农村医疗救助制度相衔接。在实践中，各级民政部门资助农村五保供养对象参加新型农村合作医疗制度，纳入农村医疗保障体系，同时对患大病经合作医疗补偿后仍有困难的农村五保供养对象，主要是通过农村医疗救助制度实行救助。②

(二)农村专项救助的构建需要完善农村教育救助、住房救助和医疗救助

农村医疗救助是政府对患重大疾病农村特困居民实行现金救助的救济制度，是一项新型的社会救助制度。农村医疗救助应该是一种综合型救助，是对救助对象基本医疗服务需求的反映。它不仅为贫困人口的大病医疗开支提供资金支持，而且应该将医疗救助覆盖的基本病种逐渐统一，并辅以基本医疗服务。综合救助是一种发展性的思路，着眼于提高低收入者对初级医疗卫生服务的可及性，提高其健康水平，从而有助于防止他们因病而彻底丧失减贫脱贫能力。③ 农村医疗救助应该是一种涵盖大病与常见病，基本病种范围统一、辅以基本医疗服务的综合型专项救助。这种综合型救助以新型农村合作医疗为平台，与新农保一起共同满足农村贫困群体的基本医疗服务。

完善住房救助是农村专项救助制度的重要内容。农村地区的住房救助主要是实施危房旧房的改造，由政府出资对农村低保对象、散居五保对象

---

① 丁建定、郭林：《"新农保"与农村其他社会保障制度间的关系》，《中国社会报》2010 年 5 月 2 日。

② 童星：《中国农村社会保障制度》，人民出版社 2011 年版，第 263 页。

③ 丁栋兴：《国外医疗救助支付方式对我国的启示》，《卫生经济研究》2009 年第 8 期。

的住房给予翻新改造或者加固。① 2014 年，国务院颁布实施的《社会救助暂行办法》指出，切实保障特殊困难群众获得能够满足其家庭生活需要的基本住房。住房城乡建设部、民政部、财政部三部委印发《关于做好住房救助有关工作的通知》，对解决最低生活保障家庭、分散供养的特困人员的住房困难做了更完善的制度安排。该通知明确了住房救助的对象，规范了住房救助的方式。我国住房救助对象为符合县级以上地方人民政府规定标准的、住房困难的最低生活保障家庭和分散供养的特困人员。其中对农村住房救助对象，优先纳入当地农村危房改造计划，优先实施改造。当前农村住房救助制度是一种补救性的制度，相对于农村目前较快的经济发展速度以及农村居民生活水平已经达到小康水平这样一个现实情况，农村住房救助制度的救助水平显然是偏低的，而且其房屋建造的合理性、居住环境的改善以及配套基础设施的完善都需要对当前的住房救助制度进行重新定位。

　　教育救助在改变农村人口能力贫困方面具有重大作用，也是农村专项救助的重要组成部分。中国农村发展滞后的原因是多方面的，既有农业生产方式本身的局限等客观因素，也有国家长期以来重工轻农、城乡二元分治等主观因素的影响。在客观因素中，当前，我国多数农村仍然保持着传统的小农生产方式，而且在农业部门进行谋生的劳动者素质往往较低，这对于农业现代化发展过程中新科技成果和机械化等新生产工具的推广使用等方面都构成巨大障碍。从农民的职业技能的角度来看，随着农业产业化的推行，现代农业对农村劳动力的素质要求必然提高，这就势必要求针对农村居民的职业教育、技术培训等教育救助类别的提供，从而能够适应农业现代化发展的要求。首先，农村救助的层次和水平应该协调均衡。目前，农村教育救助制度的偏重基础教育救助，而中高等教育救助基本是空白。其次，农村教育救助内容应该系统完善。教育救助不仅包括基础教

---

　　① 邓大松：《2011 中国社会保障改革与发展报告》，人民出版社 2011 年版，第152 页。

育，而且应包括职业技能培训和就业安置服务，应深入推进中等职业教育和职业技能培训全覆盖，逐步实现免费中等职业教育。加强农业职业教育和技术培训，努力造就一支适应现代农业发展需要的高素质新型农民队伍。最后，鼓励高校科研人员参与农业企业科技创新和推广，充分发挥高校及职业院校在科研成果转化中的作用。

(三)农村特殊救助制度的构建需要完善农村灾害救助制度和农村精准脱贫制度

当前，我国农村灾害救助制度仅仅是着眼于解决灾害造成的灾民生活苦难，而对灾民的生产、灾后遗留问题缺乏救助渠道。[1] 农村灾害救助也应是综合型的生活救助，不仅要满足灾民的基本生活需要，而且应扩展其制度内容的覆盖面。灾害救助的内容应该包括灾民救助和灾区救助，具体应涵盖救助灾民生命安全；抢救财产，减轻灾害损失；为灾民提供基本生活保障；恢复工农业生产和公益设施，重建因灾损害的工商企事业单位、道路、电路、医院、学校及农田水利工程等；帮助灾民确立自行生存的能力；安抚灾民情绪，实施精神救灾。[2]

精准扶贫是指针对不同贫困区域环境、不同贫困农户状况，运用科学有效程序对扶贫对象实施精确识别、精确帮扶、精确管理的治贫方式。精准扶贫的最终目的在于减少贫困人口和消除贫困，即通过扶贫资源的有效使用使贫困人口稳定脱贫致富和提高生活质量。改革开放以来，数亿中国人甩掉了贫困的帽子，但中国的扶贫仍然面临艰巨的任务，贫困问题仍然是我国经济社会发展最突出的短板。

2014 年年初，中央制定了精准扶贫的战略，这个战略是对以往在扶贫领域实施的工作战略的发展与补充，但并非是完全替代。"精准扶贫是中

---

[1]　杨翠迎：《建立和完善我国农村社会保障体系》，《西北农林科技大学学报》2007 年第 1 期。

[2]　乐章：《社会救助学》，北京大学出版社 2008 年版，第 88~89 页。

国扶贫进行到新阶段后的新举措，符合中国国情。"①从该战略出现的背景看，精准扶贫方式的被强化，主要基于以下原因："长期以来，我国的扶贫开发存在着贫困人口底数不清、情况不明，针对性不强，扶贫资金和项目指向不准等问题。"②中共中央政治局 2015 年 11 月 23 日审议通过《关于打赢脱贫攻坚战的决定》，针对目前剩余的 7000 余万贫困人口，决定要求，到 2020 年通过产业扶持、转移就业、易地搬迁、教育支持、医疗救助等措施解决 5000 万左右贫困人口脱贫，完全或部分丧失劳动能力的 2000 多万人口全部纳入农村低保制度覆盖范围，实行社保政策兜底脱贫。简单来讲，就是对于有劳动能力的贫困群众来说，依靠发展生产和提供就业机会就能实现脱贫，而对于生存环境极端恶劣或缺乏劳动能力的人群，必须采取社保兜底等手段予以保障。此前，中央已经提出通过扶持生产和就业发展一批、通过易地搬迁安置一批、通过生态保护脱贫一批、通过教育扶贫脱贫一批、通过低保政策兜底一批的"五个一批"脱贫路径，本决定则首次明确了社保兜底与其他脱贫路径的具体规模。当前，推进精准扶贫，加大帮扶力度，是缓解贫困、实现共同富裕的内在要求，完善精准扶贫工作可通过以下三个途径来实现：

第一，完善精确识别是精准扶贫的前提。通过有效的程序把谁是贫困居民识别出来，并查清其贫困的真实原因。在贫困对象的识别认定过程中，必须坚持两个基本原则：一是科学认定原则。目前国家统计局对全国农村贫困人口的估计依据的是收入和消费指标和贫困线标准。但如果继续用该方法作为精准扶贫效果的考核，就会出现识别和扶持标准与考核标准不一致的问题。建议对精准扶贫效果的考核只针对建档立卡贫困户，主要评估建档立卡贫困户在收入、消费、资产、教育和健康等多个维度的改善状况和脱贫状况。这就需要改进农村住户抽样调查，特别是建档立卡信息

① 张一鸣：《精准扶贫为新时期中国扶贫格局带来新变化——访北京师范大学经济与资源管理研究院教授张琦》，《中国经济时报》2014 年 10 月 9 日。
② 顾仲阳：《精准扶贫，不撒胡椒面》，《人民日报》2014 年 3 月 12 日。

要反映在住户抽样调查中。在此基础上，国家统计局每年可以对建档立卡户的变化情况进行可靠的评估。国务院扶贫办也可以利用建档立卡系统对扶持情况进行跟踪和评价。① 二是民主识别原则。不论采取何种方式识别，都要充分发扬基层民主，发动群众参与；透明程序，把识别权交给基层群众，让同村老百姓按他们自己的"标准"识别谁是穷人，以保证贫困户认定的透明公开、相对公平。

第二，精确帮扶是精准扶贫的重点。贫困居民识别出来以后，针对扶贫对象的贫困情况定责任人和帮扶措施，确保帮扶效果。就精确到户到人来说，重点为：一是坚持方针。精确帮扶要坚持习近平总书记强调的"实事求是，因地制宜，分类指导，精准扶贫"的工作方针，重在从"人""钱"两个方面细化方式，确保帮扶措施和效果落实到户、到人。二是到村到户。要做到"六个到村到户"：基础设施到村到户、产业扶持到村到户、教育培训到村到户、农村危房改造到村到户、扶贫生态移民到村到户、结对帮扶到村到户。真正把资源优势挖掘出来，把扶贫政策含量释放出来。三是入户施策。通过进村入户，分析掌握致贫原因，逐户落实帮扶责任人、帮扶项目和帮扶资金，帮助发展生产，增加收入。四是资金到户。在产业发展上，可以推行专项财政资金变农户股金的模式，也可以通过现金、实物、股份合作等方式直补到户；在住房建设上，应加快农村廉租房的建设；技能培训、创业培训等补助资金可以直补到人；对读中、高职学生的生活补贴、特困家庭子女上大学的资助费用，可通过"一卡通"等方式直补到受助家庭；异地扶贫搬迁、乡村旅游发展等项目补助资金可以直接向扶贫对象发放。五是干部帮扶。干部帮扶应从国家扶贫政策和村情、户情出发，帮助贫困户理清发展思路，制订符合发展实际的扶贫规划，明确工作重点和具体措施，并落实严格的责任制，做到不脱贫不脱钩。六是在产业发展和创收方面，重点探索如何将贫困户纳入现代产业链中，解决贫困农户经常面临的技术、资金、市场方面的困难。例如，在扶贫攻坚试点中采

---

① 汪三贵、郭子豪：《论中国的精准扶贫》，《贵州社会科学》2015 年第 5 期。

用"公司+合作社+贫困户"的模式。利用财政扶贫资金支持建档立卡贫困户入股来获取分红收入，同时贫困户将土地流转给公司或合作社来获取稳定的土地租金收入，鼓励贫困户为公司或合作社出工来获取工资收入。政府对吸收建档立卡贫困户参与的企业从土地使用、税收、优惠贷款(如贴息)等方面给予扶持。

第三，精确管理是精准扶贫的保证。一是农户信息管理。要建立起贫困户的信息网络系统，将扶贫对象的基本资料、动态情况录入到系统，实施动态管理。对贫困农户实行一户一本台账、一个脱贫计划、一套帮扶措施，确保帮扶到最需要扶持的群众、帮扶到群众最需要扶持的地方。年终根据扶贫对象发展实际，对扶贫对象进行调整，使稳定脱贫的村与户及时退出，使应该扶持的扶贫对象及时纳入，从而实现扶贫对象有进有出，扶贫信息真实、可靠、管用。二是阳光操作管理。按照国家《财政专项扶贫资金管理办法》，对扶贫资金建立完善严格的管理制度，建立扶贫资金信息披露制度以及扶贫对象、扶贫项目公告公示公开制度，将筛选确立扶贫对象的全过程公开，避免暗箱操作导致的应扶未扶，保证财政专项扶贫资金在阳光下进行；筑牢扶贫资金管理使用；同时，还应引入第三方监督，严格扶贫资金管理。三是扶贫事权管理。对扶贫工作应明确省、市两级政府主要负责扶贫资金和项目监管，扶贫项目审批管理权限原则上下放到县，实行目标、任务、资金和权责制度，各级都要按照自身事权推进工作；各部门也应以扶贫攻坚规划和重大扶贫项目为平台，加大资金整合力度，确保精准扶贫，集中解决突出问题。

党的十八大以来，我国大力推进反贫困进程，取得了巨大成效。2021年2月25日，全国脱贫攻坚总结表彰大会在北京人民大会堂隆重举行，习近平总书记宣布：经过全党和全国各族人民共同努力，我国脱贫攻坚战取得了全面胜利，现行标准下9899万农村贫困人口全部脱贫，832个贫困县全部摘帽，12.8万个贫困村全部出列，区域性整体贫困得到解决，完成了消除绝对贫困的艰巨任务，创造了又一个彪炳史册的人间奇迹。在绝对贫困问题基本解决之后，返贫问题和相对贫困问题的解决则将成为"十四五"时期社会保障制度发展面临的重要任务。"十四五"时期，社会保障制度一方面依然要紧紧围绕"真脱贫、稳脱贫"目标，继续做好兜底保障工作，巩固脱贫攻坚成果；另一方面要积极重视边缘贫困群体、低收入和贫困人口的社会保障，聚焦相对贫困治理。因此，需要进一步发挥社会保障在相对贫困治理中的作用，增强社会保障的公平性，推动共同富裕目标的实现。

农村社会保障体系是扶贫工作的重要环节，也是为整个扶贫工作进行托底和奠基的工作。农村社会保障体系的构建为扶贫工作中最受关注的老弱病残等弱势群体提供了最基本的保障，是整个扶贫工作的安全阀，也是乡村振兴战略的稳定器。在这个关键时刻，我国扶贫攻坚战略也将进入一个"后脱贫时代"的转型期，这一转型要求我们以新的机制来应对未来的长期的相对贫困问题。从总的方向看，我们要将农村社会保障体系的重建与"后脱贫时代"的大规模新型扶贫机制结合起来，实现农村社会保障和可持续减贫的互促和双赢。"后脱贫时代"的扶贫工作要从"外生性扶贫"转向"内生性扶贫"，要从可见的物质和产业层面的扶贫深入更深的不可见的"社会机制设计"和"社会网络构建"，要将重心从农村硬件的基础设施建设转向软件建设，在这个转型的过程中，要特别注重农村整体的文化建设、民风建设，要广泛建立老有所乐、幼有所教、残有所助、弱有所扶的充满关爱与和谐的新型农村社会保障，营造一种更好的农村社会环境和社会风气，夯实长期应对相对贫困的长效机制。①

对此，必须探索建立解决相对贫困的长效机制，同时要发挥好社会保障在缓解相对贫困方面的积极作用。一是仍要大力实施积极扶贫政策，把"精准扶贫""精准脱贫"的有效举措延续下去，同时努力探索用积极的就业、脱贫举措解决相对贫困的长效机制。二是要提升和拓展社会保障制度的收入再分配功能，一方面，把"最低生活保障制度"改为"基本生活保障

①　王曙光、王丹莉：《中国农村社会保障的制度变迁与未来趋势》，《新疆师范大学学报》(哲学社会科学版)2020 年第 4 期。

制度"，使"低保"转变为"基本生活保障"，建立"基本生活保障"标准的动态调整机制；另一方面，大力推进社会保险扩面工作，帮助贫困人口跨越参保门槛，加大社会保险基金社会统筹的成分，建立向低收入和贫困人口倾斜的待遇补偿机制。三是要加大公共财政对社会救助和社会福利的投入力度，按照应救尽救、按需施救的原则，切实保障贫困人口基本生活以及必要社会支出。四是探索建立针对困难老年人、残疾人和儿童的普惠性福利待遇。五是把"精准扶贫"措施中的保障类项目融入社会保障制度体系，加强社会保障与开发式扶贫、基本公共服务的衔接，推进脱贫与乡村振兴的有效衔接，形成制度合力，在巩固脱贫成效的基础上努力让脱贫群众迈向富裕。①

二、构建结构体系公平化的农村社会救助制度

（一）农村居民最低生活保障的内部结构整合

农村低保对象内部存在着结构不公平的现象，全国各地区低保对象救助水平不一致、同一地区不同低保对象群体低保救助水平不一致。首先，近年来农村低保标准逐年提高，但不同地区的农村低保标准有着很大的差异。由于地区经济发展水平的差异，主要省份农村低保平均标准存在显著的差异，东部地区低保水平明显高于中西部地区。因此，科学制定合理的农村低保标准是可以消除农村低保的结构性不公平。全国实行统一保障水平下的差别性保障标准才能消除农村内部结构不公平的合理选择，才能更好地体现全国农村低保对象的公平性。其次，农村居民最低生活保障制度的公平性还体现在救助对象人群或身份属性上。从低保制度的覆盖范围来看，农村低保覆盖人群较广，较好地保障了女性和老年人的基本生活需求，但是对未成年人和残疾人的覆盖面过窄，因此必须加强对未成年人和

---

① 龙玉其、王延中：《"十四五"时期社会保障发展的目标思路与关键举措》，《经济学动态》2020 年第 8 期。

残疾人的基本生活救助。最后，农村居民最低生活保障制度的公平性还应该逐渐覆盖农民工、失地农民、各种形式的移民等特殊群体。现有农村低保对象也应该进行重新审视，其中，五保对象可以与低保对象进行整合，将五保供养对象纳入城乡低保范围，参照低保对象管理。① 农村低保制度应该是一种公平性的社会救助制度，只要社会成员生活在贫困线以下都应该被纳入制度内。

(二)农村专项救助制度的协调

第一，农村医疗救助的协调。根据《关于实施农村医疗救助的意见》，农村医疗救助的对象是农村五保户、农村贫困户家庭成员、地方政府规定的其他符合条件的农村贫困农村。为了发挥农村医疗救助制度的最大效用，可以从不同救助对象的医疗救助入手，针对农村五保户的医疗救助，应该与当地五保供养和新型农村合作医疗制度相配合。目前，农村医疗救助对象较为狭窄，它应该保证所有的农村贫困居民都能享有基本的医疗救助卫生服务。第二，农村住房救助制度的协调。目前，农村住房救助制度的主要内容是危旧房改造，救助对象是居住在农村分散供养的五保户、低保户、贫困参加家庭等，救助内容单一、范围有限，应该协调农村住房救助制度，科学界定救助对象。

三、构建层次体系多元化的农村社会救助制度

在农村社会救助制度的建设上，要构建由政府主导的、以社会力量参与在内的多元社会救助制度体系。政府是农村社会救助制度的责任主体，承担着救助贫困农村居民的基本责任。政府的主导作用体现在农村社会救助制度的构建、社会救助资金的分担以及社会救助制度的运行管理。

---

① 欧阳运瑞：《永州市实施农村五保供养与城乡低保捆绑运行新模式》，《农村财政与财务》2010 年第 2 期。

(一)制定政策法规是政府主导农村社会救助的基本责任

2014 年 2 月，国务院颁布《社会救助暂行办法》，标志着我国社会救助事业进入制度定型和规范发展的新阶段。但是，我们应看到，加快社会救助立法，逐步完善社会救助法律法规才是建立新型社会救助体系、规范社会救助行为、提高救助水平的根本保障。正是由于缺少法律的约束，一些有悖于公平正义的事件时有发生，"关系保""人情保""骗保""诈保"屡禁不止，严重损害了农村困难群众的利益，进一步加快出台社会救助法具有重大的现实意义。《中华人民共和国社会救助法》已经列入十一届全国人大的立法规划一类项目，由于对该法涵盖内容存在分歧、一些专项救助不成熟、管理体制及职能分工尚未理清等问题，还未能提交全国人大常委会审议。笔者认为，首先当前我们不可能尽快制定一部完美无缺的社会救助法，但却有可能通过立法规范社会救助的共性问题。因此，建议全国人大尽快出台《中华人民共和国社会救助法》。其次，加大中央政府对农村社会救助的财政投入。政府是农村社会救助制度资金的主要筹集者，中央政府应按照公共财政要求调整财政支出结构，加大对农村社会救助制度的投入。同时农村社会救助所需资金列入地方同级财政预算，地方财政也应加大对落后地区农村的财政转移支付力度。最后，农村社会救助的发展需要加强和完善政府的管理机制。政府作为农村社会救助责任的承担者，应该充分发挥其主导性，逐渐统一农村社会救助制度的管理，加强决策能力，促进各部门之间的协调。鉴于此，我们有必要对当前农村社会救助管理机构进行整合，明确责任主体，加强内部协作与整合。

(二)广开社会救助渠道，扩大农村社会救助制度中社会责任的补充性

政府在农村社会救助制度中处于主导地位，社会主体的广泛参与是必要补充，主要体现在社会主体能够扩充社会救助资金来源，提高现有基础救助水平，覆盖更多需要救助的贫困农村居民。但是目前社会参与程度并

不高，作用仍然有限。在农村社会救助体系的发展中，首先，应充分发挥政府主导和政策引导作用，广泛动员各方面力量自愿参与社会捐赠，坚持投资主体多元化、运行机制市场化、服务方式多样化的基本方向，积极开展多种形式的社会救助活动。其次，畅通社会力量参与社会救助的渠道，引导大型社会组织和企业建立公益性基金，在民政部门统筹下参与社会救助，形成政府救助与慈善救助的协同互补。同时，对于社会力量兴办救助事业的，在规划、用地、税收等方面应给予政策优惠。再次，研究制定政府购买社会救助服务的具体办法和措施，将部分事务性、临时性、服务性工作委托、承包给社会组织、专业社会工作机构和竞争性市场主体承担。鼓励社工机构和专业社会工作者、志愿者积极参与社会救助，进一步拓展社会救助服务内涵，帮助社会救助对象提升能力、融入社会。总之，在发挥政府托底救助责任、做好政府救助工作的同时，着力引导社会力量参与社会救助，形成政府和社会相互协作、相互配合的良好局面。

(三)增加农村社会救助制度中个人责任的主动性

社会救助强调国家和社会对维护社会成员基本生活的责任和义务，但是接受救助者也应该力所能及地履行其对社会应尽的义务。如果片面强调受助者接受政府救助的权利，就可能使社会救助转化为一种社会的消极负担。[①] 农村社会救助制度的建构应坚持适度发展理念，注重提升困难群众自我发展能力，充分发挥贫困农村居民个人的主观能动性，促进困难群众积极参与、融入社会。首先，坚持物质救助与服务救助并重。在社会救助手段和方式上，促进由传统的、单一的物质和现金救助转向物质保障、生活照料、精神慰藉、心理疏导、能力提升和社会融入相结合的综合援助，实现社会救助方式的多样化、组合化、专业化和个性化，最大限度地发挥社会救助体系的综合效用。其次，注重造血式救助。通过完善教育救助、就业救助制度以及建立低保与促进就业、扶贫开发的联动机制，提升救助

---

① 张广利：《社会保障实务教程》，华东理工大学出版社 2010 年版，第 239 页。

对象自我发展能力，阻断贫困的代际传递。

第二节　农村基本型社会保险制度的完善

该层次的农村社会保障制度是以农村基本社会保险为主体，包括目前新型农村社会养老保险制度、新型农村合作医疗制度（与农村生育保险制度合并）、农业保险制度、农村失业保险制度、农村工伤保险制度。农村基本型社会保险制度的保障对象是全体农村居民，是在兜底型农村社会救助制度的基础上来确保农村居民生活和生产的可持续性，是农村社会保障制度体系中最基本的、覆盖人群最广、保障风险功能最强大的支柱，是目前农村社会保障制度发展和完善的重点所在。

一、农村基本型社会保险制度内容体系的完善

（一）积极完善农村基本养老保险制度

农村养老保险制度完善的首要任务就是填补制度性缺失，探索建立新制度，将未覆盖的人群全部纳入该体系，实现养老保险制度上和理论上的全覆盖。首先，推进新型农村社会养老保险制度从试点走向全覆盖，将所有农村居民纳入统一的养老保障体系，使得广大农村居民能够享受社会养老保险制度。其次，探索建立老年人护理保险制度，应实施高标准的独立性较强的长期护理保险模式，护理保险应实施资金来源多元化的现收现付社会统筹制度，其缴费率和缴费年限应该根据职业生涯收入状况、年度护理费、平均收入水平等因素确定，护理保险的基金应按护理等级来支付补偿费用。这样就将这一新型社会风险纳入社会保险制度，使得农村老年人享有基本护理保险制度；加快探索失地农民、被征地农民和农民工的养老保险制度模式，使其能够享受相关社会养老保险制度。① 通过以上措施可

---

① 丁建定、张尧：《养老保险城乡统筹：有利条件、理性原则与完善对策》，《苏州大学学报》（哲学社会科学版）2014 年第 5 期。

确保养老保险制度在所有不同群体间的全覆盖，实现应保尽保。

(二)建立农村养老保障服务体系

养老服务在农村养老保障制度整合中的地位尤为突出，养老保障制度实施最终都要通过养老服务来保障和实现。农村养老服务体系建设的目标应注重农村基本养老服务体系，完善基本养老服务方式，建立基本养老服务政策支持体系，推动城乡基本养老服务均衡发展，最终建立城乡一体化的基本养老服务体系。基本养老服务体系发展和完善的主要原则应是政府引导与多方参与、立足当前与着眼长远、因地制宜与突出重点相结合等宏观原则，自立为主、居家与社区为辅，居家为主，社区与机构为辅，家庭为主、政府与社会支持等微观原则。农村基本养老服务体系发展和完善的基本路径为理性选择和合理发展农村居家、社区与机构养老等基本服务方式；逐步建立农村基本养老服务政策支持体系，包括养老服务补贴制度、居家、社区与机构养老服务的政策支持；注重城乡基本养老保障制度与服务间的衔接和协调，确保基本养老服务均衡发展，尤其是农村养老服务体系。

农村养老服务供给需要注重精准化配置养老服务资源。农村养老服务精准化发展是在不同老龄阶段为每一位老年人提供需要的养老方式，形成精准化需求识别、精准化资源供给、精准化管理模式和精准化资源支持体系为一体的精准化养老服务资源配置体系，实现养老事业的精准发展。就现实而言，依托农村现有服务资源对老年人需求的有效满足，有赖于在需求准确识别的基础上，加强服务提供的侧重性、资源配置的合理性和服务接受的弹性；同时，在既定条件制约下，通过缓解农村居家所承担的整体需求满足压力，将有限资源用于最重要的需求上也是促进优先满足策略实施的合理选择。

(1)建立农村居民养老服务需求量化指标体系。科学标准的需求指标体系是养老模式精准化建构能够实现的重要保障。应积极开发农村居民养老服务需求评估工具，精准化掌握老年人的基本信息和个性化需求。可由省级政府统筹设立和制定标准化指标，合理规划省级区域内农村养老的现实状态，借助科学标准的评估工具，借鉴精准扶贫中建档立卡的做法，为区域内年满60周岁及以上的老年人建立一份档案，按照科学性、实效性、灵活性原则，全局性测度老年人的经济指标、家庭结构指标、健康指标、教育指标、职业指标、文化指标和养老服务水平指标等主观指标，同时评估农村社区服务状况等客观指标，以达到掌握老年人养老服务需求并提供精准化养老方案的目的。

实施需求的动态评估、建立服务菜单，是在现有资源条件下调整服务配置、提升需求弹性的有效方式。其中，对老年人需求的动态评估，有利于服务需求的及时准确的识别；菜单化的服务提供模式，则有利于在共性需求满足的基础上向个性化、集约化的延伸。一是建立农村养老服务需求的动态评估机制。一方面，从需方角度，应加强老年人在服务参与过程中的需求表达，特别是针对现有服务评价、期望服务内容的表达，为服务改进、服务内容深化、服务提升提供必要的建议支持。另一方面，从供方角度，服务内容的设置与服务资源的配备涉及老年人的现实需求情况，而服务需求则又与区域内老年人口规模和差异化群体构成相联系；同时，随着社会流动的加速，农村范围内的老年人口规模与群体结构又处于不断变化之中。因此，老年人的需求也应进行动态化的识别与评估。老年人自身特征、家庭构成和照顾者情况等均会对服务需求产生影响；然而，老年人年龄、健康和居住情况的影响最为关键。因此，农村社区可以通过建立老年人信息库，重点对高龄、失能和非同住(空巢、独居)老年人规模进行检测，将有利于对整体的潜在需求情况进行把握。同时，各群体对农村居家服务的依赖性、需求内容差异较为明显，需要在对特定老年群体规模，特别是高需求"溢出"群体进行实时动态监测的情况下，定期开展需求评估，针对特定群体的需求情况，对服务提供的侧重性进行把握。

二是建立菜单化的服务提供模式。菜单化的服务模式，体现出从"政府配餐"向"老人点餐"的方式转变，有利于服务获得的准确性、多样性。整体层面上，需求倾向的变动主要源于群体构成的变化。相比而言，老年人既定的服务需求内容则处于相对稳定的状态，即一定时期内老年人服务需求的内容则相对固定。同时，具有相同特征老年人之间的需求具有相似性，并且单一群体、部分群体之间的需求内容也存在相似性特征。而共性特征的存在，则有利于在普遍需求的服务提供基础上，向个性化、差异化的服务提供延伸。

可在识别高需求群体基础上将需求的共性与个性相结合，制定"基础保障"+"个性选择"的弹性服务菜单(见表7-1)。其中，根据影响因素与群体需求划分结果显示，应将年龄、失能作为对象识别的最重要标准；同时，在菜单内容上，除社区应有的服务建设和对象无差别对待的服务之外，如服务热线、服务信息、服务中介、疾病预防、社区医疗、专业义诊、无障碍改造等，主要针对个体化的具体性的服务进行整理；在基础性、个性化内容设置中，以各群体必备要素作为基础性服务，将一维、魅力要素等作为个性化服务。此外，由于精神类的突出需求较为一致，均呈现自我满足型服务内容，但由于相应的依赖性较低，因此农村社区可采取常规设置的服务内容而并不纳入菜单。

表 7-1 农村养老服务菜单

需求类型	老年群体	基础菜单	个性化菜单
生活照料	严重失能高龄老人	应急呼叫设备、应急安全、上门照料、安全指导、上门做饭、室内改造、衣物清洗、家政清扫	短期托养、定期探访、出行陪护、家政清扫、代缴代办
	中度依赖	应急呼叫设备、应急安全	衣物清洗、室内改造、上门做饭、安全指导、定期探访
	轻度依赖	应急安全	家政清扫、衣物清洗、送餐配餐、应急呼叫设备、安全指导、日间(机构)照料、代办代缴、上门照料、室内改造、定期探访

需求类型	老年群体	基础菜单	个性化菜单
医疗保健	严重依赖	家庭病床、签约医生、上门看病、器具租赁、康复指导、术后康复、定期体检、协助转诊	配药送药、陪同就医、慢性病维护、用药指导、卧床护理、远程医疗、临终关怀
	中度依赖	配药送药、上门看病、陪同就医	定期体检、慢性病维护、签约医生、器具租赁、康复指导、手术后康复、家庭病床
	轻度依赖	慢性病维护、签约医生	定期体检、配药送药、家庭病床、健康档案、上门看病、用药指导、陪同就医、远程医疗、康复指导
	高龄老人	配药送药、定期体检	签约医生、上门看病、家庭病床
	中龄老人	配药送药、定期体检	慢性病维护、健康档案、用药指导、签约医生
	低龄老人	配药送药	定期体检、用药指导、健康档案

资料来源：作者自己整理

（2）注重服务供给侧重性，推动农村医养服务相结合。一是就各类服务而言，在生活照料类中，当前社区居家应在保障日常安全服务基础上，侧重于和老年人日常生活联系较为紧密的家政和供餐服务。在医疗保健类中，注重于健康预防和维护、专业义诊、配药送药等就医便利型服务。在精神慰藉类中，侧重于以具有主动性导向的平台性服务提供为主。二是整体的服务提供侧重上将生活、医疗服务作为建设的重点，应逐步将"医养结合"向社区层面延伸。需求识别旨在确定政策目标中"最需要的内容"和"最需要的人"的定位。因此，生活照料与医疗保健服务的联结，将更有利于老年人需求的一体化满足。当前，"医养结合"主要侧重于机构之间的结合，即养老机构与医疗机构之间的结合。然而，将"医养结合"向社区层面的延伸，有利于老年人自我满足能力的维持、延缓身体老化造成的行动衰退，更有利于减少机构养老的需求压力，降低社会照料成本。

（3）农村养老服务支持性体系建设是保障性体系，基本目标是通过对"人、财、物"三大核心要素进行有效整合，同时关注养老服务智慧平台和信息技术治理，从而达到保障老年人"养、医、康、护、住、乐"的精准养老需求。

第一，财税政策是发展养老服务中政府财政责任的重要工具，是支持体系的核心，是农村养老服务长效稳健发展的实现路径。农村养老服务财税支持政策体系的完善，首先应明确目标定位，应有利于重点发展农村养老服务，增强农村养老服务供给；支持建立农村社区老年照料服务中心，着力发展社区照料服务；统筹发展农村机构养老服务，走出支持养老服务发展就是支持养老机构的误区，使每一位老年人都能够享受应有的照护服务目标。其次是顺应经济社会发展的水平。以财政承载能力为基础，合理确定基本养老服务水平，运用国家治理理念，增加政府用于农村养老服务体系完善的支出，引导各地按照常住人口确定养老服务支出规模。再次，拓展财税政策空间。加强财税组合，形成政策引导，构建家庭、财政、市场共担的资金配置网络；将农村养老服务资金纳入财政预算，形成专项资金；政策聚焦，充分发挥财税杠杆导引功能；采用科学高效财政资金投资方式，建立规范的政府与社会资本合作关系，减少财政资金直接投资建设、经营养老机构，政府与项目投资方要签订规范和有约束力的合同，对投资活动以契约的形式加以保障。最后，规范政府补贴行为。明确各级政府在老龄补贴中的定位，未来个人补贴从单纯非缴费型补贴向缴费型社会保险过渡；改变政府对养老服务机构财政补贴的筛选机制，逐步减少财政对机构的补贴；加强对公益性非营利组织的补贴力度。

第二，注重培育养老服务人才，加强对护理人员的培训和继续教育。新时代我国农村养老照料问题不仅面临被照料人群庞大的问题，还面临被照料压力巨大与照料护理人才紧缺双重困境的问题。因此，加强养老服务专业人才队伍建设和培育护理照料人才尤为重要，它是完善养老服务人才培养机制和提升养老服务队伍专业化、职业化和规范化水平的客观需要。抽象地看，农村养老服务的提供者是各种性质的组织，包括家庭、社区、政府、企业等。然而具体来说，任何服务的直接提供者都是个人，个人是提供服务的核心层面。

作为一项准公共服务，如何提供足够的专业人才以满足居家养老服务发展的人力需求是政府必须直面的问题，也是居家养老政策支持体系构建中的核心意涵。因此构建农村养老服务人力资源支持政策要准确界定农村养老服务人才类型，明确各类人才服务边界。同时把握养老服务队伍面临的深层次问题以及政策支持现状，进而明确今后政策支持着力点。农村养老服务人力资源支持主要通过专业人才队伍建设、志愿者队伍建设和家人三方面的支持来保证农村养老服务供给。

首先，加强农村养老服务专业人才队伍的建设。要加强对专业社会工作人才的培养，构建社会工作人才培养体系，建立健全从业资格认证制度。同时政府应构建人才支持体系，优化从业环境。其次，加强农村养老服务志愿者队伍的建设。政府在促进志愿者队伍建设上应注意推动志愿服务朝常态化、规范化、制度化的方向发展，强化对志愿者队伍的组织管理和培训，建立规范化的志愿者管理制度，加大对志愿者队伍的激励扶持力度。然后，加强对家庭成员的政策支持。制定税收等优惠政策鼓励年轻人进行非正规照料。再次，国家应高度重视高校养老服务专业教育，针对市场需求对口培养人才，并鼓励培育的人才积极从事养老服务行业；探索构建社会工作、心理学、护理学、老年学等相关专业人才整合机制，吸引这些人才并将其纳入农村养老服务人才培养与管理体系，实行规范化统一考核评估机制。最后，注重养老服务人才的奖励措施、技能培训与志愿者队伍培育，各地应加快出台养老服务人才的激励政策，可参考社区医务人员动态提升薪资待遇，并予以配套优惠政策；政府要逐步构建养老服务从业人员专业化培训体系，分级分类分人员定期开展业务培训，重点对农村养老护理人员开展常规性继续教育；孵化培育农村为老服务志愿者队伍，开展持续性的志愿服务活动，为农村老年人提供各项支持。

第三，老龄产业发展是提升农村养老服务质量的重要举措，是推动农村养老服务向广度、深度和规范化迈进的保障。农村养老服务中的老龄产业支持政策建设应考虑以下方面：首先，养老产品和服务的供给必须体现政府意志和市场规律，老龄产业发展必须符合经济和民生的双重要求，政策支持要保证"产业"与"事业"相辅相成，避免"产业化就是完全市场化"。政策要顺应市场经济客观规律，充分发挥市场在养老服务资源配置中的基础性作用，引导多方力量和多层次的投资主体，实现供给的多元化，发挥政府主导作用，推进养老服务产业化发展进程。其次，制定差别化的产业细分政策，政策支持养老服务产业的发展需要根据子产业不同的属性，采取不同的支持方式和支持力度，对整个老龄产业进行具体的细分，对薄弱的环节进行重点的扶持。然后，完善老龄产业金融支持政策。应加快金融产品和服务方式创新，着力推进现代保险服务业与养老服务有效衔接。最后，政策推动产品研发与市场培育，有针对性地解决或减少老龄产品和服务市场信息不对称状况，重视老年人的需求结构和需求层次的差别，进行合理的市场划分，加强对老龄产品与服务的市场体系建设。

第四，推动智慧养老服务平台建设。信息平台关乎信息的集结、分散与传输，是精准养老模式有效运行的技术保障。传统养老有比较强的被动性，更倾向于供养而不是享老。信息技术能有效突破政府职责壁垒和空间障碍，强化信息和资源的整合，促进精准养老情境下多元治理主体间信息沟通的有效性，进而有助于提升政策制定的针对性、人员识别的准确性、服务供给的满意度和管理方式的认可度。

(三)完善农村基本医疗保险制度

农村基本医疗保险制度主要是指新型农村合作医疗制度以及农村生育保险制度的实施。当前新农合内容体系的完善需要着力提高统筹层次，扩大制度覆盖面。第一，着力提高新农合的统筹层次。目前，新农合一般是以县(市)为单位进行统筹，条件不具备的地方在起步阶段也可以以乡(镇)为单位进行统筹，逐步向县(市)统筹靠拢。以目前医疗保险的发展来看，新农合的统筹层次明显偏低，不利于在更大的范围内化解风险，应逐步将新农合的统筹层次提高到省一级，不断扩大医疗保险基金的调剂使用范围，逐步实现医疗保险全国统筹的目标。第二，扩大新农保的覆盖面。中央财政要进一步加强对困难地区的财政补贴力度，增强地方政府在建设新农合的动力机制，努力扩大广大农村居民参保的积极性。

生育保险制度能够切实保障女性国民的生育权益，《中华人民共和国社会保险法》对职工参与生育保险和女职工享受生育保险做了相关规定。但是，目前生育保险制度的覆盖面过于狭窄，农村居民等还未被纳入生育保险制度的覆盖范围。只有加入了新型农村合作医疗的妇女，才可以享受农村合作医疗的相关规定并报销一定金额的医疗费用，并要求其到指定的医疗机构就医，大部分的医疗费用由个人自理。农村居民生育保险制度的内容选择：第一，农村生育保险制度的建立应提高统筹层次。目前，我国生育保险制度还停留在市级或县级统筹层次，而且地区间的具体政策规定也存在一定差异。生育保险统筹层次过低会限制统筹区生育保险基金规模，无法大范围内调剂使用，也阻碍了参保者流动时生育保险大范围的转移接续。因此，农村生育保险的顶层设计应该提高统筹层次。第二，覆盖范围。主要覆盖范围是拥有农村户口的男女居民。如一方为城镇户口，自愿选择农村生育保险或城镇生育保险。缴费主要对象是已婚未孕的农村男女夫妻。第三，缴费和支付方面。从农村的男女夫妻领取结婚证之日起，他们就成为农村生育保险的缴费对象，不参加缴费，不享受保险待遇。缴费金额可根据当地的居民收入水平来规定；凡是在保障范围内的农村妇女，每年缴费满3个季度(即9个月)，皆可享受相关保障待遇。第四，产假的相关待遇。农村产妇产后身体需恢复，应给予产后生育假期。但考虑到农村妇女的特殊情况，对于没有工作的妇女，不必规定其产假期限。为了便于支付生育津贴，产假可与城镇女职工产假接轨，享98天产假，其中产前可以休假15天；难产的，增加产假15天；生育多胞胎的，每多生育1个婴儿，增加产假15天。生育保险虽是小险种，但是解决好农村生育保障问题可以提高农村人口素质，为今后农业发展持续不断地提供劳动力，保证农村地区劳动力生产和扩大再生产的顺利进行。

2015 年 11 月 3 日公布的《中共中央关于制定国民经济和社会发展第十三个五年规划的建议》提出"将生育保险和基本医疗保险合并实施"。其具体实施将不仅影响生育保险的发展，而且影响人们对生育价值的认同、社会生产力和经济活力的提升，以及妇女发展和性别平等的实现。因为生育保险是一个特定时间段特有的医疗支出，而且是特定群体，如果将它纳入大的医疗保险制度中，那么应保证报销方式实现无缝隙对接，保证原生育保险的作用能够完全实现。

(四)农村失业保险制度的建立

当前，中国失业保险制度的覆盖面狭窄，农村很多就业人员还没有失业保险。农村失业保险制度的缺失不仅不利于保障失业人员在失业期间的基本生活，而且会影响失业保险基金的筹集规模。此外，尽快建立农村失业保险制度也是新型农业生产方式的应有之意。

农村失业问题可以归结为两个方面：第一，从事农林牧副渔的人群的基本生活可持续性问题。从职业范围来看，农村居民主要是农业、林业、牧业、渔业的从业者。农村大规模的人口流动会加快农业、林业、牧业、渔业从业者之间的职业转换速度。目前，农村许多地方采取了退耕还林、退牧还林还草、渔业休渔期等，这使得该部分从业者转换到其他职业中，如果不能顺利转移，这部分群体的基本生活可持续性问题就需要政府来提供制度支持。基于此，针对上述农村各类人员的从业特点，建立适度灵活的失业保险制度可以有效保障农村部分居民的基本生存权。第二，农业产业化经营的实施迫切需要建立失业保险制度。随着农村产业化经营的实施，农村经济组织方式由小农经济逐渐变为农场规模经济，拥有大量土地使用权的农场主会雇佣土地流转后的农村剩余劳动力，这种正规的具有雇佣关系的就业选择需要失业保险的兜底作用来保障失业后的基本生活、促进再就业以及如何稳定就业。

建立农村失业社会保险制度应遵循以下原则：一是农村失业社会保险

覆盖范围应包括全体农村居民，只要是农村劳动者、只要符合享受失业保险待遇的条件，都可以领取失业救济金。二是明确三方分摊的出资责任。有组织依托的农业产业工人，农村失业保险金的筹集应由政府、雇主和受雇人共同负担。三是确定合理的农村失业保险保障标准。应考虑满足失业农民及其家庭成员的基本生活需要，保障水平不宜过高，但至少应在农村居民贫困线以上。四是重点将失业保障和促进就业有机结合起来。建立以劳动力市场需求为导向的教育和培训体制，缓解失地农民的就业压力。认真落实各项政策扶持，多渠道促进失地失业农民再就业。

（五）农村工伤保险制度的实施

农村工伤保险制度的建立应考虑有组织依托的农业产业工人和以家庭生产为单位的个体农民的不同需求。对于以家庭为生产单位，不隶属任何雇主的农民来说，其工伤保险可以走商业险的途径，根据自身需求自由购买工伤保险的商业险种。对于有组织依托的农业产业工人来说，其工伤保险的内容构想如下：首先，农村工伤保险制度基金的筹集主体是由中央和地方财政来负担，部分由农民所在企业按工资总额的 0.5% 到 1.5% 的比例缴纳，其余由农民个人承担。其次，建立健全农村工伤保险的预防机制。体现工伤预防功能是工伤保险走向成熟的重要标志，可以考虑在农村社会保障管理和经办机构设立一个工伤预防专门机构，负责开展农村工伤预防的宣传教育。再次，建立科学合理的工伤保险费率浮动机制，即工伤事故较多的时期提高费率，工伤事故较少的时期降低费率，从而能增强农业生产单位和农民个人的工伤保险意识，调动其参加农村工伤保险的积极性。复次，建立农业机械生产设备资料档案管理制度。农村工伤保险经办机构要全面了解该区域内农业生产机械的分布和使用情况，定期要求所属单位和个人进行常规性的检修，使农业机械设备始终处于良好的运行状态，把事故隐患消灭在萌芽状态。最后，加强对职业病的预防和治疗工作。农村工伤保险经办机构应调查了解目前该区域内农业生产的职业危害作业的基本情况，采取合理有效的措施来降低或解除职业危害的发生。

（六）农业保险制度的完善

农业生产方式的转变客观上加剧了农业风险的发生机制，农业风险的预防和化解需要政府的适度干预。农业保险基本认定为"政策性险种"，具有准公共物品属性，而且更多地倾向于公共物品。政策性农业保险不同于一般的商业保险，它是政府支持农业发展而做出的一种制度安排，具体来说就是运用保险机制进行风险管理和社会管理，根据大数法则为被保险人在从事农业经济活动中因自然灾害或意外事故所造成的经济损失给予保险责任范围内的经济补偿的一种保险。政策性农业保险以财政补贴为主要推动手段，利用保费补贴形式引导或者说诱致农民投保，将农民对保险的潜在需求转化为现实需要。就市场经济体制下农业保险而言，如果完全将其交由市场，那么现阶段我国农村生产力水平较低，农业保险萎缩衰亡是必然的，为了促进农业保险的健康发展，将农业保险划分为政策性农业保险和纯商业性农业保险是应对不同需求、更好地解决"三农"问题的理想选择。因此现阶段政策性农业保险是农业保险制度的主体，是农村社会保障制度的重要组成部分。可以预见的是，政策性农业保险将是相当长时期内我国农业保险的主体。

2012年颁布并于2013年3月正式实施的《农业保险条例》为中国农业保险设计出"政府与市场合作"制度模式。该条例的第三条规定，"国家支持发展多种形式的农业保险，健全政策性农业保险制度"，"农业保险实行政府引导、市场运作、自主自愿和协同推进的原则"。因此，政府部门应以《农业保险条例》为基础，从制度和体制上确立政策性农业保险制度的发展方向和发展模式：

首先，设立专门的农业保险管理单位，统筹农业保险工作，注重与其他相关部门的组织协作；合理设定政策性农业保险的实施范围，主要是给予适度的保费补贴和经营管理费用补贴，同时给予财政和保险方面的支持和优惠。

其次，实行强制保险和自愿保险相结合的原则。以美国为例，其农业保险的实施尊重资源投保的原则，但是从法律的形式使得农业保险成为强制保险。这种做法是否可以仿效需要结合我国国情进一步探讨，但其立法宗旨及技术含义值得研究和借鉴。比如，政府可以对少数关系国计民生的农作物和畜禽实行强制保险，其他农业保险项目则实行自愿原则。

再次，建立再保险机制。针对如洪灾、干旱等巨灾风险，应加速建立中央和省两级农业保险大灾风险分散制度，建立由政府管理的巨灾基金，逐步完善中央和地方财政支持的农业再保险体系，尽早制定出包括中央农业保险大灾风险分散制度的方案和省级大灾风险分散制度建设的指导性意见或是规范性文件，同时与中央一级大灾风险分散制度进行有机衔接，保障农业保险的持续稳定经营。

复次，加大政府的财政保费补贴。国外农业保险发展的实践表明，对农业保险的补贴效用往往优于对农业生产的直接补贴。同时，根据世贸组织农业协议的规定，我国对农资价格补贴、对农业市场的支持水平需控制在农业生产总值的 1% 以内。因此，我们应加大政府对农业保险的支持力度，我国财政给予保险费补贴的农、林、牧、渔保险标准和险种范围还应该继续扩大，保险保障水平应该逐步提高，与之相应，中央财政的补贴也应增加。2012 年中央财政补贴只有 97 亿元，2013 年也不到 110 亿元，从 2007 年到 2012 年 6 年的补贴合计不过 361 亿元，总量并不多，扩大补贴力度和范围应该是可能的。如果按照美国农业保险的补贴占其农业生产总值的比例 3.4% 计算，那么我国 2012 年农业保险补贴总额可达 1780 亿元，相当于我国 2007—2012 年 6 年中央财政补贴累计总额 361 多亿元的近 5 倍。[1] 政策性农业保险业务往往成本较高，商业性保险公司一般不愿涉及，因此应增加政府的财政补贴力度，解决政策性农业保险供给不足的问题。

最后，进一步扩大保险覆盖面与提高保障水平。2014 年中央"一号文

---

① 庹国柱、朱俊生：《完善我国农业保险制度需要解决的几个重要问题》，《保险研究》2014 年第 2 期。

件"指出，提高中央、省级财政对主要粮食作物保险的保费补贴比例，逐步减少或取消产粮大县县级保费补贴，不断提高稻谷、小麦和玉米三大粮食品种保险的覆盖面和风险保障水平。但是我国目前农业保险的实际保障水平比较低，以粮食作物为例，一亩粮食作物保险的保障费用在300元左右，但是生产成本就在400元以上。无法为农民完全起到保障作用，应按投入成本进一步提高理赔费用。同时，目前我国农作物的投保率还远远低于发达国家的投保率，还有上升的空间，有待于经过政府部门和保险工作者的广泛宣传、发动，进一步增强农户投保意识与提升农户投保能力，从而大幅提高农作物的保障水平。

二、农村基本型社会保险制度结构体系的完善

(一)农村社会保险制度间结构的整合

第一，应合理划分新农保的适用人群与范围。一般来说，有城乡差别的社会保障制度建设过程中对覆盖范围的规定往往将农、林、牧、渔等作为一个部类来考察，这是由其行业性质具有内在一致性决定的。从国际经验看，无论是目前拥有统一社会保障制度体系的主要国家，在其制度发展初期实施城乡差别的社会保障制度时对参保范围的设定，还是目前仍然实施城乡差别的社会保障制度的主要国家对制度适用人群的界定，一般都是将农、林、牧、渔作为一个整体。符合参保范围规定的农村居民都可以看作从事农业、林业、牧业和渔业的人群集合。但是在制度具体实施过程中，参保范围的设定应该充分考虑到社会保障制度发展的一般规律和各个地方的具体情况，充分考虑到上述各类人员的从业特点，在遵循新农保本质特征的基础上，适度灵活地推行新农保，为有效保障农村居民养老权益奠定基础。

第二，注重新农保制度和农村其他社会保障制度间的整合与协调。《关于开展新型农村社会养老保险试点的指导意见》指出，新农保要与其他社会保障政策措施相配套，保障农村居民老年基本生活。农村五保供养制

度与新农保的整合。当前，应大力发展农村社会服务事业，将农村五保制度为其覆盖对象所提供的服务整合到农村社会服务体系，这样既可以为无依无靠的老年人提供适度的基础养老金，保障基本生活，又可以为其提供专业化的社会服务。另外，新农保与农村计划生育家庭奖励扶助制度的整合。可考虑将农村计划生育家庭奖励扶助制度整合入新农保制度，具体思路是分年龄段衔接农村奖扶制度与新农保制度，60周岁及以上的享受农村奖励扶助对象根据规定继续享受农村奖扶，60周岁以下的农村只有一个子女或两个女孩的计划生育家庭夫妇不再直接享受农村奖扶，但可以在新农保的缴费和待遇上得到补助作为遵守计划生育的奖励和扶助。农村奖扶制度与新农保制度衔接涉及人力资源与社会保障部、卫生与计划生育委员会、民政部等诸多部门，因此应合理划分制度实施主体的责任范围，加强各部门之间的协作。

第三，相关制度的逐步整合还应加强不同制度之间的协调或衔接。农民工养老保险制度与新农保制度的协调要充分考虑到已参加工作的农民工养老保险、返乡农民工养老保险与新农保的转移接续关系，应出台相关措施，有效维护返乡农民工的养老权益。新农保作为农村社会保障制度体系的一部分是不可能孤立运行的，所以新农保制度与家庭养老、农村计划生育家庭奖励扶助制度和农村五保制度三个方面的协调应该统筹兼顾、合理安排，以确保新农保制度的可持续发展，提高农村养老保障制度的运行效率。

第四，新型农村合作医疗、新型农村社会养老保险、农村居民生育保险制度、老年护理保险制度要协调发展。农村居民所领取的养老金可以为农村老年人向新型农村合作医疗的缴费提供支持；农村居民生育保险基金的支出范围要避免与新型农村合作医疗的支出范围出现交叉，与生育相关的医疗费用、护理保险费用支出要由农村居民生育保险提供财力支持。

第五，鼓励和支持商业保险公司经营农业保险。在我国现阶段的农村社会保障制度中，除了传统意义上的社会保障和政策性农业保险，还有相当一部分纯商业性的农业保险：完全由农民自愿参加、政府不给予保费补贴的种植业和养殖业中的各种保险。就我国目前农村的生产经营状况和收入水平来考虑，纯商业性保险只能是作为补充性的，纯商业性保险这一支柱还比较弱小，但是，随着农业产业化持续快速发展和农民收入水平的提高，农民或者家庭农场、合作社、大的农业龙头企业的保险需求也将日益增大，这一支柱的覆盖面必将扩大。

《农业保险条例》规定，我国"农业保险实行政府引导、市场运作、自主自愿和协同推进的原则"。鼓励市场上的商业保险公司和其他合作互助保险机构来自愿参与经营，主要原因是由于以往我国的农业保险试验一直是在商业保险公司的框架下进行的，他们在几十年的试验中已经积累了丰富的经验，同时也证明了商业保险机构相比政府经营的农业保险机构的效率要高。因此要充分利用商业保险公司现有的经营技术和专业人才，提高商业保险公司经营农业保险的积极性，政府给予适当的财政、税收支持其经营商业性农业保险，同时鼓励商业保险公司申请经营政策性农业保险业务，对财产险和人身险实行自愿保险，拓展农业保险范围，实行综合农业保险的运作方式。可以尝试逐步扩展农业保险的范围，把农户的一些家庭财产险、农户健康寿险等保险产品纳入农险范畴，单独列账、独立核算；确定此类家庭财产险、寿险等与农业生产保险之间的保险关系，以险促险，以险养险，由政策性农业保险公司提供再保险。[①] 同时可以考虑由地方政府和商业性保险公司合办专业保险公司经营农业保险业务，在政策扶持下探索建立农业保险政策性业务商业化运行的组织形式。

(二)城乡基本社会保险制度结构的整合

农村社会保险制度的整合要与城乡二元经济社会体制相适应。随着农村产业化经营的实施，农村经济组织方式由小农经济逐渐转变为农场规模经济，这样，拥有大量土地使用权的农场主就会逐渐出现，他们会雇佣农

---

① 郭树华、蒋冠等：《中国农业保险经营模式的选择研究》，人民出版社 2011 年版，第 220 页。

村剩余的农民、从其他两个产业回流农村以及来自城镇的雇员。同时，随着城乡二元社会经济体制的逐步打破，城乡国民之间的待遇会逐渐公平化。通过有效的收入分配改革，可逐步实现收入分配的公平性，使得广大劳动者的收入水平不断上升。这些因素的并行对农村社会保险制度和城镇社会保险制度的整合有了迫切要求，这也是城乡间劳动力自由转移、实现农业现代化的应有之义。

首先，建议将机关事业单位职工基本养老保险制度和企业职工基本养老保险制度改为中国职工基本养老保险制度，其覆盖群体既包括机关事业单位职工基本养老保险制度和企业职工基本养老保险制度已覆盖的各类从业者，也包括在乡镇企业就业的劳动者，更重要的是将农村有雇佣关系的劳动者纳入其中。将城镇居民社会养老保险和新型农村社会养老保险制度整合为中国居民社会养老保险制度，其覆盖群体为城镇和农村没有雇佣关系的劳动者。这样不仅可以实现对国民在制度层面的全覆盖，也可以随着中国社会经济的发展，逐步实现对国民的实际全覆盖。可以预见的是，中国职工基本养老保险制度的实际覆盖范围会逐步扩大，其将逐步覆盖城镇由非正规就业转变为正规就业的劳动者、乡镇企业职工、农村拥有正规雇佣关系的劳动者等，而中国居民社会养老保险制度的实际范围将会逐步缩小，这主要表现为其覆盖的农村居民人数会减少。

其次，建议将城镇职工医疗保险制度改为中国职工基本医疗保险制度，其覆盖群体既包括城镇职工基本医疗保险制度已覆盖的各类从业者，也包括在乡镇企业就业的劳动者，还包括农村有雇佣关系的劳动者。将城镇居民基本医疗保险和新型农村合作医疗制度整合为中国居民基本医疗保险制度，其覆盖范围为城镇和农村没有雇佣关系的劳动者。这样不仅可以实现对国民在制度层面的全覆盖，而且可以随着中国社会经济的发展，逐步实现对国民的实际全覆盖。在现实中，中国职工基本医疗保险制度的实际覆盖范围会逐步扩大，其将逐步覆盖城镇由非正规就业转变为正规就业的劳动者、乡镇企业职工、农村拥有正规雇佣关系的劳动者等，而中国居民基本医疗保险制度的实际范围将会逐步缩小，这主要表现为其覆盖的农村居民人数会减少。①

再次，在农村生育保险制度建立的基础上，建议将城镇职工生育保险制度改为中国职工生育保险制度，其覆盖群体既包括城镇职工生育保险制度已覆盖的各类从业者，也包括在乡镇企业就业的劳动者，还包括农村有雇佣关系的劳动者。将城镇居民生育保险和农村居民生育保险制度整合为中国居民生育保险制度，其覆盖范围为城镇和农村没有雇佣关系的劳动者。这样不仅可以实现对国民在制度层面的全覆盖，也可以随着中国社会经济的发展，逐步实现对国民的实际全覆盖。随着国民经济各个方面的发展，中国职工生育保险制度的实际覆盖范围会逐步扩大，其将逐步覆盖城镇由非正规就业转变为正规就业的劳动者、乡镇企业职工、农村拥有正规雇佣关系的劳动者等，而中国居民生育保险制度的实际范围将会逐步缩小，这主要表现为其覆盖的农村居民人数会减少。

同时，亦要整合机关事业单位工作人员和企业职工的工伤和失业保险制度，建立中国职工工伤和失业保险制度，将农民工纳入职工工伤保险和失业保险的覆盖范围。与养老保险制度不同，工伤和失业保险待遇的领取无需较长的缴费时间，农民工就业流动需要转移工伤和失业保险权益的情况较少，其参加职工工伤保险和失业保险并不像参加职工基本养老保险那么复杂。同时，由于工伤保险仅由雇主为其雇员缴费，不会增加农民工的缴费负担。将农民工纳入工伤保险的覆盖范围有利于维护其社会保险权益。②

农村养老保险制度整合需要建立合理有效的配套机制。第一，完善农村养老保险制度整合的财政机制。中央财政应承担农村基本养老保险制度历史债务，确保基本养老保险制度中央财政责任的具体化、规范化以及区域养老保险制度中中央财政责任的均衡化，合理划分中央和地方财政责

---

① 丁建定等：《中国社会保障制度体系完善研究》，人民出版社 2013 年版，第243～244 页。

② 丁建定等：《中国社会保障制度体系完善研究》，人民出版社 2013 年版，第243～244 页。

任。第二，加快城乡户籍制度改革，推进城镇一体化建设，从制度上消除有差异的城乡居民的身份标签，保障农村居民的基本社会保障权益。第三，构建合理的农村养老保障制度整合的管理机制。完善农村养老保障制度决策机制、监管机制和实施机制，确保农村养老保险缴费基数的规范化。实施农村养老保险制度的管理信息化，建成以网络为支撑的信息平台，利用信息化手段（如物联网技术）搭建高效的养老服务平台，帮助构建居家养老为主、社区养老为支撑，以机构养老为补充的社会养老服务体系，实现居家、社区与机构养老服务的有效衔接，提高服务效率和管理水平。

(三)城乡社会保障制度融合发展机制的构建

首先，实现整体性治理，为城乡社保最终融合创造发展型的部门沟通协调机制。机构改革是社保制度整合的先导，十九届三中全会通过的《深化党和国家机构改革方案》指出要实施机构整合，该方案有利于明确社会保障管理职责，并为未来城乡社会保障制度融合发展中部门改革与制度整合打下坚实的组织基础。应努力实现社会保障相关机构部门的功能整合，按照整体规划、权责清晰、逐步推进的指导思想，创建城乡社会保障一体化的部门政策协调和部门协同机制，在各部门之间建立信息沟通共享平台，降低管理成本，提高管理效率，防止因部门职能调整再另起炉灶而浪费资源。其次，社会保障信息化是实现城乡社会保障制度融合发展的技术支持，应由国务院牵头规划设计全国性的社会保障管理信息平台，建立全国统一的基础数据库，实施全国一体化的社会保障网络，依托社会保障卡实行联网管理，同时扩充社会保障卡功能，加大对社保基金账户的全国统一联网信息管理，避免参保人不参保、重复参保等现象；通过全国税务登记平台，建立社会保障卡与税务收缴平台的互联网协同系统，完善社会保障基金动态运营指标体系，通过科技手段将社会保障行政管理信息、保险缴纳信息等公开化、效率化，对社会保障事项进行统一决策、宏观调控，发挥社会保障信息管理系统的整体效能。

三、农村基本型社会保险制度层次体系的完善

农村社会保险制度层次体现的完善要求合理划分政府、村集体和农村居民个人的制度责任结构。首先，在新型农村社会养老保险方面，应适当增加基础养老金金额，目前新农保基础养老金最低标准仅为每人每月55元，水平明显偏低，应在扩大覆盖面的基础上，适度提高基础养老金给付水平，以增加农村老年人的直接收入，同时也提高农民的参保积极性。其次，在建立合理缴费档次的基础上，增加选择较高缴费档次的补贴增量，激励农民提高参保积极性，选择较高的缴费档次，努力提升新农保养老金替代率水平，同时亦要防范逆向收入再分配状况的出现。明确参保农民对个人账户的完全产权，激励其积极参保，促进新农保覆盖面的扩大。最后，要加大对农村基本养老保障工作的财政支持，中央财政根据各地具体状况来向地方政府的新农保提供专项补贴，并完善专项转移支付制度，同时要加大对农村老年服务设施建设的财力支持，提高农村老年福利水平。

新型农村合作医疗制度实行个人缴费、集体扶持和政府资助相结合的三方分摊筹资机制。应采取措施优化新农合的层次体系，合理确定筹资标准。首先，要合理确定对新农合财政补贴的规模。其次，优化各级政府的财政补贴结构。在确定财政对新农合补贴规模的基础上，要合理划分各级政府的补贴水平。中央财政和地方财政之间的财政补贴结构需要在考虑地方政府的财政状况、事权、中央政府对地方政府转移支付规模的基础上加以确定。省级政府和省以下政府的财政补贴结构应在完善省级政府向其下属政府财政转移支付机制的基础上，按照财政与事权相匹配的原则加以确定。再次，建立合理的筹资标准动态调整机制。在确定政府和个人筹资合理规模的基础上，应参考工资收入增长率、通货膨胀率、农村疾病发生率等变量来建立筹资标准动态调整公式，确定筹资标准调整比率和调整时间。最后，以收定支，合理确定新农合的补偿起付线和封顶线。根据以上所确定的筹资规模，同时考虑到参保农民的实际医疗需求，确定补偿起付

线和封顶线。随着筹资规模的动态调整，新农合的补偿起付线和封顶线亦会进行相应调整，以实现新农合的财务平衡。此外，农村生育保险制度的建立和发展要合理测算出适度的财政补贴金额，并建立程序化的财政补贴调整机制，实现农村生育保险制度的可持续发展。[1]

适度推进一些群体的社会保险制度从自愿走向强制。参保的自愿性或强制性反映了国民个人承担社会保险责任的轻与重。当前，农村居民就本着自愿原则参加新型农村社会养老保险制度和新型农村合作医疗制度。强制性是现代社会保险制度的基本原则之一，其既可以防止由于个人短视而在风险出现时无法有效化解风险状况的出现，又可以通过社会保险的社会互济机制来促进社会公平度的提高。但是，一些群体自身的经济条件不佳，一些社会保险制度还不成熟，为了维护参保者的利益实施了自愿性的原则。但是从制度发展的角度看，从自愿性走向强制性是农村社会保险制度发展路径的理性选择。当前，新农合采取自愿参加的原则，这会在一定程度上导致农民参保过程中的逆向选择。当前，新农合的参保人数稳中有升，得到了广大农村群众的支持，但是新农合并未实现全覆盖。建议近年内选择合适的时机推进新农合参保的强制性。其他相关群体的社会保险制度应在充分考虑参保者的经济能力、制度健全的程度等因素的基础上，随着农村社会保险制度结构体系的完善，逐步由自愿性走向强制性。

农村养老服务的供给应施行多元化与差异化的并行策略。养老服务供给体系以精准化识别农村老年人养老个体需求为基础，确定养老服务供给主体，明确供给责任，实现供给与需求的衔接，充分体现精准化供给。以需求为前提是精准化供给的基础。老年人的精细化需求是进行养老服务供给主体划分的依据，将老年人的养老服务需求分为生活照料、精神慰藉、医疗服务、临时性照料、康复保健服务、临终关怀等种类，并根据不同的

---

[1]　丁建定等：《中国社会保障制度体系完善研究》，人民出版社 2013 年版，第254~255 页。

需求制定相应的养老服务供给方案。

明确供给责任是保证精准化供给质量的有效途径，应将农村老人的需求与家庭、政府、社会组织和个人等供给主体进行充分对接。首先，可以通过税收、津贴等政策激励家庭成员与社区邻里参与到提供养老照护服务中，丰富养老照护服务的人力资源。其次，要加大对购买养老服务的补贴，以亲民的价格让农村老年人可以接受居家养老服务。对于农村孤寡老人、病残老人、贫困老人等弱势人群，政府应切实承担起兜底保障责任。此外，还应充分利用存量资源。农村养老服务的发展需要考虑到两个方面：一是大量新增资源投入在短期内难以实现；二是若在农村大量新增养老服务资源会随着城镇化水平不断提高而产生资源浪费。因此，农村养老服务的发展要格外重视对现存闲置资源的利用。养老服务发展中对闲置资源的利用尽管已有国家层面的规定，但是因涉及民政、发改、教育、财政、国土资源等多部门的协调，以及地方对此项工作的重视程度不足，其在一些地区落实情况并不尽如人意。考虑到养老服务供给具有贴近基层的特征，建议地方政府建立联动机制，将此项工作纳入督查范围，推进利用闲置资源发展养老服务。

从多元主体合作层面看，政府要力促形成合理的农村养老社会治理格局。应做好农村老年居民参与农村养老社会治理格局的途径规划，确保公众的有序参与。农村老年居民应遵循权利与义务对等的原则，通过民主参与协商机制维护自身的养老权益，积极推动农村老年居民参与农村养老社会治理和政策监督管理，提高政府的公信力和农村老年居民对农村养老社会治理格局的认同度。农村养老社会治理涉及多个主体的参与，在治理过程需要建立以法制化为前提的社会治理规则体系，政府应依法行政，农村社会组织和农村老年居民的公众治理理应依法参与。法制规则的健全与完善能够确保不同参与主体在法制范围内行使社会保障治理的权利，促进政府管理主体职能规范化、决策科学化以及发展民主化，创新养老保障的管理体制和监督机制，提高政策的透明度和认知度，提升管理理念和服务水平；同时维护社会组织和农村老年居民参与养老保障的合法权益，为政策制定、参与管理和社会监督提供合法的渠道，使不同参与主体在法律规则内寻求农村养老社会治理的完善。

此外，要建立多元参与的监管与考核体系。主要包括养老服务评价与检测评估指标的建立、养老服务监管及精准考核制度建设三方面。在考核指标层面要涵盖养老服务机构资质、受众对象满意度和服务实施过程满意度等主观性指标，将其作为评价的重要标准。在监管方面应建立起完善的养老服务评估机制，充分发挥政府主导的部门监管、社会组织或第三方机构的监督作用，共同搭建起一个多元的事前事中事后监管网络体系。在考核主体层面，应以老年人养老服务的满意度等主观性指标作为评价的重要标准，将养老服务事业的发展纳入地方政绩考核。农村养老在重视政府考核外，还要积极引进和接纳第三方评估，明确养老服务工作的直接责任人，并考核其职责履行情况，以多维监督促快速发展。

完善农村社会保险制度的法律机制。2010年10月28日，《社会保险法》经十一届全国人民代表大会常务委员会第七次会议审议通过，并于2011年7月1日正式生效实施。《社会保险法》的颁布实施结束了中国只有社会保障制度、规章和政策而无法律的历史，标志着中国社会保障体系建设进入了法制化序列，具有重要的历史意义。我国农村社会保障法律体系的完善也应在《社会保险法》的指导下完成。但是，就完善农村社会保障法律体系而言，我们在肯定《社会保险法》制度创新和成就的同时，也应看到其针对农村居民立法不足之处。《社会保险法》将城镇居民和农村居民的保险体系分列，并对城镇居民的社会保险财政补贴有明确的规定，对农村居民则并没有规定该项，违背了当前城乡统筹的原则，其结果很可能是进一步拉大城乡之间社会保险待遇的差距，不利于城乡之间、不同阶层之间的互动。因此，应尽快实行城乡统一的财政补贴办法，在适当时候要规定实行统一的城镇居民和农村居民的社会保险体系，保障社会保障制度的公平性。此外，就农业生产方式而言，我国农业保险的立法工作也进展缓慢。政府作为制度供给的主体，在为农业保险提供法律支持方面应充分考虑到农业保险的特殊属性，应加快《农业保险法》的颁布与实施。农业保险的产生和发展作为一种诱导性的制度变迁，其立法意义比一般商业保险制度变迁要重要。立法部门应尽快研究、制定和颁布农业保险法，对农业保险的经营目的、性质、经营原则、组织形式、承保范围、保险费率、保险责任以及相关机构对农业保险的监管、组织机构与运行方式，政府的作用、农民的参与方式、初始资本金筹集数额和方式、管理费和保险费分担原则、异常灾害条件下超过总准备金积累的赔款和处理方式、税收规定、各有关部门的配合、资金运用等方面进行全方位的规范。

对于已经存在的政策性农业保险，如工伤、失业和生育保险而言重要的是建立制度。对于政策性农业保险，一般而言必须坚持农民自愿参加的原则。但是，鉴于农业的特殊性，又不能放任自流。因此，政策性农业保险需要在尊重农民自愿参加、自助选择的同时，政府进行适度引导。引导农民参加农业保险的核心政策就是加大财政资金投入以补贴农民有支付能力的保险需求，必须给农民以看得见的物质利益。由于农业保险是一种准公共产品，具有不可保性，农业保险需求决定了其复杂性，农业保险供求具有"双重正外部性"等特征，中外学术界已经基本达成共识：农业保险是政策性险种，需要政府补贴以提高参与率，实现政府的政策目标。对农业进行补贴也是世界各国的普遍做法，各国通过政策性农业保险把不可预测的灾后财政救助前移为定量的灾前保险补贴，有利于减轻因不可抗力导致的各级财政救助压力，是分散政府救灾风险的有力保障。

按照转变政府职能的要求，政府在农业产业化与农业保险互动机制的建立过程中，应该将作用定位在弥补市场机制的不足、为市场提供公共产品、进行宏观调控、维护市场秩序、调节收入分配公平方面。首先，政府作为宏观调控的主体，在农业产业化的发展过程中应该在如何培育市场体系、建立和完善市场机制、加强风险监控与预防、完善农村社会服务体系建设方面起到主导作用。其次，政府与农业保险的发展，应着重加强以下几个方面的建设：第一，农业保险的政策性扶持。国外农业保险的成功是建立在国家干预和宏观调控的基础上，强调政府利用财政、保险、行政、法律等手段进行干预。因此，当前农业保险的发展需要政府提供财政、税收以及行政支持等多个层面的政策倾斜。第二，政府与巨灾风险分散。对于巨灾风险，应建立在政府主导下的农业巨灾风险基金，对于遭受巨灾损失的农业保险要进行一定程度的补偿。第三，政府与农业保险监管。政府应设立独立的农业保险监管体系，对农业保险的经营管理进行监管，以保证农业保险的顺利运营，维护投保人的利益。就农民个人而言，应加大宣传力度，增强农民参加农业保险的意识。农民的保险意识直接决定着农业保险的需求，是农业保险发展基础的重要组成部分。农业保险在我国还是一项比较新的事业，农民的文化程度普遍偏低、保险意识薄弱，对农业保险的认知存在误区，农民普遍认为参加农业保险是白交钱，对风险的发生存在侥幸心理。发展农业保险，农民是主体，改善农民扭曲的参保观念应加大宣传力度，让农民对农业风险危害性、投保的利与弊等有清楚的认识，提高农户对农业保险的认知水平。此外，农业保险的发展也应通过市场化思路和手段来供给政策性保险。我国应建立经营主体多元化的农业保险经营体系，主要形式应包括商业保险公司、专业性农业保险公司、农业相互保险公司、政策性农业保险公司等，具体采用哪种形式可根据不同地域、不同时期、不同经济发展状况来决定，同时要考察近几年的农业保险试点情况，建立适合当地经济发展的农业保险制度模式。

第三节　农村服务型社会福利制度的完善

一、农村服务型社会福利制度内容体系的完善

社会福利相对发达的国家在社会福利实践中注重向"以服务为导向"的福利制度发展方向延伸，尤其凸显服务的便利性。"服务导向"究其本质而言，是后工业社会为应对新风险提出的保障理念的更新。它通过提供多种社会服务，化解新的风险，弥补现有保险体系的不足，并在提高全体社会成员福利水平的基础上，实现人的发展，是一种积极的、普惠

性的福利理念。① 当前，农村服务型社会福利制度内容体系应该是以生活性福利制度为基础，以发展性福利制度为核心，以幸福性福利制度为补充的社会福利制度。

（1）生活性福利制度是农村社会福利制度内容体系的第一个层次，是国家和社会通过政策的实施来满足农村弱势群体基本生产需要的一种福利制度。我国是一个农业大国，农业对经济发展和社会稳定具有至关重要的影响和决定作用，但它同时也是一个弱质产业。时至今日，我国农业发展中的既有生产要素，是无力承担发展现代农业要求的，靠农村的 GDP 水平以及与之相关的财政税收收入和居民收入，无论如何也不可能使农村生活条件达到城市水平。因此，在新的历史起点上，推进"三农"现代化，要直接以农业、农民和农村为发展对象，即引入现代要素发展现代农业，以城乡一体化推进农村现代化，以农民市民化推进农民现代化。② 对于生活性福利而言，农民家庭的最低收入是农村居民生存权的基本保障，应当成为我国农村社会福利制度框架的基本内容。鉴于此，"三农"现代化必须由政府提供公共服务导向，应在充分考虑农民现金收入水平、农产品市场供求状况、农业生产面临的自然或社会的偶发因素等基础上，加大公共财政的转移支付力度，大力发展农业保险制度，分散农民小户经营风险，采取多种政策措施保障农民收入的稳定性。

（2）发展性福利是农村社会福利制度内容体系的第二个层次，是以满足农村居民发展需要的一种福利制度，它包括教育福利、职业福利等。教育福利是国家和社会为保障国民的受教育权利，提高国民素质，促进教育公平而承担的责任和义务，以及为此提供的公共资源和优惠条件。教育福利在经济社会发展中具有举足轻重的作用，如防止贫困的代际传递、提高全民的基本素质、提升人力资源的品质、增强经济和社会发展活力等。③

① 刘璐婵：《从"保险"到"服务"：福利制度导向转型》，《社会福利》（理论版）2014 年第 8 期。

② 洪银兴、刘志彪等：《"三农"现代化的现代途径》，经济科学出版社 2009 年版。

③ 郑功成主编：《中国社会保障改革与发展战略：救助与福利卷》，人民出版社2011 年版。

农村教育事业的滞后直接制约了农村经济的可持续发展，而农村经济的发展现状反过来又进一步限制了农村教育福利水平的提升，陷入恶性循环。农村教育福利体系的建构要通过一系列有力的制度保障措施，为农民提供受教育或参加相关技能培训的机会，加快农村人力资源的开发与人力资本的积累。

首先，从教育福利的内容体系来看，当前农村应逐步建立幼儿教育福利。政府应重视农村的幼儿教育，逐步提供免费的幼儿教育福利和服务。其次，建立农村职业教育福利制度。目前我国对农村教育事业的投入还不能满足农民对职业教育福利的需求，农民培训已滞后于农村经济社会发展的需要。当前我国农业正处于由传统农业向现代农业过渡转型的关键时期，培养大批职业化新型农民是发展现代农业的需要，主要表现在随着农业物质装备、劳动生产率等不断提高，生产、加工、运输、销售及社会化服务等领域的社会分工、分业更趋细化，岗位职业化、职能专业化趋势也已显现，农业领域亦需要一大批高素质"精英"作为主体来引领现代农业的快速健康发展。因此，我国农民的职业教育和培训应在农业产业化发展的基础上，着重培育农民的职业化技能，使农民在个人素质、农业技能等方面符合现代农业发展的要求。应积极探索和创新农民培训教育模式，充分利用职教资源，把现代教育方式与传统教育方式有机衔接起来，技能性培训与系统性教育结合，整体上推进农业现代化进程和农民职业化发展。

（3）幸福性福利是农村社会福利制度内容体系的第三个层次，主要包括文化娱乐福利、居住环境福利和养老服务、社会保障信息化服务等。

第一，文化娱乐福利。文化娱乐福利让农民享受到健康丰富的精神文化生活，是全面建成小康社会的重要内容。当前，我们必须要稳定发展农村文化娱乐福利，才能满足农村居民日益增长的文化福利需求。

第二，居住环境福利。居住环境的福利需求是农村居民在享有合格住所后出现的一种福利需求。村容整洁是社会主义新农村建设的一项重要内容，当前，我们应以改善农村人居环境为突破口，高起点规划，高质量建设，全面优化农村生活环境，稳定发展农村居住环境福利。

　　第三，农村养老福利。农村养老福利需求包括"老有所养、老有所依、老有所为、老有所学、老有所乐"。目前，由于家庭规模的缩小及年轻农民外出务工，家庭养老功能面临进一步弱化，发展农村社会养老服务将是完善养老福利体系的当务之急。应根据老年人的养老现实需求，着力加强农村养老保障制度和服务体系建设，逐年逐步提高农民基础养老金标准，多元化、社会化地兴办农村养老机构，最大限度地满足广大农村老人的养老需求。此外，还要适度加大对重大疾病和慢性病的报销比例等。

　　第四，完善农村社会保障制度的信息机制。中共中央办公厅、国务院办公厅发布的《2006—2020 年国家信息化发展战略》将社会保障信息化作为国家电子政务建设的重要组成部分，并将其纳入国家信息化的总体战略布局当中。战略规划明确提出了"完善就业和社会保障信息服务体系。建设多层次、多功能的就业信息服务体系，加强就业信息统计、分析和发布工作，改善技能培训、就业指导和政策咨询服务。加快全国社会保障信息系统建设，提高工作效率，改善服务质量"的工作要求。首先，制订农村社会保障大数据研究与开发计划，在基于数据研究的社会保障预警机制方面，着力提升政府在社会保障资金征缴、待遇发放、基金运营、权益跟踪和处理分析方面的能力，保障公民实时掌握社会保险参保、缴费、受益的情况，及时跟踪由于身份变更、工作调整、户籍变更等所导致待遇调整的信息，寻求通过有效的技术与工具提前识别公民从参保到受益、政府从资金征缴到待遇计发各环节风险的预警与防范。其次，建立一套覆盖全部实有人口的动态信息管理体系，通过政府管理社会保障信息，加强对人口数量、结构、分布、就业、教育、流动迁徙等的综合分析，监测社会群体生产生活发展变化趋势，为社会管理提供基础数据支撑和决策支持服务，为公民提供个性化的服务，推动社会管理创新和公共服务均衡覆盖，以实现管理绩效的最大化。① 再次，在乡镇设立专门的部门负责宣传国家农村社会保障的最新

---

　　① 孙洁：《应对大数据时代要求，加快社会保障信息资源整合》，《广西社会科学》2014 年第 7 期。

政策走向，可以建立专门的网站平台，鼓励有条件的农民或者能够上网的农民通过网络来了解最新资讯。信息平台建成后，农民群众可通过电脑、电视、手机等终端直接查询到与民生相关的低保、养老、医保、卫生、教育、农业、就业等各类相关政策和农业实用技术服务信息，还可以密切政府与广大群众和企业的联系，增强公共权力运行的透明度和公信力，便于接受社会监督，收集群众的意见和建议，实现大范围、全方位服务信息的联络畅通。最后，加快推进农业和农村社会保障信息化的协调建设。利用网络的信息传播，将本地区优势进行宣传，将先进的生产要素引向农村，逐步由以农业为主的发展模式向农业产业集群共同发展的模式转变，引导和推进农业生产、农村经济发展方式的转变和农民生活方式的转变，这样既可以就地解决劳动力就业问题，还可以带动当地经济增长，又可以拓宽社会保障资金的来源。

二、农村服务型社会福利制度结构体系的完善

按照人群划分，农村社会福利的享有人群包括老年人福利、儿童福利、残疾人福利和妇女福利等。目前农村特殊人群的社会福利主要是建立津贴制度，将特殊人群纳入农村社会福利体系之内。

农村老年人福利制度体系主要是针对老年高龄津贴制度。随着人口老龄化和高龄化社会的到来，高龄津贴问题再次引起社会关注。综观世界上各国的养老保障制度，政府解决养老问题的主要方式，不仅有社会保险、社会救济，还有老年津贴等制度。与此同时，全国各地积极探索，多数省份也都相继制定了老年津贴制度。目前全国 31 个省份均已建立高龄津贴制度。与此同时，有 30 个省份建立了老年人服务补贴制度，29 个省份建立了老年人护理补贴制度，29 个省份建立了农村留守老年人关爱服务制度，各类津补贴共惠及 3000 多万名老年人。但是各地高龄津贴制度都设有不同程度的门槛，如户籍限制、在本地居住需达到一定年限等，这些不利于高龄津贴制度覆盖面的扩大。鉴于此，全国许多地区已经开始降低高龄津贴的申报标准，以武汉市为例，根据新规定，自 2015 年起，凡户籍已从外地

迁移至武汉市，且已年满 80 周岁的老年人，按武汉市高龄津贴有关政策补发放高龄津贴，不再要求在汉居住 1 年以上。对未满 80 周岁的外地迁入武汉的老年人，待其年满 80 周岁的当月起，享受高龄津贴有关政策。其中，年满 100 周岁及以上的老年人，每人每月发放 500 元；年满 90 周岁至 99 周岁的老年人，每人每月发放 200 元；年满 80 周岁至 89 周岁的老年人，每人每月发放 100 元。武汉市老龄办要求，凡本市户籍的老年人，不论何时迁入本市，只要年龄符合条件，都能够申报高龄津贴。此外，农村老年福利制度体系各方面都存在尚需完善的地方，主要表现在老年福利制度的内容不健全、老年福利设施不完善等，需要尽快完善农村老年福利制度的内容，不断完善农村老年福利相关设施，尽快将高龄津贴制度实现全覆盖。

农村儿童社会福利是指针对儿童基本生活保障的制度安排。2011 年，《民政事业发展第十二个五年规划》发布，明确提出要建立儿童津贴制度。作为儿童福利制度的主要内容，儿童津贴制度在西方国家早已建立，并发挥了其积极的社会功能。家庭补贴制度有助于消除儿童贫困。儿童贫困一直是困扰各国政府的问题之一，家庭补贴制度的建立很大程度上减少了儿童贫困发生率。中国儿童贫困现象也尤为严重，家庭补贴制度的建立有利于保护儿童、提高儿童的经济状况、消除儿童贫困。因此，当前应完善儿童福利制度的内容，不断扩展儿童福利的覆盖面，尽快在农村地区推行儿童津贴制度，明确儿童津贴制度的目标人群和重点人群，合理科学地制定儿童津贴标准，并逐步建立儿童津贴调整机制。此外，还应推动农村儿童社会福利服务向适度普惠性发展，完善农村儿童社会福利体系，扩大儿童福利服务对象的范围，建立健全儿童福利服务。

农村残疾人社会福利制度还很不完善，应努力提升农村残疾人群体的福利水平。由于农民长期处于弱势地位，农村残疾人具有双重的弱势性，农村残疾人家庭承受力上的极端脆弱性，政府必须在农村残疾人社会支持体系中扮演主导角色，更多地为农村残疾人在基本生存条件方面提供制度供给，加强扶持和投入，动员全社会力量广泛参与包括教育、康复和扶贫在内的扶残助残工作。第一，加大补贴力度，提高残疾人社会福利水平。财政拨款是残疾人社会福利最主要的资金来源，也是对残疾人提供社会服务的主要资金来源。重视并持续加大政府财政对残疾人福利保障事业的直接投入，是残疾人社会服务体系建设的先决性条件。第二，实施残疾人就业优先战略。在观念上应消除就业歧视，加强就业培训，提高就业技能，建立就业信息平台，为残疾人提供多种类型的就业岗位。在就业类型上应分类施助，对无劳动能力、完全依赖救助的残疾人实施"输血"。对有部分劳动能力、通过补贴救助可以走出困境的残疾人实施"输血"与"造血"并重。对于那些确有劳动能力、通过技术培训能发展的残疾人重点采取提升就业能力、强化技能培训、增加财产性收入的"造血"机制。第三，完善农村残疾人福利服务。必须尽快发展农村残疾人服务，逐步建立残疾人福利服务体系，以专业社会服务机构为主体、社区为基础、家庭为依托，向残疾人提供膳食服务、寄宿抚养、日间照料、康复医疗和功能训练等服务项目。

三、农村服务型社会福利制度层次体系的完善

当前中国农村社会福利制度在层次体系方面存在供给主体单一的问题，如何通过调动多方力量来实现农村社会福利的有效供给是优化责权关系需要重点解决的问题。多元化已经是社会福利的发展趋势，而政府也并非农村社会福利的单一供给主体，以政府为主导、社会或者市场为补充、民众积极参与的多元主体的协同供给是农村社会福利制度发展的必由之路。

(一)农村社会福利制度的国家责任

国家是社会福利制度最重要的主体，它应该成为社会福利制度的主导，它在社会福利制度中的责任是通过政府来具体化的。国家有责任保障每一个公民的生存和发展权利，由国家提供社会福利是不可推卸的责任。国家承担着选择社会福利制度、制定社会福利法规、制定社会福利政策、

提供社会福利资金、兴办社会福利设施、整合其他福利主体等责任。① 与城镇社会福利供给总量相比，我国农村社会福利供给总量明显不足，尚未有效满足农村居民的社会福利需求。改革开放以前，在二元社会结构下，我国的城乡社会福利体系是完全不同的，政府在城市和乡村所承担的福利供给责任也完全不同。在农村，人民公社时代实行的是以家庭保障为主、集体保障为辅的保障模式，政府几乎不直接承担责任，充其量只是和集体一起承担少量"五保户"之"生老病死"的福利和保障。政府在城乡福利上的不同责任主体角色导致城乡居民之间的社会福利几乎存在着天壤之别。惯性使然，目前农村的社会福利和社会保障仍然相当落后。② 因此，完善农村社会福利制度体系的关键在于构建以政府为核心的责权分配机制，由政府提供公共服务导向和公共财政支持，加大中央和地方政府的财政转移支付的力度，使广大农民享受到全覆盖式的社会福利制度。

加快《社会福利法》的颁布与实施。农村社会福利制度的建设急需出台一部综合性的《社会福利法》来整合已有的法律、法规和政策，同时要针对农村社会福利的内容进行界定，农村社会福利制度的内容应是以生活性福利为基础、以发展性福利为核心、以幸福性福利为补充的综合型社会福利制度。同时，在《社会福利法》中还应完善特殊人群的社会福利内容，提升特殊人群的社会福利水平。最后，合理确定国家、社会和个人在福利制度方面的责任划分。

(二)农村社会福利制度的社会责任

作为一项准公共产品，农村社会福利的提供不应完全由政府独揽，仅仅依靠政府提供社会福利会忽视少数群体的福利需求，同时给政府的财政支出带来负担，农村社会福利制度的层次体系离不开社会责任这一有力的补充。

---

① 毕天云：《论普遍整合型社会福利体系》，《探索与争鸣》2011 年第 1 期。

② 周沛：《社会福利体系研究》，中国劳动社会保障出版社 2007 年版，第 72 页。

改革开放以来，社会福利事业进入社会化发展新阶段。《关于加快实现社会福利社会化的意见》的颁布，使得社会福利社会化成为中国社会福利发展的方向，至此，中国开始了多种所有制成分、多方面社会力量兴办社会福利事业的社会化实践。社会福利社会化是指社会主义市场条件下，全社会关注，由多方投资，在政府主导下，社会福利惠及各个阶层，达到无偿的精神享受和物质利益的配备；处于不同阶层的人共同负有责任，共同享有的，对相对弱势群体优抚和照顾的社会福利事业。①因此，农村社会福利制度层次体系的完善要适度发挥社会主体的作用。第一，政府与社会是一种协同关系。要以强化政府的福利供给责任为契机，重新调整农村社会福利的供给体系。根据本地农村的实际发展状况，广泛动用农村中各种社会力量，在国家统一的福利供给体系之外重构以社区为核心的农村集体福利，满足农村居民多样化的福利需求。第二，农村社会福利的提供还要积极发挥社会组织的作用。鼓励有条件的农村合作社、农民经济合作组织等共同发展农村社会福利，从而使整个农村社会福利呈现稳定有序的供给状态。第三，强化农村家庭承担的福利功能。就目前而言，农村比较重视家庭传统，家庭能够更好地提供生活性社会福利服务，特别是在老年人、儿童和残疾人照顾等方面，因此家庭应该始终作为社会福利供给的基础。

(三)农村社会福利制度的个人责任

农村社会福利制度发展离不开农村居民的积极参与，农村居民既是农村社会福利制度的个人主体，也是农村社会福利制度的客体。作为客体，农村居民有反馈农村社会福利的需求，并对农村社会福利的实施过程进行监督。首先，应建立有效的需求表达渠道，确保农民平等有效地参与农村社会福利事务，维护农民的切身利益。通过相应的农民合作组织等有效的需求表达渠道，村民可以进行广泛的协商和集中式的利益表达，共同实现

---

①　宫天文：《社会福利社会化中政府责任探析》，《山东社会科学》2009 年第 7 期。

对农村社会福利事务的协商式参与。这种参与途径还可以通过提出咨询议案，及时向政府反馈农民合理的社会福利需求，以利于政府制定科学合理的社会福利政策，满足农民不断增长的社会福利需求。其次，应建立有效的监督与评估机制。其中，独立的社会监管机构和相对独立的评估机构是实现农村社会福利供给的监督与评估的有效途径，这类机构可以由乡村组织代表(乡村精英)和农村居民等共同组成。这些机构不仅可以有效监督农村社会福利基金筹措、管理以及使用的过程，还可以评估农村社会福利供给是否偏离了农民的需求偏好。① 作为主体，农村居民应积极参与社会福利事业的建构。随着生活水平的提高，农村居民对社会福利的需求日益增加，而政府提供的单一的社会福利已经不能满足农村居民更高层次的需要。目前，多地农民已开始自发购买商业保险，其中，农村居家养老、农村基本医疗卫生服务、农村教育培训等社会福利领域均具备实施购买服务的空间，因此，应提倡和鼓励有条件的农村居民自发购买上述社会福利服务，以便更好地满足农村居民日益增长的福利需求。

---

① 宋洋：《农村社会福利的多元主体协同供给研究》，《中国特色社会主义研究》2014 年第 2 期。

第八章　主要结论与研究展望

第一节　主 要 结 论

通过以上研究可以得出一个基本判断：农业生产方式和农村社会保障制度之间存在着深层次的关联，突破了原来相对独立的演化格局，正在形成一种良性的互动机制。本研究基于生产方式变迁的视角，运用内容体系、结构体系和层次体系的社会保障制度"三体系"分析框架，在对我国农村社会保障现状问题进行分析的基础上，借鉴国外农村社会保障制度的建构经验，探讨了农业生产方式变迁对农村社会保障制度建构的影响，并对完善我国农村社会保障问题进行了路径设计。研究的主要结论如下：

一、典型国家农村社会保障制度的建构是生产方式变革的内在要求，其发展是一个从内容体系发展到结构体系，进而发展到层次体系的过程

资本主义农业社会是以农耕为主要生产方式的，随着农业社会开始向工业社会过渡，资本原始积累中大量农民与土地分离，传统农业劳动力向工业劳动力的大量转换使得以国家为主导的劳资合作的社会保险的出现成为必然。可见，社会保障制度的产生是面对生产方式变革的内在要求出台的政策。深入分析典型国家农村社会保障制度的演进历程可以得出：各个

国家基本上是先有针对城市雇佣工人的社会保障制度，随着工业化的推进，社会保障制度逐渐向乡村延伸，最终基本实现了城乡统一或衔接。在社会保障制度比较完善、城乡社会保障制度衔接性比较好的国家，农业生产方式越来越向工业生产方式的方向转变，农业生产越来越像工业流程，农业工人也和工商业从业人员一样需要把最基本的生活保障从家庭转移到社会。

典型国家农村社会保障制度内容体系的发展经历了一个由社会救济到社会保险的过程：各国早期的社会保障制度都侧重于济贫，重点保障农民的生存权。生产方式变迁会给农村带来一系列的贫困、失业、工伤和疾病等社会问题，传统的社会救济与措施无法有效解决全面出现的问题。于是，一种新型社会保障制度即社会保险制度应运而生，社会保障制度也实现了从最初的解决因社会转型和农业生产方式变迁所带来的社会风险的救济型制度向为农村全体社会成员提供社会保险制度的转变，具有鲜明的由生存权向发展权演化的趋势。在内容体系发展的同时，典型国家社会保障制度的结构体系初具形态，其结构体系的发展经历了一个从从事土地作业的农场主到从事渔业、林业、牧业等全体农民的扩展过程，从保障对象本人到包括家庭成员，最终实现全覆盖的渐进过程。典型国家农村社会保障制度层次体系存在一个显著的从个人责任到国家责任再到国家、社会和个人共同责任的变化过程，强调多主体共同参与的保护框架。典型国家因受各国政治、经济、文化以及社会发展状况的不同影响，其社会保障制度发展的道路也存在显著的差别。

二、中华人民共和国成立后农村社会保障制度的演变规律

中华人民共和国成立后，农村社会保障制度的演变规律在内容体系上呈现出社会救助向社会保险、生存型向保险型的转变过程；结构体系的演变呈现出由农村特殊群体向农村全体居民覆盖的历程；层次体系的演变呈现出在责权关系上国家由无意识到被动提供社会保障再到主动参与的转变历程，初步形成了国家、社会、个人相结合的社会保障责任框架。具体划

分如下：

个体经济下农村社会保障制度的演变。围绕土地改革的农业经营体制，初步确立了我国家庭农户的经营主体地位，形成了农户单户自主经营的农业经营体系：小农土地所有制基础上的个体经济。农村社会保障制度的选择是土地保障和家庭保障相结合的非正式制度，水平极为低下，内容体系具有单一性，救灾救济和社会优抚几乎就是该时期社会保障的全部内容，是一种临时救济型的、非正式制度化的社会保障制度。结构体系的特点表现为该时期农村社会保障制度的对象选择具有针对性，贫农户和孤寡老弱及烈士军属等群体的困难状况成为该时期政府社会保障工作的基本出发点；在这种以农民个体经济为基础、以农民家庭保障为主体的社会保障制度结构中，农民主要依赖于土地和家庭，政府只是起到辅助性的作用，为农村社会保障在体系架构和制度安排上奠定了基础。因此该时期层次体系的特点是农民家庭自我保障为主，政府、社区适当扶持为辅。

计划经济时期农村社会保障制度的演变。计划经济时期，农村社会保障制度是以传统的集体经济组织为主要载体，是一种低水平的保障制度。该时期内容体系是以对社员提供满足温饱为目标的基本生活需要为基本内容，是一种低水平的社会救助型的社会保障制度。集体经济时期农村社会保障制度结构体系的特点是农村社会保障的保障对象的范围逐步扩大，主要包括农村社会救灾制度、社会救济制度、农村合作医疗保障制度以及五保供养制度等，可以体现出集体经济阶段农村社会保障制度的发展。层次体系的特点表现为集体保障为主、国家保障为辅。

改革开放后，家庭联产承包经营责任制成为我国农村的基本经营制度。随着农村生产方式的变革，农村集体经济组织普遍解体，原来依托集体经济的社会保障方式显得力不从心，大部分农民实际上又回到了家庭保障方式中，我国农村社会普遍出现了社会保障制度的缺失和不到位。为了适应新的生产方式，我国农村开始了现代社会保障制度的探索，从农村社会保障制度对社会问题的覆盖程度来看，我国针对主要社会问题的社会保障制度已经基本建立，农村社会保障制度的水平有了明显的提高。从农村社会保障制度的结构体系来看，农村社会保障制度已经形成了包括针对全体成员的社会保障制度和针对部分成员的社会保障制度，农村社会保障制度的覆盖面不断扩大。从农村社会保障制度的层次体系来看，初步形成了国家、社会、个人相结合的社会保障责任框架。

三、新型农业生产方式影响了农村社会保障产生与覆盖的广度和深度

农业是影响农村社会保障制度变迁与完善的基础，如果没有农业作为支撑，农村社会保障制度就失去了赖以生存的基础。农业生产方式作为农业生产的具体形式，虽然不是影响农村社会保障制度变迁和完善的重点和关键，但却是农村社会保障制度演变的基础，如果忽略该基础就很难理解农村社会保障制度变迁的动因及各项目之间的逻辑关系。当前，农业生产方式变迁对农村社会保障制度的影响主要体现在：第一，新型农业生产方式的推行迫切需要"社会保障"替代"土地保障"。以土地为保障功能的农业是不健全的农业，必须依靠社会保障制度的建构来破除这种土地保障形态农业模式，逐步弱化乃至完全转化土地的保障功能，促进土地适度规模经营和农业产业化的发展，推动我国农业现代化的实现。第二，新型农业生产方式的实现需要农村剩余劳动力的有效转移。农业生产方式创新会进一步减少直接从事农业生产的农民数量，使得这种稳固的家庭养老模式失去其经济和社会基础，原有的养老模式前提正被抽走，家庭养老正面临制度性瓶颈和一系列外生因素的冲击，并且剩余劳动力的转移使得流动人口社会保障问题突出。第三，农村居民就业形式多样化导致社会保障制度需求复杂化。首先，农村土地流转后进城务工人员的劳动关系变化，主要体现在新生代农民工的劳动权益保护问题。其次，以家庭农场为代表的农业规模化经营方式使资金和土地相结合，创造了新的就业形式——产业经济中农民成为具有正式雇佣劳动关系的正规就业的农业产业工人。第四，农村社会阶层结构的变化促使农村社会保障制度内容体系不断完善，农村社会阶层的流动需要农村社会保障制度结构体系的整合，农村居民利益结构多

样化需要社会保障制度"托底"。第五，农业保险和农业现代化之间客观存在着一种内在的互动机制，新型农业生产方式的健康发展需要农业保险制度的推动。

四、为适应农业生产方式变迁，研究尝试构建了一个完善的三支柱农村社会保障制度体系

农村居民的社会保障制度需求可以从三个方面来分析，第一，从应对生存风险来看，农村社会救助制度是农民最基本的生存需要。第二，从应对生活和保障生产可持续风险来看，新型农村社会养老保险制度、新型农村合作医疗制度是农村居民的基本生活需要，农业保险、工伤保险、失业保险和生育保险则可保障农民生产的可持续性，确保其发展权。第三，农村社会福利制度。主要是为农村居民提供更高层次的社会保障制度，尤其注重社会福利的服务导向。为适应农业生产方式的变迁，我国现阶段农村发展战略的一个重要方面就是要构建一个完善的三支柱农村社会保障制度体系，其中，农村兜底型社会救助制度是基础，重点是建立综合性社会救助；农村基本型社会保险制度是主体，重点在于农村两个基本保险待遇和责权关系的调整以及新制度的构建；农村服务型社会福利制度是重要补充，重点在于提高待遇和扩大覆盖面。

第二节 研究展望

农业生产方式和农村社会保障制度是关系农民切身利益的热点问题。本研究的主要内容是探讨农业生产方式和农村社会保障之间的耦合关系，并从农业生产方式变迁的视角出发来探讨农村社会保障制度的完善对策。本书对农村社会保障制度问题的研究是一次有益尝试，但这仅仅只是一个开始，本书还存在很多不完善的地方，有待以后继续研究。

第一，由于受时间、数据、经济以及个人能力的限制，笔者并未进行

实地调研，文中内容和结论都是基于有限的数据资料和国家现行政策进行的问题分析，研究不一定具有代表性，也就未必有普适性。本书在具体量化研究方面还需努力，在实证分析方面可利用调研数据，建立相关计量模型，进而得出更可靠有效的结论。

第二，农业规模化经营刚刚推行不久，以家庭农场、农业合作社为代表的经营方式在运行过程中必然会出现许多问题，文中并没有做预见性的设计。此外，我国农村地区幅员辽阔，南北、东西差异较大，农业生产方式的不同选择是农村社会保障制度设计的一大障碍，因此，本书在区域性研究方面还需努力。

第三，考虑农村社会保障制度或者农村基本社会保障制度进入制度定型。在研究过程中，笔者发现社会的方方面面都会对农村社会保障制度产生或多或少的影响，例如经济改革与社会保障、技术进步与社会保障改革、新的时代背景与社会保障制度的关系等，以至于社会保障不得不做出应对。在社会保障运行和管理还不规范的前提下，农村社会保障制度应对外围因素影响的成本是巨大的。如何在尊重社会保障制度发展的基本规律和原则的前提下完善农村社会保障制度顶层设计，推动制度基本定型，如何考虑制度设计和运行的灵活性是日后研究需要考虑的一个方面。

参 考 文 献

1. 主要英文参考文献

Ulrich Beck. World Risk Society. Blackweli, 1999.

Barbara Adam, Ulrich Beck and Joost Van loon edited. The Risk Society and Beyond, Sage PublicationLtd, 2000.

Ulrich Beck, Anthony Giddens and Seott Lash. Reflexive Modernization: Politics, Tradition, and Aesthetics in the Modem Social Order. Stanford University Press, 1990.

Anthony Giddens. Runaway World: How Globalization Is Reshaping Our Lives. Rout ledge Press, 2000.

Ulrich Beck, Risk Society: Towards a New Modernity, London, 1992.

Trevor, May. An Economic and Social History of Britain, 1760-1970. Longman, 1987.

Gregory, Clark. The Agricultural Revolution and the Industrial Revolution: England, 1500-1912. University of California, 2002.

P. Slack. Poverty and Policy in Tudor and Stuart England. Longman, 1988.

P. Slack. The English Poor Law, 1531-1782. Cambridge, 1955.

P. M. Solar. "Poor Relief and English Economic Development Before the Industrial Revolution". The Economic History Review, 1995(1).

G. R. Boyer. "An Economic Model of the English Poor Lawcirca 1780-

1834". Explorations in Economic History, 1985(22).

Ulrich Beck. Risk Society: Towards a New Modernity, 1992.

Karl Polanyi. The Great Transformation: the Political and Economic Origins of Our Time. Beacon Press, 1944.

Kenneth D. Brown. The Labor Party and the Unemployment Question, 1906-1910. The Historical Journal, 1971(3).

A. B. Atkinson. Economics of Welfare State: Introductory Comments. European Economic Review, 1978(31).

Morten I. Lau and Panu Poutvaara. Social Security Incentives and Human Capital Investment. Center for Economics Studies & Ifo Institute for Economic Research, Working Papers, 2001.

R. Holzmann and S. Jorgensen "Social Risk Management: A New Conceptual Framework for Social Protection and Beyond". Social Protection Discussion Paper Series. World Bank, 2000(6).

Anne Booth & R. M. Sundrum. Labour Absorption in Agriculture. Oxford University Press, 1985.

Bardhan P K. Size. Productivity and Returns to Scale: An Analysis of Farm Level Data in Indian Agriculture. Journal of Political Economy, 1973 (81).

Coase, R. H. The Problem of Social Cost. Journal of Lawand Economics, 1960(3).

H. Evan Drummond. Agricultural economics. Panhandle State University.

Townsend R. F., Kirsten J. F., Vink N. Farm Size, Productivity and Returns to Scale in Agriculture Revisited: A Case Study of Wine Producers in South Africa. Agricultural Economics, 1998, 19(1).

Costa Esping. Andersen: "Three Worlds of Welfare Capitalism". Polity Press, 1990.

Richard Blundell. Welfare Reform for Low Income Workers. Oxford Economic Papers. April，2001，52（2）.

Myrdal，Gunnar. Beyond the Welfare State -Economic Planning in the Welfare States and its International Implications. Yale University，1960.

Economy and Social Committee of the Eurommunities. Binion on the Green Paper：Partnership for a New Organization of Work. Brussels，2000（10-11）.

2. 主要中文著作

钱运春：《西欧生产方式变迁与社会保护机制重建》，上海社会科学院出版社 2011 年版。

熊义杰：《中国农业经营方式问题》，西北大学出版社 2000 年版。

多吉才让：《新时期中国社会保障体制改革的理论与实践》，中共中央党校出版社 1995 年版。

莫泰基：《香港贫穷与社会保障》，香港"中华书局"1993 年版。

郑功成：《社会保障学》，商务印书馆 2000 年版。

郑功成等：《中国社会保障制度变迁与评估》，中国人民大学出版社 2002 年版。

郑功成：《中国社会保障 30 年》，人民出版社 2008 年版。

郑功成：《中国救灾保险通论》，湖南出版社 1994 年版。

郑功成主编：《中国社会保障改革与发展战略：救助与福利卷》，人民出版社 2011 年版。

郑秉文、和春雷：《社会保障分析导论》，法律出版社 2001 年版。

宋士云：《中国农村社会保障制度结构与变迁（1949—2002）》，人民出版社 2006 年版。

丁建定：《英国济贫法制度史》，人民出版社 2014 年版。

丁建定：《西方国家社会保障制度史》，高等教育出版社 2010 年版。

丁建定：《社会保障概论》，华东师范大学出版社 2006 年版。

丁建定、杨凤娟：《英国社会保障制度的发展》，中国劳动社会保障出版社 2004 年版。

丁建定：《从济贫到社会保险——英国现代社会保障制度的建立》，中国社会科学出版社 2000 年版。

丁建定、柯卉兵等：《中国社会保障制度体系完善研究》，人民出版社 2013 年版。

丁建定：《英国社会保障制度史》，人民出版社 2015 年版。

卓志：《风险管理理论研究》，中国金融出版社 2006 年版。

《列宁全集》第 3 卷，人民出版社 1962 年版。

阿瑟·刘易斯：《二元经济论》，北京经济学院出版社 1989 年版。

舒尔茨：《改造传统农业》，商务印书馆 1987 年版。

黄宗智：《华北小农经济与社会变迁》，中华书局 2000 年版。

黄宗智：《中国的隐性农业革命》，法律出版社 2010 年版。

黄宗智：《长江三角洲小农家庭与乡村发展》，中华书局 1992 年版。

马克思：《资本论》第 1 卷，人民出版社 2004 年版。

《马克思恩格斯选集》第 1 卷，人民出版社 1995 年版。

马克思、恩格斯：《〈资本论〉书信集》，人民出版社 1976 年版。

《马克思恩格斯选集》第 3 卷，人民出版社 1995 年版。

《马克思恩格斯选集》第 4 卷，人民出版社 1995 年版。

诺斯：《经济史中的结构与变迁》，上海三联书店 1991 年版。

诺斯：《制度、制度变迁与经济绩效》，格致出版社 2008 年版。

林毅夫：《关于制度变迁的经济学理论：诱致性变迁与强制性变迁》，科斯：《财产权利与制度变迁——产权学派与新制度学派译文集》，上海三联书店 1994 年版。

柏拉图：《理想国》，商务印书馆 1997 年版。

亚里士多德：《政治学》，商务印书馆 1965 年版。

亚里士多德：《尼各马可伦理学》，商务印书馆 2003 年版。

罗尔斯：《正义论》，中国社会科学出版社 1988 年版。

胡鞍钢主编：《第二次转型国家制度建设》，清华大学出版社 2003 年版。

蔡昉等：《劳动力流动的政治经济学》，上海人民出版社 2003 年版。

乌尔里克·贝克、约翰内斯·威尔姆斯：《自由资本主义——与著名社会学家乌尔里克·贝克对话》，浙江人民出版社 2001 年版。

杨雪冬等：《风险社会与秩序重建》，社会科学文献出版社 2006 年版。

薛晓源、周战超主编：《全球化与风险社会》，社会科学文献出版社 2005 年版。

齐格蒙特·鲍曼：《个体化社会》，三联书店 2002 年版。

胡塞尔：《欧洲科学的危机与超越论的现象学》，商务印书馆 2001 年版。

崔乃夫主编：《当代中国的民政》（上），当代中国出版社 1994 年版。

崔乃夫主编：《当代中国的民政》（下），当代中国出版社 1994 年版。

吴承明、董志凯主编：《中华人民共和国经济史（第一卷）（1949—1952）》，中国财政经济出版社 2001 年版。

马洪、孙尚清主编：《中国经济结构问题研究》（下册），人民出版社 1981 年版。

《建国以来重要文献选编》第 8 册，中央文献出版社 1994 年版。

李本公、姜力主编：《救灾救济》，中国社会出版社 1996 年版。

周士禹、李本公主编：《优抚保障》，中国社会出版社 1996 年版。

尹力、任明辉：《医疗保障体制改革——一场涉及生老病死的变革》，广东经济出版社 1999 年版。

林闽钢等：《走向全球化的中国社会保障制度改革》，中国商业出版社 2001 年版。

蔡仁华主编：《中国医疗保障制度改革实用全书》，中国人事出版社 1998 年版。

世界银行编：《中国：卫生模式转变中的长远问题与对策》，中国财政经济出版社 1994 年版。

《中国人民银行总行第一届全国农村金融会议的综合记录》，《1949—1952 年中华人民共和国经济档案资料选编（金融卷）》，中国物资出版社

1996 年版。

马永伟、施岳群主编：《当代中国的保险事业》，当代中国出版社 1996 年版。

中共中央文献研究室、国务院发展研究中心：《新时期农业和农村工作重要文献选编》，中央文献出版社 1992 年版。

张晓山、李周主编：《中国农村改革 30 年研究》，经济管理出版社 2008 年版。

刘翠霄：《天大的事——中国农民社会保障制度研究》，法律出版社 2006 年版。

王国军：《社会保障：从二元到三维》，对外经济贸易大学出版社 2005 年版。

《中国保险年鉴 2005 年》，内部印刷。

《中国保险年鉴 2006 年》，内部印刷。

《中国民政统计年鉴 2004 年》，中国统计出版社 2004 年版。

国家统计局编：《中国统计年鉴》（1983 年），中国统计出版社 1983 年版。

劳动部课题组：《中国社会保障体系的建立与完善》，中国经济出版社 1994 年版。

黄英君：《中国农业保险发展机制研究：经验借鉴与框架设计》，中国金融出版社 2011 年版。

蒋孟引：《英国史》，中国社会科学出版社 1988 年版。

叶·阿·科斯明斯基雅·亚·列维茨基：《十七世纪英国资产阶级革命（上）》，商务印书馆 1990 年版。

沈汉：《英国土地制度史》，学林出版社 2005 年版。

王乃耀：《英国都铎时期经济研究——英国都铎时期乡镇经济的发展与资本主义的兴起》，首都师范大学出版社 1997 年版。

刘淑兰：《主要资本主义国家近现代经济史》，中国人民大学出版社 1987 年版。

罗伯特·杜普莱西斯：《早期欧洲现代资本主义的形成过程》，辽宁教育出版社 2001 年版。

诺斯：《经济史上的结构和变革》，商务印书馆 1992 年版。

波梁斯基：《外国经济史(资本主义时代)》，三联书店 1963 年版。

许永璋：《世界近代工业革命》，辽宁人民出版社 1986 年版。

王觉非：《英国政治经济和社会现代化》，南京大学出版社 1989 年版。

W. H. B. 考特：《简明英国经济史(1750 年至 1939 年)》，商务印书馆 1992 年版。

塞缪尔·P. 亨廷顿：《变化社会中的政治秩序》，三联书店 1989 年版。

卡尔·波兰尼：《大转型：我们时代的政治与经济起源》，浙江人民出版社 2007 年版。

尼古拉斯·巴尔：《福利国家经济学》，中国劳动社会保障出版社 2003 年版。

巴顿：《论影响英国社会上劳动阶级状况的环境》，商务印书馆 1990 年版。

贝弗里奇：《贝弗里奇报告——社会保险和相关服务》，中国劳动社会保障出版社 2004 年版。

余开祥：《西欧各国经济》，复旦大学出版社 1987 年版。

许平：《法国农村社会转型研究》，北京大学出版社 2001 年版。

王章辉、黄柯可主编：《欧美农村劳动力的转移与城市化》，社会科学文献出版社 1999 年版。

宋金文：《日本农村社会保障》，中国社会科学出版社 2007 年版。

王振锁：《日本高龄化问题及其对策》，上海财经大学出版社 1997 年版。

沈洁：《日本社会保障制度的发展》，劳动和社会保障出版社 2004 年版。

庹国柱、朱俊生等：《制度建设与政府责任——中国农村社会保障问题研究》，首都经济贸易大学出版社 2009 年版。

童星：《中国农村社会保障制度》，人民出版社 2011 年版。

邓大松：《2011 中国社会保障改革与发展报告》，人民出版社 2011 年版。

乐章：《社会救助学》，北京大学出版社 2008 年版。

张广利：《社会保障实务教程》，华东理工大学出版社 2010 年版。

郭树华、蒋冠等：《中国农业保险经营模式的选择研究》，人民出版社 2011 年版。

柯武刚、史漫飞：《制度经济学：社会秩序与公共政策》，商务印书馆 2000 年版。

洪银兴、刘志彪等：《"三农"现代化的现代途径》，经济科学出版社 2009 年版。

周沛：《社会福利体系研究》，中国劳动社会保障出版社 2007 年版。

周沛：《农村社会发展论》，南京大学出版社 1998 年版。

3. 主要中文论文

张德元：《论小农集约经营》，《经济学家》2004 年第 1 期。

肖功为：《改革开放以来中央推进我国农业现代化政策创新的历史逻辑》，《邵阳学院学报》2014 年第 2 期。

汪敏：《农村社会保障中政府责任的反思》，《湖北社会科学》2009 年第 1 期。

丁建定、张尧：《养老保险城乡统筹：有利条件、理性原则与完善对策》，《苏州大学学报》(哲学社会科学版)2014 年第 5 期。

丁建定：《论英国济贫法制度的政治功能》，《东岳论丛》2012 年第 8 期。

丁建定、杨泽：《论西欧社会保障制度的三个体系》，《社会保障研究》2013 年第 1 期。

丁建定：《完善中国社会保障制度的几个问题的理论思考》，《学习与实践》2009 年第 11 期。

丁建定：《构建我国新型城市社会救助制度的原则与途径》，《东岳论丛》2009 年第 2 期。

丁建定：《和谐社会需要构建合理的社会保障制度》，《人口与经济》2009 年第 3 期。

张尧：《农业生产方式变迁视域下农村社会保障体系的完善》，《探索》2015 年第 6 期。

张尧：《国家治理现代化视域下农村社会保障治理的定位与建构路径》，《农村经济》2018 年第 3 期。

张尧、丁一帆：《契合与嵌入：农村社会保障助力乡村振兴战略的定位与路径》，《宁波大学学报》(人文科学版)2020 年第 2 期。

张德元：《论小农集约经营》，《经济学家》2004 年第 1 期。

段学慧：《开展农业保险，建立农村社会"大保障"体系》，《特区经济》2006 年第 5 期。

中国行政管理学会课题组：《加快我国社会管理和公共服务改革的研究报告》，《中国行政管理》2005 年第 2 期。

宋林飞：《中国社会风险预警系统的设计与运行》，《东南大学学报》(社会科学版)1999 年第 1 期。

冯必扬：《社会风险——视角、内涵与成因》，《天津社会科学》2004 年第 2 期。

张奇林、张兴文：《风险与社会保障：一个解释性框架》，《社会保障研究》2011 年第 3 期。

张奇林、陈卫民：《经济危机与社会保障的变奏及其启示——基于历史的考察》，《武汉大学学报》(哲学社会科学版)2010 年第 6 期。

文东升：《马克思主义关于小农生产方式改造理论研究综述》，《学术论坛》2005 年第 12 期。

柏振忠：《我国现代农业发展模式建设与完善的路径分析》，《科学管理研究》2010 年第 5 期。

赵学军、吴俊丽：《政府干预与中国农业保险的发展》，《中国经济史研究》2004 年第 1 期。

许有伦：《我国农业生产方式研究》，《西安财经学院学报》2006 年第
6 期。

孔祥智、李圣军：《试论我国现代农业的发展模式》，《教学与研究》
2007 年第 10 期。

陶武先：《现代农业的基本特征与着力点》，《中国农村经济》2004 年
第 3 期。

刘燕华：《依靠科技创新发展现代农业》，《求是》2007 年第 6 期。

戴小枫等：《现代农业的发展内涵、特征与模式》，《中国农学通报》
2007 年第 3 期。

董正华：《中外农业生产中的家庭经营与小农传统——农业资本主义，
还是"农民的生产方式"》，《学术前沿》2014 年第 2 期。

赵文、程杰：《农业生产方式转变与农户经济激励效应》，《中国农村
经济》2014 年第 2 期。

张建华：《全力发展现代农业，加快产业结构调整》，《江海纵横》2010
年第 2 期。

马晓河：《发展现代农业是新农村建设的重要支撑》，《中国乡镇企业》
2007 年第 3 期。

李忠斌、文晓国等：《传统农业生产方式的困境及其转变》，《中南民
族大学学报》(自然科学版) 2012 年第 3 期。

王乃明：《中国农业生产方式的转变过程及其选择》，《攀登》2013 年
第 6 期。

邓涛：《农村人口老龄化折射农业生产方式的转变》，《农业经济》2012
年第 11 期。

王保海：《全面推进农业生产方式变革》，《学习论坛》2014 年第 7 期。

王振坡、梅林等：《我国农业生产经营方式转变研究——基于新兴古
典经济学框架》，《江汉论坛》2014 年第 6 期。

杨中柱：《新农村建设中农村社保制度完善之探讨》，《经济前沿》2007

年第 10 期。

梁鸿：《试论中国农村社会保障及其特殊性》，《复旦学报》1999 年第
5 期。

杨立雄：《我国农村社会保障制度创新研究》，《中国软科学》2003 年
第 10 期。

张立荣、李海华：《中国农村社会保障：现状分析与对策构想》，《华
中师范大学学报》2000 年第 6 期。

华迎放、孙莹：《农村社会保障制度框架构建研究》，《人口与经济》
2005 年第 4 期。

吴云勇、梁峰：《中国农村社会保障模式及资金来源的路径选择》，
《农村经济》2007 年第 8 期。

蓝春娣、任保平：《关于农民工社会保障问题的思考》，《社会科学研
究》2004 年第 5 期。

杨翠迎：《中国社会保障制度的城乡差异及统筹改革思路》，《浙江大
学学报》2004 年第 3 期。

刘子操：《我国农村社会保障制度的构建思路》，《广西社会科学》2007
年第 10 期。

宋士云：《对中国农村社会保障制度模式变迁的思考——基于新制度
经济学的阐释》，《江汉论坛》2007 年第 9 期。

宋士云：《1956—1983 年集体经济时代农村五保供养制度初探》，《贵
州社会科学》2007 年第 9 期。

朱霁、杨正芝：《我国经济增长与农村社会保障制度变迁》，《广西社
会科学》2011 年第 1 期。

朱梅、李燕凌：《农村社会保障制度变迁中政府主导逻辑的困境与超
越》，《湖南社会科学》2012 年第 2 期。

黄清峰、刘艺戈：《农村社会保障制度变迁的演进逻辑与路径选
择——从路径依赖到路径创造》，《社会保障研究》2014 年第 2 期。

钟涨宝、狄金华：《农村土地流转与农村社会保障体系的完善》，《江

苏社会科学》2008 年第 1 期。

姜木枝、余群英:《土地保障功能与农村社会保障制度建设》,《四川行政学院学报》2005 年第 2 期。

周长城、陈闻:《以农村土地流转为契机,完善农村社会保障体系》,《湖北省社会主义学院学报》2011 年第 4 期。

王银梅、刘语潇:《从社会保障角度看我国农村土地流转》,《宏观经济研究》2009 年第 18 期。

朱梦蓉:《农村土地流转过程中农民社会保障问题探析》,《天府新论》2009 年第 1 期。

李长健、徐丽峰:《农村土地流转之前提:完善农村社会保障制度》,《中共太原市委党校学报》2010 年第 1 期。

金丽馥、冉双全:《农村土地流转与农村社会保障的关联分析》,《中国农业通报》2012 年第 5 期。

谭丽、吴中宇:《土地流转制度下农村流动人口的社会保障权实现:以城乡统筹为视角》,《兰州学刊》2012 年第 4 期。

彭山桂、汪应宏等:《农地社会保障功能与农村劳动力转移关系的实证研究》,《经济研究导刊》2008 年第 11 期。

钟振强、宋丹兵:《论农村剩余劳动力转移下的农村社会保障》,《东北财经大学学报》2005 年第 2 期。

郑军等:《东西方家庭文化井异对我国农村社会保障制度建设的启示》,《农业考古》2007 年第 6 期。

王珂瑾:《从缺位到归位:农村社会保障中的政府责任》,《兰州学刊》2013 年第 10 期。

孙如昕、张正:《基于政府责任的农村社会救助研究》,《法制与社会》2014 年第 7 期

钟俊生、王伶等:《我国失地农民社会保障的政府责任》,《江西社会科学》2014 年第 2 期。

黄宝连:《基于政府责任视角的农村社会保障研究》,《经济研究导刊》

2012 年第 25 期。

赵燕妮：《政府在农村社会养老保险制度中的财政责任》，《保险研究》2012 年第 3 期。

曹信邦：《农村社会养老保险政府责任供给机制的构建》，《社会保障研究》2012 年第 1 期。

刘书鹤：《农村社会保障的若干问题》，《人口研究》2001 年第 5 期。

郭金丰：《略论农村社会保障筹资模式的转型》，《江西农业大学学报》（社会科学版）2008 年第 1 期。

戚晓明、周应恒：《新型农村社会养老保险筹资机制研究——基于山西省的试点调查》，《江苏社会科学》2013 年第 4 期。

何晖、殷宝明：《"新农保"基础养老金计发办法与筹资机制研究》，《中国软科学》2012 年第 12 期。

宋明岷：《新型农村社会养老保险制度筹资机制研究》，《农村经济》2011 年第 2 期。

林瑜胜：《论我国社会保障管理体制的改革与创新》，《山东社会科学》2007 年第 9 期。

张国海：《关于农村社会保障管理和监督的几点思考》，《经济问题探索》2005 年第 12 期。

叶响裙：《论我国社会保障管理体制的改革与完善》，《中国行政管理》2013 年第 8 期。

王晓东、童星：《城乡统筹视域下社会保障管理体制改革的路径》，《社会保障研究》2012 年第 2 期。

朱忠贵：《论农村社会保障制度的构建》，《农业经济问题》2003 年第 6 期。

王月春：《土地流转背景下农村社会保障法律制度的完善》，《广西社会科学》2012 年第 10 期。

左卫霞：《新农村社会保障法律制度建设的思考探析》，《兰州学刊》2013 年第 11 期。

汪晓华：《我国农村社会保障制度法制化路径建构》，《江西社会科学》2014 年第 4 期。

项贤国：《论农村社会保障制度的立法困境与弥合路径》，《农业经济》2014 年第 7 期。

应建国：《农村社会保障法制问题探析》，《法制与社会》2014 年第 31 期。

于金富：《马克思恩格斯农业生产方式理论及其现实意义》，《经济研究导刊》2011 年第 30 期。

于金富：《生产方式变革是建设社会主义新农村的基础工程》，《经济学家》2007 年第 4 期。

刘璐婵：《从"保险"到"服务"：福利制度导向转型》，《社会福利》（理论版）2014 年第 8 期。

林毅夫：《技术变迁与收入在农户间的分配：理论和来自中国的证据》，《澳大利亚农业与资源经济学杂志》1999 年第 2 期。

杨永华：《舒尔茨的〈改造传统农业〉与中国三农问题》，《南京社会科学》2003 年第 9 期。

陈少晖：《农村社会保障：制度缺陷与政府责任》，《福建师范大学学报》（哲学社会科学版）2004 年第 4 期。

晋利珍：《罗尔斯公平正义论对我国农村社会保障制度建设的启示》，《人口与经济》2008 年第 1 期。

李伯聪：《风险三议》，《自然辩证法通讯》2000 年第 5 期。

乌尔里克·贝克：《风险社会再思考》，郝卫东编译，《马克思主义与现实》2002 年第 4 期。

乌尔里希·贝克：《从工业社会到风险社会》（上篇），王武龙译，《马克思主义与现实》2003 年第 3 期。

斯科特·拉什：《风险社会与风险文化》，《马克思主义与现实》2002 年第 4 期。

苏少之：《论我国农村土地改革后的"两极分化"问题》，《中国经济史研究》1989 年第 3 期。

辛逸：《论人民公社的历史地位》，《当代中国史研究》2001 年第 3 期。

高鉴国、黄智雄：《中国农村五保救助制度的特征》，《社会科学》2007 年第 6 期。

赵学军、吴俊丽：《政府干预与中国农业保险的发展》，《中国经济史研究》2004 年第 1 期。

饶旭鹏：《中国农村社会结构演变的历程——从"乡土社会"到"新乡土社会"》，《开发研究》2012 年第 5 期。

金一虹：《流动的父权：流动农民家庭的变迁》，《中国社会科学》2010 年第 4 期。

卢海元：《我国新型农村社会养老保险制度试点问题研究》，《毛泽东邓小平理论研究》2010 年第 3 期。

黄英君：《中国农业保险发展的历史演进：政府职责与制度变迁的视角》，《经济社会体制比较》2011 年第 6 期。

庹国柱、朱俊生：《完善我国农业保险制度需要解决的几个重要问题》，《保险研究》2014 年第 2 期。

王传富：《中国农村五保供养的历史变迁、现状及改善对策》，《郑州航空工业管理学院学报》2011 年第 3 期。

邹玉杰、宋文官：《改革开放以来我党"三农"政策的演进及启示》，《哈尔滨市委党校学报》2011 年第 4 期。

斯科特·拉什：《社会风险与风险文化》，《马克思主义与现实》2002 年第 4 期。

郑毅敏：《中国农业经营方式创新及其对农村就业结构的影响》，《西安财经学院学报》2004 年第 3 期。

卢福营：《中国特色的非农化与农村社会成员分化》，《天津社会科学》2007 年第 5 期。

王德福：《大规模土地流转的经济与社会后果分析》，《华南农业大学学报》2011 年第 2 期。

李景鹏：《当代中国社会利益结构的变化与政治发展》，《天津社会科学》1994年第3期。

杜胜利：《论农村利益分化与农村社会稳定的相关性》，《农村经济》2008年第3期。

周莹、梁鸿：《中国农村传统家庭养老保障模式不可持续性研究》，《经济体制改革》2006年第5期。

王德：《1900年以后的中国人口迁移研究综述》，《人口学刊》2004年第1期。

曹卫芳：《农业保险与农业现代化的互动机制分析》，《宏观经济研究》2013年第3期。

尹虹：《16世纪和17世纪前期英国的流民问题》，《世界历史》2001年第4期。

沈原：《社会转型与工人阶级的再形成》，《社会学研究》2006年第2期。

陈新田：《从法国农业发展看我国中部地区农业现代化的途径选择》，《理论月刊》2005年第4期。

刘淑云：《日本农协制度的经验与启示》，《内蒙古民族大学学报》(社会科学版)2005年第2期。

张珂垒、蒋和平：《日本构建发展现代农业政策体系及其对我国启示》，《科技与经济》2008年第6期。

周建华、贺正楚：《日本农业补贴政策的调整及启示》，《农村经济》2005年第10期。

钟家新：《社会保障制度的建构与中日传统文化的走向》，《社会保障研究》2005年第2期。

杨黔云：《战后日本社会保障制度的发展及其特点》，《曲靖师范学院学报》2003年第9期。

黄镜伊：《日本农村社会保障制度对农业的影响研究》，辽宁工程技术大学硕士学位论文，2011年。

崔万有：《日本社会保障制度及其发展演变》，《东北财经大学学报》2007 年第 1 期。

刘锋：《日本的社会保障制度——以国民养老金为中心》，《国外理论动态》2008 年第 1 期。

林德明：《日本农村社会保障体系的发展历程及现状》，《世界农业》2004 年第 5 期。

杨栋梁、沈士仓：《日本社会保障体系的特点及现存问题探析》，《日本研究》2002 年第 3 期。

林闽钢：《福利多元主义的兴起及其政策实践》，《社会》2002 年第 7 期。

肖云：《现行农村低保标准实施中的难点及对策研究》，《人口与经济》2009 年第 2 期。

罗平飞：《贯彻落实党的十七届五中全会精神，加快推动农村五保供养工作科学发展》，《中国民政》2011 年第 1 期。

丁栋兴：《国外医疗救助支付方式对我国的启示》，《卫生经济研究》2009 年第 8 期。

杨翠迎：《建立和完善我国农村社会保障体系》，《西北农林科技大学学报》2007 年第 1 期。

汪三贵、郭子豪：《论中国的精准扶贫》，《贵州社会科学》2015 年第 5 期。

欧阳运瑞：《永州市实施农村五保供养与城乡低保捆绑运行新模式》，《农村财政与财务》2010 年第 2 期。

黄英君：《论建立与健全我国的农业保险制度》，《重庆社会科学》2005 年第 12 期。

孙洁：《应对大数据时代要求，加快社会保障信息资源整合》，《广西社会科学》2014 年第 7 期。

毕天云：《论普遍整合型社会福利体系》，《探索与争鸣》2011 年第 1 期。

宫天文:《社会福利社会化中政府责任探析》,《山东社会科学》2009年第7期。

宋洋:《农村社会福利的多元主体协同供给研究》,《中国特色社会主义研究》2014年第2期。

郝耕、孙维佳:《农业生产方式变革是乡村振兴的根本出路》,《西安财经大学学报》2020年第6期。

谢来位、付玉联:《农业生产方式和组织模式创新的政策诉求及政策保障》,《探索》2019年第5期。

张红杰:《我国农业生产方式现代化转变的历史脉络、内在机理和发展对策》,《山东社会科学》2019年第8期。

龚维斌:《当代中国社会风险的产生、演变及其特点——以抗击新冠肺炎疫情为例》,《中国特色社会主义研究》2020年第1期。

王增文:《风险社会、保障性资源配置和神灵诉求行为——中国农村社会风险预警体系研究》,《青海社会科学》2018年第1期。

刘玉安、徐琪新:《从精准扶贫看完善农村社会保障制度的紧迫性》,《东岳论丛》2020年第2期。

张立荣、李海华:《中国农村社会保障:现状分析与对策构想》,《华中师范大学学报》2000年第6期。

郭赞:《乡村振兴背景下农村社会保障问题审视及解决途径》,《农业经济》2020年第10期。

秦继伟:《农村社会保障的多重困境与优化治理》,《甘肃社会科学》2018年第3期。

王曙光、王丹莉:《中国农村社会保障的制度变迁与未来趋势》,《新疆师范大学学报》(哲学社会科学版)2020年第4期。

王立剑、代秀亮:《新中国70年中国农村社会保障制度的演进逻辑与未来展望》,《农业经济问题》2020年第2期。

王曙光、王丹莉:《中国农村社会保障的制度变迁与未来趋势》,《新疆师范大学学报》(哲学社会科学版)2020年第4期。

龙玉其、王延中：《"十四五"时期社会保障发展的目标思路与关键举措》，《经济学动态》2020 年第 8 期。

董正华：《中外农业生产中的家庭经营与小农传统——农业资本主义，还是"农民的生产方式"》，《学术前沿》2014 年第 2 期。

周绍东：《"互联网+"推动的农业生产方式变革——基于马克思主义政治经济学视角的探究》，《中国农村观察》2016 年第 6 期。

黄镜伊：《日本农村社会保障制度对农业的影响研究》，辽宁工程技术大学硕士学位论文，2011 年。

黄河：《农民权益视角下农村土地流转问题研究》，湖南农业大学博士学位论文，2012 年。

邵培杰：《中国现阶段农业生产方式变革研究》，河南大学研究生学位论文，2012 年。

宋士云：《新中国农村社会保障制度结构与变迁（1949—2002）》，中南财经政法大学博士学位论文，2005 年。

黄丙志：《城乡劳动力市场与社会保障互动：条件、机制与效应研究》，上海社会科学院研究生学位论文，2007 年。

哈斯其其格：《中国转型期农村社会风险管理机制研究》，西南财经大学博士学位论文，2009 年。

4. 主要报刊和电子文献

国务院关于开展新型农村社会养老保险试点的指导意见（国发［2009］32 号），中央人民政府网，http://www.gov.en/zwgk/2009/09/04/eontent_1409216.htm，2009 年 9 月 4 日。

2006 年民政事业发展统计公报：http://www.mca.gov.cn/mztj/gongbao06.htm。

人民网天津视窗，http://www.022net.com/2012/8-8/436532182960313.html。

中国保监会："将进一步推动我国农业保险发展"，中国保监会网站http://www.circ.gov.cn/。

《习近平提"精准扶贫"的内涵和意义是什么》,《中国经济网》2015 年 8 月 4 日。

《中共中央国务院关于加大统筹城乡发展力度进一步夯实农业农村发展基础的若干意见》,《人民日报》2010 年 2 月 1 日。

张孝德:《中国农村改革发展的五个新战略思路》,《中国经济时报》2015 年 2 月 10 日。

张一鸣:《精准扶贫为新时期中国扶贫格局带来新变化——访北京师范大学经济与资源管理研究院教授张琦》,《中国经济时报》2014 年 10 月 9 日。

顾仲阳:《精准扶贫,不撒胡椒面》,《人民日报》2014 年 3 月 12 日。

后　记

　　本书是我博士论文。在付梓之际，内心并没有轻松与释然，虽尚有拓展之余，但终归是一个节点。甬城初春，甬江畔，让人感慨又四年。在此我谨向所有给予我关心和帮助的老师、同学、亲人和朋友致以我最诚挚的感谢。

　　首先，要感谢恩师丁建定教授。承蒙恩师不弃得入丁门，犹忆初见丁老师时，满怀敬畏，忐忑不安！丁老师治学严谨，博通中外，在如此浮躁的社会，能够始终如一地坚持自己的选择，并把研究济贫法作为毕生事业，倾注全部心血去研究，着实令人敬佩。从丁老师身上，我看到了一位学者的坚守和执著。丁老师的课堂，总觉时间太短，还没听过瘾。丁老师的面谈指导，受益颇多。此次能顺利完稿也得益于丁老师的独到见解，他对本书的选题、构思、写作方法、理论运用等给予了深入的指导；面对写作资料的匮乏，老师拿出自己的藏书供我参阅；本书的一稿、二稿、三稿，老师都不厌其烦地逐字逐句修改，并手写了长篇的修改意见，种种指导使得本书撰写得以顺利完成。我自知天资愚钝，尽管终究未能如恩师之所期冀，但师恩将永记心间！更要感谢丁老师在为人处世上给予我真诚无私的教诲，他的言传身教将使我受益终生，在此谨向导师致以崇高的敬意和深切的谢意。还要感谢师母郭老师，郭老师温柔贤惠、仁爱宽厚，在武汉生活的几年亦要感谢师母给予我的关爱。

　　感谢华中科技大学社会学院的雷洪教授、王茂福教授、石人炳教授、吴中宇教授、王三秀教授、吴毅教授等诸位老师，老师们各具特色的传道授业拓宽了我的学术视野，给了我思想上的启迪。感谢学工组的曾娟、李婷、张雯、曾福星等老师的热心帮助。

亦要感谢我的同门和博士同学们,四年难忘的学习和生活让我们结下了深厚的友谊。感谢柯卉兵师兄的赠书之谊启迪了我的思路以及其对开题和初稿的细心修改;感谢杨植强师兄在学习阶段的督促和生活中的关心,感谢郭林师兄在读博各个阶段及工作后对我提供的诸多帮助,感谢杨斌师兄和李薇师姐的榜样力量,他们对我的关爱和宽容让我感受身在这个师门的幸运!感谢同届的何家华、张登利和陈静在四年生活和学习上的互相鼓励,同门无憾!感谢 2012 级社会学院博士班的杨哲博士、李萍菊博士、陈顾博士、孙红玉博士等同学,犹记在英语强化班和日常专业课学习中的场景,感谢你们在我焦灼迷茫的时候给我的鼓励和支持。

感谢宁波大学法学院公共管理系的诸位老师对我教学和科研的支持。副院长龚虹波教授、林上洪副教授等老师对本书的出版给予了大力支持。同时,本书得以出版还要感谢武汉大学出版社李琼老师的辛勤工作。

最后,特别感谢我的父母。多年来父母的期望与鼓励一直是我前进的最大动力,父亲用他宽阔的肩膀扛起了一个家的责任,用尽全力把我举到了一个未曾敢想的高度;我的母亲,每次离家她倚着门框远远目送我离开,我都不忍回头。每每念及此,眼睛总是忍不住湿润。父母是我在文思枯竭、徘徊不前时最强有力的精神支柱,使我得以在宁静的校园里度过人生美好的四年。思下,唯有更加努力才可不负父母养育之恩。亦要感谢妻子对我学习和工作的支持,让我在科研道路上不断前行。

希望本书能够对中国农村社会保障制度的完善有所裨益,希望读者对本书存在的缺点和不足给予指正。

张 尧

2016 年 5 月初记于华中科技大学喻园

2021 年 3 月再记于宁波大学真诚图书馆